本书是2020年度教育部人文社会科学研究中国特色理论体系专项研究项目"人类命运共同体理念与文鉴实践路径研究"（项目批准号：20JD710045）最终成果

# 文明交流互鉴的共生价值及实践体系研究

付瑞红◎著

燕山大学出版社
·秦皇岛·

图书在版编目（CIP）数据

文明交流互鉴的共生价值及实践体系研究/付瑞红著. —秦皇岛：燕山大学出版社，2023.8

ISBN 978-7-5761-0546-9

Ⅰ.①文⋯ Ⅱ.①付⋯ Ⅲ.①中华文化－文化交流－研究 Ⅳ.①K203

中国国家版本馆 CIP 数据核字（2023）第 129711 号

## 文明交流互鉴的共生价值及实践体系研究
WENMING JIAOLIU HUJIAN DE GONGSHENG JIAZHI JI SHIJIAN TIXI YANJIU

付瑞红 著

| | |
|---|---|
| 出 版 人：陈 玉 | |
| 责任编辑：张 蕊 | 策划编辑：张 蕊 |
| 责任印制：吴 波 | 封面设计：刘馨泽 |
| 出版发行：燕山大学出版社 | 电 话：0335-8387555 |
| 地 址：河北省秦皇岛市河北大街西段 438 号 | 邮政编码：066004 |
| 印 刷：涿州市般润文化传播有限公司 | 经 销：全国新华书店 |
| 开 本：710 mm×1000 mm 1/16 | 印 张：18.75 |
| 版 次：2023 年 8 月第 1 版 | 印 次：2023 年 8 月第 1 次印刷 |
| 书 号：ISBN 978-7-5761-0546-9 | 字 数：285 千字 |
| 定 价：76.00 元 | |

**版权所有 侵权必究**

如发生印刷、装订质量问题，读者可与出版社联系调换

联系电话：0335-8387718

# 目 录

导论 …………………………………………………………………… 1

## 第一章　文明交流互鉴的理论与实践体系 ……………………… 13
### 第一节　文明交流互鉴的理论内涵 ……………………………… 13
### 第二节　构建人类命运共同体的文明交流互鉴观 ……………… 24
### 第三节　"文化力"视角下文明交流互鉴的实践体系 ………… 33

## 第二章　全球文明观的价值基础和理论渊源 …………………… 49
### 第一节　全球文明倡议的全球文明观 …………………………… 49
### 第二节　全球文明"公共性"的价值逻辑 ……………………… 60
### 第三节　世界历史范畴的马克思文明观 ………………………… 68

## 第三章　文明共生的价值体系与话语建构 ……………………… 78
### 第一节　共生的概念解析 ………………………………………… 78
### 第二节　文明共生的价值体系 …………………………………… 84
### 第三节　文明共生的学术话语建构 ……………………………… 95

## 第四章　全球文明对话与合作的制度路径 ……………………… 108
### 第一节　文明对话的全球化背景 ………………………………… 108
### 第二节　国际文化治理的文明对话机制 ………………………… 117
### 第三节　全球文明倡议下推动文明对话的制度路径 …………… 130

第四节　全球教育的对话及教育治理的价值重塑 …………… 145

# 第五章　中美"竞合共生"关系的文化差异与管理策略 ……… 156
　　第一节　"竞合共生"关系下的中美分歧 ……………………… 156
　　第二节　美国竞争行为的文化分析 ……………………………… 167
　　第三节　"竞合共生"关系基础——相互尊重的外交理念分歧 … 175
　　第四节　中美"竞合共生"关系新框架的管理策略 …………… 183

# 第六章　中华文明的国际传播能力建设 ………………………… 199
　　第一节　习近平关于国际传播能力建设的论述 ………………… 199
　　第二节　中华文明国际传播能力的协同建构 …………………… 208
　　第三节　国际传播能力视域下孔子学院品牌重塑策略 ………… 220

# 第七章　文明传承与创新能力——以长城国家文化公园建设为例 …………………………………………………………… 237
　　第一节　长城文化价值的"命运共同体"意涵 ………………… 238
　　第二节　长城文化遗产价值展示体系的重构 …………………… 246
　　第三节　"文化 +"产业融合政策创新研究 …………………… 261

**主要参考文献** …………………………………………………… 274

# 导　论

党的十八大以来，习近平从统筹中华民族伟大复兴战略全局和世界百年未有之大变局出发，坚持把马克思主义基本原理同中国具体实际相结合、同中华优秀传统文化相结合，坚持与时俱进，在构建人类命运共同体和推进中国式现代化建设的实践中，提出文明交流互鉴、人类文明新形态和全球文明倡议的新理念和新思想。

## 一、选题依据

文明交流互鉴和全球文明倡议是在历史和现实层面具有国际规范意义的观念，具有全球文明进步和中国式现代化建设的时代价值，其理念不断丰富、发展和完善。2014年3月，习近平在联合国教科文组织总部演讲时指出，多样、平等、包容是推动文明交流互鉴需要坚持的正确态度和原则，也是文明交流互鉴的内在规律。[①] 文明因多样而交流，因交流、包容而互鉴，因互鉴而发展。在2014年9月纪念孔子诞辰2 565周年国际学术研讨会上，习近平发表重要讲话，从维护世界文明多样性、尊重各国各民族文明、正确进行文明学习互鉴、科学对待文化传统四个方面阐述如何"推进人类各种文明交流交融、互学互鉴"。[②] 2015年3月，在博鳌亚洲论坛年会上，习近平提出促进不同文明不同发展模式的交流对话，在竞争比较中取长补短，在交流互鉴中

---

[①] 习近平. 论坚持推动构建人类命运共同体[M]. 北京：中央文献出版社，2018：76-78.
[②] 习近平. 在纪念孔子诞辰2 565周年国际学术研讨会暨国际儒学联合会第五届会员大会开幕会上的讲话[M]. 北京：人民出版社，2014：7-11.

共同发展，文明的交流互鉴是增进各国人民友谊的桥梁、推动人类文明进步和世界和平发展的重要动力。① 在党的十九大报告中，习近平呼吁构建人类命运共同体，尊重世界文明多样性，以文明交流、文明互鉴、文明共存超越文明隔阂、文明冲突和文明优越。② 2018年6月，习近平在上海合作组织成员国元首理事会第十八次会议上发表讲话，倡导树立平等、互鉴、对话、包容的文明观。2019年5月，习近平在亚洲文明对话大会开幕式上提出四点主张，进一步丰富和发展了新时代文明交流互鉴所应坚持的正确态度和原则：坚持相互尊重、平等相待；坚持美人之美、美美与共；坚持开放包容、互学互鉴；坚持与时俱进、创新发展。③ 博鳌亚洲论坛2021年年会上，习近平进一步强调文明交流互鉴的世界意义，提出要坚守正义，共创互尊互鉴的未来。多样性是世界的基本特征，也是人类文明的魅力所在。要弘扬和平、发展、公平、正义、民主、自由的全人类共同价值，倡导不同文明交流互鉴，促进人类文明发展。④ 2023年3月15日，习近平在中国共产党与世界政党高层对话会上提出"全球文明倡议"，⑤ 系统阐述了中国特色全球文明观，为国际社会提供又一重要的公共产品。文明交流互鉴和全球文明倡议是习近平外交思想的重要内容，全球文明的多样性和交流互鉴是关联人类命运的重大问题，具有全球性、公共性、时代性、民族性和复杂性等诸多显著特征。

中国的全球文明观是超越国际关系基于权力和利益的交往模式，有助于推动文明进步的新型文明观。本书在理论层面提炼了中国特色大国外交的全球文明观。

在全球文明观的价值层面，本书从文明的主体性、互动性和全球性三个层次分析全球文明"公共性"的价值遵循，把主体性发展放在全球性和互动

---

① 习近平. 论坚持推动构建人类命运共同体[M]. 北京：中央文献出版社，2018：209-210.
② 习近平. 决胜全面建成小康社会 夺取新时代中国特色社会主义伟大胜利[M]. 北京：人民出版社，2017：65.
③ 习近平. 深化文明交流互鉴 共建亚洲命运共同体：在亚洲文明对话大会开幕式上的主旨演讲[N]. 人民日报，2019-05-16（1）.
④ 习近平. 同舟共济克时艰，命运与共创未来：在博鳌亚洲论坛2021年年会开幕式上的视频主旨演讲[M]. 北京：人民出版社，2021：5-6.
⑤ 习近平. 携手同行现代化之路：在中国共产党与世界政党高层对话会上的主旨讲话[N]. 人民日报，2023-03-16（2）.

性之中，并基于全球文明"公共性"构建文明交流互鉴的文明共生价值体系，把文明交流互鉴的政策话语转化为文明共生的学术话语。基于价值和实践同一性的逻辑，本书在理论层面超越狭义的国际文化交流，把文明作为独立、嵌入和结构性力量分析文明交流的全球性和整体性，文明交流实践具体体现在全球文明共同价值、相互尊重的文明互动及文明主体性发展三个层面。

在全球文明观的实践层面，本书从人类命运共同体、文明交流互鉴和全球文明倡议的中国特色理念出发，基于文化和文明力量视角建构文明交流互鉴的实践体系，体现出和谐力、传播力和创新力，主要包括价值阐释、全球的文明对话制度建构、以中美竞争关系为切入点的中西文明"竞合共生"关系的管理策略、基于国际传播能力建设增强中华文明传播力影响力的协同策略、以长城国家文化公园建设为例的中华优秀传统文化创新发展策略。

## 二、文明交流互鉴研究现状

习近平关于人类命运共同体和文明交流互鉴的重要论述是国内研究热点，出现大量视角多元、内容丰富的研究成果。

### （一）研究的特征与趋势分析

国内的文明交流互鉴研究与政策同步。在中国知网，以文明交流互鉴为主题词搜索到期刊文献432篇（截止到2023年6月）。从发文数量的年度变化态势而言，2014年3月，习近平在联合国教科文组织总部提出文明交流互鉴，开启了文明交流互鉴研究，之后以2019年亚洲文明对话为分界，2014—2018年为研究初始阶段，年发文量保持在20篇以下。2019年文明交流互鉴研究升温，年发文量为112篇，直到2023年研究热度未减，未来还有持续上升的趋势。

文明交流互鉴研究主题集中并呈现多元化趋势。从主题词分布的数量而言，研究集中在习近平文明交流互鉴和人类命运共同体这两大主题，其他研究主题还包括人类文明、文明观、新时代、文明进步、文化自信、"一带一路"、文明冲突、国际传播、实践路径、价值意蕴和人类文明新形态等（见图1）。文明交流互鉴研究有明显的交叉学科研究特征。从研究论文的学科分布而言，以中国政治和国际政治、文化学这两个学科为主，发文数量占比达到 84%，其他学科主要涉及宗教、新闻传媒、哲学、行政管理、考古、教育、世界历史和出版等。

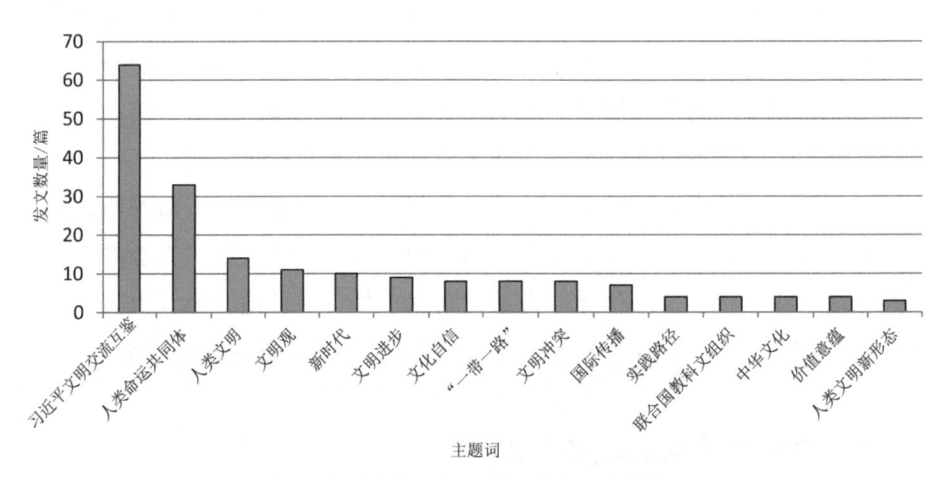

**图 1　文明交流互鉴主题词分布的文献数量**

西方学者对中国提出的文明交流互鉴的研究相对较少，但文明研究一直是具有高度学术性的话题。西方学者认为中国具有领导全球的品质：执行力、效率、合法性、尊重、对等互惠和创新等。① 伦敦政治经济学院国际关系教授柯岚安认为，人类命运共同体具有强烈的民族主义色彩，结合当代世界政治和中国传统文化的共通之处，目的是寻求重回世界舞台中心的现代中国身份定位。② 对于作为学术话题的文明研究，西方学者的成果相对丰富。社会学家埃利亚斯认为，每个自我都不能唯我独尊，社会的特点是相互依存，文明的习惯和秩序是相互学习的结果。③ 20 世纪中叶，人类学提出的"文化传播理论"进一步解释了人类相互学习的机制。全球史的文明互动理论认为文化是可以相互通融的，不同文化只有在交流中才能发展。全球史学家麦克尼尔认

---

① 马丁·阿尔布劳.中国在人类命运共同体中的角色：走向全球领导力的理论[M].严忠志，译.北京：商务印书馆，2020：57-59.
② William A Callahan. China 2035：from the China Dream to the World Dream[J]. Global Affairs, 2016（3）：247-258.
③ 诺贝特·埃利亚斯.文明的进程：文明的社会发生和心理发生的研究[M].王佩莉，袁志英，译.上海：上海译文出版社，2013：443-533.

为从来不存在绝对孤立的文明，都是在共存中存在；历史的推动力量是社会群体的接触和文化传播。每个社会都按其独特的方式对新的刺激、机会和危险有所反应。① 联合国宣布 2001 年为"文明对话"年，文明对话成为全球性议题。只有共享的利益并不能产生共同体，行动者必须有意识地将共同体建构在共享的利益和价值观基础上，同时保留差异。② 文化多样化已经成为国际组织和大多数国家的共识。

文明研究与国际社会和国际秩序转型有着某种必然的内在联系。文明研究的核心是对不同文明角色、文明互动方式、互动价值的反思和建构。国际秩序建构层面文明研究的理论难题也构成现代文明研究的前沿性课题。第一，如何推动国际社会的文明化进程？各文明的角色是什么？是否由所谓的优势文明推动？宣传某种文明天生是优势文明的做法是一种政治工具，与文明化进程没有关系。第二，文明和现代化的关系。各文明主体性角色及西方文明的现代化方式是否具有普适性，扬弃文明对于以经济为主的现代化进程所体现的外在性和被动性。文明不是受经济决定的外在力量，在现代化发展中，不是第二性的，而是内在的主体性力量。第三，文明和权力的关系，如果权力发生变化，人们也会认为这是由文明的内在优势或劣势造成的。第四，如何在理论上尤其是内在机制层面阐释文明的民族性、时代性、世界性。只有对文明的民族特点、时代性要求、世界性内涵作出逻辑说明，才能把握民族乃至世界文明的发展趋势。推动国际社会文明化进程，文明和现代化的关系，文明和权力的关系，对文明的民族性、时代性和世界性进行理论阐释贯穿于本书始终。

### （二）国内研究的主要观点

1.人类命运共同体与文明交流互鉴

关于人类命运共同体和文明交流互鉴的相互关系，文明交流互鉴是构建人类命运共同体的基础、动力和途径，并为人类命运共同体构建提供价值。

---

① 威廉·麦克尼尔.西方的兴起：人类共同体史[M].孙岳，陈志坚，于展，等译.北京：中信出版集团，2018：818.
② 戴安娜·布赖登，威廉·科尔曼.反思共同体：多学科视角与全球语境[M].严海波，等译.北京：社会科学文献出版社，2011：120.

中共中央党校刘建飞教授认为，文明交流互鉴是在构建人类命运共同体框架中的概念，文明之间的关系影响人类命运共同体的构建进程。① 中国社科院学部委员、国务院参事何星亮认为，文明的多样性和差异性是互补与创新发展的基础，文明交流互鉴为人类命运共同体提供人文基础和发展动力。② 中央党校左凤荣教授认为，加强文化和文明交流是构建人类命运共同体的重要途径。在多样性中寻求共识和互鉴，在差异性中获得理解和包容，在交流中实现尊重与发展。文明对话是推动世界和平与发展的重要路径。③ 北京大学儒学研究院干春松教授认为，人类命运共同体的文化观念是中国人整体思维和天下情怀在处理多元文化关系时的一种体现。④ 中国政治学会副会长包心鉴认为，习近平新文明观的价值取向是以科学态度认识及以积极姿态应对经济全球化，新文明观的运用和体现是构建人类命运共同体和"一带一路"国际合作，是对"文明冲突"和"文明优越"的有力回应，也是对"文明不可调和论"的澄清。⑤ 构建人类命运共同体，蕴含了一种不同于西方文明而注重多样性、平等性、包容性、普惠性的中华新文明。⑥

**2. 文明交流互鉴观及不断丰富的理论内涵**

复旦大学吴海江教授认为，文明交流互鉴旨在破除普遍与特殊及其衍生的自我文明与世界文明、普世主义与多元主义等二元对立思维的同时，划定了与"文明优越论""文明冲突论""文明同质论"的话语边界。⑦ 上海交通大学高宣扬教授认为，中国考虑到全球文化多样性、多元性、多种类性和差异性，主张以理性对话形式，平等互利互惠地解决现代化进程中的各种矛盾，可以避免西方文化多元主义的偏差以及西方现代化经验中的弊病。⑧ 新时代文

---

① 刘建飞. 构建人类命运共同体中的文明交流互鉴 [J]. 当代世界与社会主义，2021（3）：152-158.
② 何星亮. 文明交流互鉴与人类命运共同体建设 [J]. 人民论坛，2019（21）：6-10.
③ 左凤荣. 以文明对话推动世界和平发展 [J]. 人民论坛，2020（32）：36-38.
④ 干春松. "各美其美、美美与共"与人类命运共同体 [J]. 人民论坛·学术前沿，2017（12）：28-34.
⑤ 包心鉴. 新文明观：面对新全球化的价值选择 [J]. 理论视野，2017（6）：19-24.
⑥ 韩庆祥，陈远章. 人类命运共同体与中华新文明 [N]. 学习时报，2017-06-26（1）.
⑦ 吴海江. 论习近平文明交流互鉴观的时代内涵 [J]. 社会主义研究，2019（3）：7-13.
⑧ 高宣扬. 世界与中国双重视野下的多元文化主义 [J]. 探索与争鸣，2017（2）：135-136.

明交流互鉴观坚持多元多样的基础、平等尊重的前提、开放包容的动力、和合发展的目标，强调各美其美与美美与共、以我为主与兼收并蓄、和而不同与聚同化异的统一。①

随着人类文明新形态和全球文明倡议的提出，文明交流互鉴研究更加丰富。中国式现代化及其所从事的创造人类文明新形态的伟大实践，依托先进制度的独特优势，直面西方社会现代化和现代性的固有弊端，是马克思主义理论与中国国情及中华优秀传统文化的有机结合，坚定地奉行发展实践的人民主体性、人民福祉最大化，致力于实现自然-生态共同体、社会生活共同体以及精神生活共同体的有机融通，将社会现代化和文明实践推进到一个新高度。②全球文明倡议根植于中华优秀传统文化，体现中国式现代化的本质要求，彰显中国开放包容、和谐发展的文明观。③全球文明倡议不仅是体系化的理论认知，也是文明交流互鉴的行动指南，为重塑全球秩序指引方向和路径。④国际传播研究应拓宽时空维度，实现文化或者文明的转向，即在文化历史唯物主义的启发下，从文明交流互鉴的视角出发，挖掘形而上和形而下相结合的、作为活的生活方式的物质媒介，探索、挖掘文明交流互鉴中的传播研究。⑤

3. 文明交流互鉴实践的思路和方向

现有文明交流互鉴实践研究主要集中在三个方向：广义的文明交流互鉴、狭义的国际文化交流和传播学视角的文明交流实践。广义的文明交流互鉴研究关注文明关系、文明对话。文明交流互鉴最大的挑战是如何处理好中西文明关系。⑥跨文明交流必须以建立对话式文明为近期目标，以打造开放包容性世界秩序为中期目标，以构建人类命运共同体为最终目标。基于新时代文明观构建人类命运共同体，基本路径是构建全球传播格局、拓展文化工作机制、

---

① 吴志成，李佳轩. 新时代文明交流互鉴观析论 [J]. 世界经济与政治，2022（6）：4-25.
② 袁祖社. 中国式现代化与人类文明新形态创造 [J]. 社会科学辑刊，2023（3）：5-14.
③ 邢丽菊. 全球文明倡议引领人类和平发展 [J]. 当代世界，2023（4）：48-53.
④ 张志洲. 文明交流互鉴与全球秩序的重塑 [J]. 当代世界，2023（4）：29-35.
⑤ 苏婧，张镜，王浩旭. 国际传播的文化转向：发掘文明交流互鉴中的传播研究 [J]. 新闻与写作，2023（5）：91-98.
⑥ 刘建飞. 构建人类命运共同体中的文明交流互鉴 [J]. 当代世界与社会主义，2021（3）：152-158.

构建文化秩序、提高中国的文化治理能力。文明交流互鉴思想的实践逻辑是全面开放、大胆吸收和借鉴人类社会创造的一切文明成果、推动中华文明创造性转化和创新性发展、建立世界人类文明交往新秩序。在实践中弘扬中华优秀传统文化，倡导文化多元主义，加强中外文化交流机制建设。①

在国际文化交流方面，关于文明交流互鉴的载体和原则，有学者提出人、商品、文化、婚姻、国际交往等都是重要的载体，其中人是最好的载体。开放、包容、平等、创新是重要的原则。②坚持文明交流互鉴，促进中外人文交流，已经成为构建人类命运共同体的重要支柱，具体路径是推动教育与文旅国际交流合作实现高质量发展，推动对外科技交流合作实现高质量发展，推动国际卫生健康交流合作实现高质量发展。③在国际传播学视角下的文明交流互鉴实践研究中，文化的自主性与文明的互惠性是文明交往的结构性基础，要有对自己文化表述上的话语权，有一套自我传承的内在谱系，还要有一种文化实践中的自主性。④文明交流互鉴话语体系建构的路径是话语主体的多元良性互动，话语主题的深刻阐释，增强话语媒介的融合程度。⑤新时代中国国际传播研究应脱离西方话语，探索具有中国特色的国际传播研究范式和理论创新路径。在宏观层面，从文明交流、构建人类命运共同体视角出发，重构国际传播的本体论、价值论和认识论，建构中国自主的国际传播理论体系和知识体系。在微观层面，从战略传播视角出发，聚焦我国在国际传播过程中面临的诸如人工智能与国际传播、国际舆论引导等前沿问题。⑥

## （三）研究述评及本研究要解决的问题

现有研究成果为本研究提供了坚实的理论基础。现有研究以理论价值阐

---

① 吴志成，李佳轩. 新时代文明交流互鉴观析论 [J]. 世界经济与政治，2022（6）：4-25.
② 戴圣鹏. 论文明交流互鉴的载体和原则 [J]. 学习与探索，2023（5）：11-16.
③ 赵可金. 新文明观视域下的世界文明交流互鉴 [J]. 当代世界，2022（8）：16-21.
④ 赵旭东. 文化的自主性与文明的互惠性：文化传承、创新与文明交流互鉴的实践逻辑及中国观察 [J]. 江苏行政学院学报，2021（5）：20-28.
⑤ 高佳红，贺东航. 新时代文明交流互鉴的话语体系构建 [J]. 学术探索，2022（7）：22-28.
⑥ 张迪. 文明交流互鉴下的中国国际传播研究：范式重构与路径重构 [J]. 新闻与写作，2022（12）：29-36.

释和实践探索两个研究维度为主,研究思路具有相似性。价值阐释的研究成果虽然多元化但缺乏对价值标识性概念的提炼。各学科从不同领域开展文明交流互鉴研究,研究存在分散化和割裂化现象,缺少学科融合研究。从国际文化交流视角探索实践路径缺乏文明交流互鉴的宏观和整体视野。现有文明交流互鉴路径探索一般具有宏观性,仅提出方向性的实践思路,缺少微观的深入研究。中国特色社会主义文明交流互鉴有国际秩序构建的价值意义,更有实践导向功能。对于文明交流互鉴,未来的主流研究和趋势是推动"中国方案"的落实。

本书以全球文明观和广义的文明交流建构文明交流互鉴价值和实践,使其具有系统性和整体性:在全球文明高度实现文明交流互鉴理论和实践的系统性,避免以狭义的国际文化交流思想思考文明交流互鉴;以价值和实践的统一、多学科交叉融合的视角实现文明交流互鉴价值和实践的全面性、综合性,避免价值与实践的割裂、各学科领域的孤立。在文明交流互鉴价值层面,以全球文明观、文明共生标识性概念的凝练进行阐释,具体体现在以全球文明"公共性"的价值逻辑,从全球文明、文明互动和文明主体性三个层次阐释价值遵循,研究文明共生论理论渊源、具体内涵和价值意义,构建系统性、学理性的文明共生理论,试图把政策语言转化为学术语言。在文明交流互鉴实践领域,基于价值和实践统一性的逻辑分析文明交流互鉴的实践路径,从文明和文化力量角度构建文明交流互鉴实践体系,摆脱狭义的国际文化交流路径,从全球文明共生话语理论建构、国际文化治理、中西文明互动、中华文明传播力影响力及传统文化创新发展阐述文明交流互鉴的实践体系。

## 三、研究框架和研究方法

本书的研究主题是人类命运共同体视域下文明交流互鉴的价值和实践路径,欲取得理论、政策和实践三个层面的研究目标:分析文明交流互鉴的共生价值;建构文明交流互鉴的实践体系;在理论话语建构、文明对话的制度路径、中美"竞合共生"的管理策略、中华文明国际传播能力建设、中华优秀传统文化的创新发展层面提出具体实施路径。研究旨趣是探寻文明交流中如何践行价值和实践的统一，如何寻求中国特色文化与其他文化的共通性，探究在构建人类命运共同体中文明交流互鉴和全球文明倡议如何推动文明的互鉴共生和进步。

**（一）研究框架**

1. 理论和价值基础

本书的研究基于人类命运共同体和文明交流互鉴的统一性、中国的全球文明观和全球"公共性"的价值遵循，以及文明共生的价值体系等理论和价值基础。

2. 文明交流互鉴的实践体系

文明交流互鉴是文明交往的理论，是用"动"的文明要素构建人类命运共同体，实践层面是在国际关系的场景下不同文明之间交流沟通的动态机制和政策设计。基于文化和文明力量的多维视角，遵循价值和实践统一性的实践特征分析文明交流互鉴在全球、文明互动、文明主体性发展的实践体系：基于批判和超越的价值阐释和话语传播、文化全球化趋势下建立文明对话合作的制度实践、文明互动的关系性实践、中华文明国际传播实践和传统文化的发展性政策实践，发挥文化的和谐力、传播力和发展力，共同形成文明交流互鉴的文化合力。

3. 文明交流互鉴的实践路径

主要采用案例分析，以全球理论视野和全球史方法构建文明共生话语；以文明对话的制度建设路径提升国际文化治理的有效性；以中美竞争的文化分析提出文明"竞合共生"的前景及管理策略；以孔子学院品牌重塑增强中华文明的传播力、影响力；以长城国家文化公园建设为例分析中华优秀传统文化创新发展路径，提出价值发掘、价值展示和文化要素的融合创新策略。

**（二）研究特点和方法**

1. 以系统方法研究文明交流互鉴实践

系统方法作为思想和工作方法在推进全面建设社会主义现代化的新发展阶段具有重要作用，也是我党治国理政的基本思想和工作方法。习近平在

《关于〈中共中央关于制定国民经济和社会发展第十四个五年规划和二〇三五年远景目标的建议〉的说明》中,将坚持系统观念作为七个重要观点之一。系统论作为科学行为主义的研究方法,把各种因素组织在一个具有合理的解释能力或预测能力的简单框架之中。系统既是一种理论,也是一种分析方法。系统科学论是作为理论概念的系统论,系统认识论是作为方法的系统论,二者有共同的内核——强调相互依存与互动,以整体、相互联系的方式进行有序分析。系统研究和应用的核心问题是揭示系统存在、演化、协同、发展的一般规律。

文明交流互鉴的实践是结构复杂、功能显著的系统,使文明交流互鉴的实际需求及时正确地反映在全球文明观念、文明互动、中华文明自主性发展的目标和功能的动态变化上,使文明交流互鉴的实践能够有效适应国际社会和我国政策需求,并促进人类文明进步。以系统方法论思考,文明交流互鉴实践是理论,也是实践性的艺术,涉及多个主体的思维和行动过程,是特定的实施主体根据所要解决的问题或目标要求,借助一定的技术、工具与信息,给出最优方案的过程。

本书的系统分析思路是界定问题,寻求现实与文明交流互鉴目标、政策需求的差距,确定具体化目标,进而提出文明交流互鉴价值和实践相统一的实践路径。文明交流互鉴实践体系的基本原则是整体性、层次性与协同性,以整体的体系建设及子系统的发展形成协同的演化机制。确定整体研究内容框架时的基本原则是主次分明,兼顾宏观与微观,兼顾理论与实践。宏观与微观的关系:人类命运共同体视域下的文明交流互鉴研究需要宏观地、历史地把握,还需要深入研究不同层次、诸多领域的具体问题,唯有此,才能真正把握趋势,发现问题,进而提出更有效的实践路径。理论与实践的关系:学术是理论思维,而实践路径研究受到现实和政策的启发和影响。本书首先阐述文明交流互鉴价值逻辑和理论渊源、文明共生价值体系,基于理论的提炼和总结,再深入探究实践的具体路径,最后提出更切实可行的政策建议。

2. 交叉学科研究

文明交流互鉴是国际关系、世界历史、文化学、人类学、跨文化传播等学科从不同侧面关注的问题。考察人类命运共同体视域下的文明交流互鉴价值意义和实践导向，研究范围广泛，涉及内容较多。本研究是多学科的交叉综合，以国际关系研究为主，融合全球史、文化学、传播学、公共政策多个学科领域开展研究。从全球视角阐释文明交流演进史观，文明交流互鉴的实践在于文明价值的超越，是一种进步性的实践。国际体系层面研究全球文化治理与文明关系，包括全球文化治理机制建设，同时也兼具文明进步的历史价值。文明共生的价值传播、文化对话的制度建构，提升国际文化治理的有效性、中西文明和谐互动和冲突管理属于国际体系和国际关系范畴。人类学和文化学视角阐释文明、文化交流的社会现象，是从文明普遍性和特殊性看待文明交流。中华文明传播力、影响力是从跨文化传播学科阐释文化交流的制度和技术层面的问题，即如何通过传播媒介实现文化的有效交流和传播。优秀传统文化的创造性转化和创新性发展需要从文化政策、经济学视角阐释"文化+"产业融合的政策创新，是从文化发展和文化政策层面挖掘历史文化的时代价值，推动中华优秀传统文化的传承与创新，提升文明自主性。

3. 案例研究法

案例研究法是一种被广泛应用的研究方法之一，指采用实证研究或解释性研究等方法收集有效和完整的资料，对研究对象进行深入细致的研究。案例研究法的特点是致力于在现实情境中对当下现象的研究，适用于"怎么样"及"如何做"等解释性问题。由于文明交流互鉴的具体措施涉及的主体、合作形式多元复杂，本书选取文明共生话语建构、文明对话、全球教育治理、中美竞争关系、孔子学院对外文化传播、长城国家文化公园这些具有重大影响力和突出代表性的案例研究文明交流互鉴路径。案例研究关注描述性和解释性，在长城国家文化公园的案例分析中，以文明交流互鉴的国内和国际统筹的文化发展路径，从世界文化遗产真实性角度研究长城的文明交流互鉴和共同命运的全人类共同价值，从公共政策视角分析在长城国家文化公园建设的战略机遇下，如何展示长城的文化价值，如何创新发展长城的文化要素。

# 第一章　文明交流互鉴的理论与实践体系

习近平外交思想具有鲜明的时代性和创新的实践性特征,是新时代中国外交的根本遵循和行为指南,其理论内涵随着中国特色大国外交和中国现代化的展开而不断丰富发展。文化是在复杂多变的世界中谋求发展与和平的关键因素。在国际秩序加速变革的新时代,不同文明之间互动的广度和深度、互动进程的复杂性前所未有,既有合作互鉴,也有矛盾甚至冲突。

## 第一节　文明交流互鉴的理论内涵

文明交流互鉴和全球文明倡议以三重逻辑提出文明进步的中国方案:全球性、关系型互动及文明自主性,即全球化进程中各文明如何生存和发展问题、国际秩序变局中不同文明互动如何发挥文明内在主体性力量问题、现代性危机中如何强化文明自主性问题。

### 一、从文明交流互鉴到全球文明倡议的中国智慧

自 2014 年以来,习近平从推动人类文明进步与世界和平发展的全球广度,从推动构建人类命运共同体的高度,根据人类文明普遍交往及其创新发展的时代命题,随着中国式现代化的推进,提出文明交流互鉴和人类文明新形态以及全球文明倡议的新论述、新思想和新理念,理论内涵丰富并具有历史厚度、理论深度和实践指导意义,推动人类文明进步和世界和平发展。

### （一）文明交流互鉴的重要论述

习近平关于文明交流互鉴的重要论述，不是孤立的，而是植根在习近平新时代中国特色社会主义理论与实践的创新之中，根本任务和重要价值在于回答和解决国际秩序变局中的文明动力问题，理论主题是构建人类命运共同体。文明交流互鉴是紧紧围绕人类命运共同体这一重大时代课题展开的。人类命运共同体蕴含着多样性文明的相互尊重和兼容并存。构建人类命运共同体，实质上是在寻求不同于西方中心论的世界发展新路，为解决人类共同面临的"发展赤字、和平赤字、治理赤字"三大难题提供"中国方案"，贡献"中国智慧"，这实际上蕴含了一种不同于西方文明而注重多样性、平等性、包容性、普惠性的中华新文明。①"迈向命运共同体，必须坚持不同文明兼收并蓄、交流互鉴。"②多样、平等、包容、创新是推动文明交流互鉴的基本要素，同时也是构建人类命运共同体的价值表达。人类"命运共同体"就是要重新回归到世界文明的多样性、平等性和包容性，从文明视角来考察新型国际关系，跳出"中心—外围""丛林法则"的资本主义文明交往范式。

价值层面，文明交流互鉴所表达的深层意义是多样性文明之间的平等性、互补性、兼容性和互鉴性，消解文明冲突与隔阂，推动不同文明相互理解、尊重和信任。坚持文明交流互鉴是人类命运共同体理念的重要组成部分，是建设开放包容世界的必由之路，其核心要义是不同文明的和谐共生，共同消除现实生活中的文化壁垒，打破阻碍人类交往的精神隔阂。③无论是"各美其美，美人之美，美美与共、天下大同"的理想愿景，还是亚洲文明对话大会、中国国际进口博览会的具体实践，都诠释了命运共同体理念下，多元文明在文化、教育、旅游、媒体等领域的合作。人类命运共同体理念离不开文化文明的支撑，关键是要倡导文化文明之间的平等对话、交流互鉴，形成"美美与共、天下大同"的世界文明格局。文明交流互鉴是构建人类命运共同体的精神力量，是以中国方案和中国智慧打造新世界的重要路径。

---

① 韩庆祥，陈远章. 人类命运共同体与中华新文明 [N]. 学习时报，2017-06-26（1）.
② 习近平. 论坚持推动构建人类命运共同体 [M]. 北京：中央文献出版社 2018：209.
③ 中共中央宣传部，中华人民共和国外交部. 习近平外交思想学习纲要 [M]. 北京：人民出版社，2021：56.

全人类共同价值构成人类命运共同体和文明互鉴观的基础。构建人类命运共同体，不是推进一种或少数文明的单方主张，也不是谋求在世界建立统一的行为体，更不是一种文明替代另一种文明，而是主张不同历史文明在国际活动中目标一致、利益共生、权利共享、责任共担，促进人类社会整体发展。① 人类命运共同体理念反映全人类的共同价值，不是反映西方主导国际体系的"普世价值"。2015年9月，习近平出席第70届联合国大会一般性辩论时提出："和平、发展、公平、正义、民主、自由，是全人类的共同价值。"② 2021年7月6日，习近平在中国共产党与世界政党领导人峰会上的主旨讲话中进一步系统表述全人类共同价值："做全人类共同价值的倡导者，以宽广胸怀理解不同文明对价值内涵的认识，尊重不同国家人民对价值实现路径的探索，把全人类共同价值具体地、现实地体现到实现本国人民利益的实践中去。"③ 全人类共同价值包含的理论含义是理解不同文明对共同价值的特殊表达；尊重国家在不同历史时代、不同传统、不同制度和生活背景下对美好理想的追求；反对价值文明沦为可能损害人民利益的政治工具，超越"普世价值"这一狭隘的意识形态规制，结合不同国家的具体实践认识全人类共同价值。④ 以主权平等、合理化、公正化为主要内容的国际关系民主化倡导是全人类共同价值的实现形式。⑤

习近平提出的文明观对于世界文明共生共存、共同发展具有重要意义，是人类命运共同体理念的重要组成部分。人类命运共同体理念促进和而不同、兼收并蓄的文明交流。历史证明任何用强制手段解决文明差异的做法不仅不会成功，反而会带来灾难。文明差异不应该成为冲突的根源，不同文明要取长补短、共同进步，让文明交流互鉴成为推动人类社会进步的动力、维护世界和平的纽带。各个文明都有自己的历史传统和特色，彼此之间应该相互尊

---

① 中共中央宣传部.中国共产党的历史使命和行动价值[N].人民日报，2021-08-27（1）.
② 习近平.论坚持推动构建人类命运共同体[M].北京：中央文献出版社，2018：252-258.
③ 习近平.习近平谈治国理政：第四卷[M].北京：外文出版社，2022：493-429.
④ 郭树勇，舒伟超.论习近平外交思想理论内涵的丰富发展[J].世界经济与政治，2022（11）：4-28.
⑤ 戴长征.全人类共同价值与国际关系民主化的中国实践[J].教学与研究，2022（12）：24-34.

重而非对抗冲突，兼收并蓄、开放包容、加强交流互鉴，这是推动人类文明共同进步和世界和平发展的重要动力。

### （二）中国式现代化和人类文明新形态理论

习近平新时代中国特色社会主义的卓越成就是走出了中国式现代化道路，创造了人类文明新形态。中国式现代化道路和人类文明新形态的提法首次出现是在习近平庆祝中国共产党成立100周年大会的讲话中。习近平在中国共产党和世界政党领导人峰会上的主旨讲话、《习近平外交思想学习纲要》和《中共中央关于党的百年奋斗重大成就和历史经验的决议》等讲话和文献中进一步对其丰富和发展。党的二十大报告完整阐述了中国式现代化："中国式现代化的本质要求是：坚持中国共产党领导，坚持中国特色社会主义，实现高质量发展，发展全过程人民民主，丰富人民精神世界，实现全体人民共同富裕，促进人与自然和谐共生，推动构建人类命运共同体，创造人类文明新形态。"① 人类文明新形态是五种文明协调发展、坚持走中国特色社会主义道路。中国式现代化道路创造了人类文明新形态，给世界上那些既希望加快发展又希望保持自身独立性的国家和民族提供了全新选择。② 党的二十大报告完整地界定了中国式现代化的内涵，并明确指出中国式现代化是走和平发展道路的现代化。中国式现代化道路以和平、发展、合作、共赢的方式实现现代化的目标，并以此推动构建人类命运共同体。中国创造的人类文明新形态对解决全球性共同挑战具有重要意义。③

人类文明新形态的根本任务和重要价值在于回答并指导解决各文明的现代化道路选择问题，理论主题是中国式现代化。马克思主义与中国具体实际和中华优秀传统文化相结合的中国式现代化是站在人类文明进步的一边，在坚定维护世界和平与发展中谋求自身发展，又以自身发展更好地维护世界和

---

① 习近平.高举中国特色社会主义伟大旗帜 为全面建设社会主义现代化国家而团结奋斗：在中国共产党第二十次全国代表大会上的报告[N].人民日报，2022-10-26（1）.
② 中共中央关于党的百年奋斗重大成就和历史经验的决议[N].人民日报，2021-11-17（1）.
③ 邢丽菊，鄢传若斓.中国式现代化创造人类文明新形态的世界意义[J].国际问题研究，2023（1）：12-29.

平与发展。①中国共产党领导人民创造的人类文明新形态体现人与自然、人与社会以及人与人之间的和谐,是对资本主义工业文明的扬弃,是人类自由发展的文明新形态,是人类文明发展的宝贵财富。人类文明新形态揭示中国文明新形态生存和现代化发展的路径,遵循自主成长、和平成长、共生成长的逻辑,批判西方中心主义的文明优越观,与西方"文明冲突""历史终结"等观点形成鲜明对比,提升中国在文明领域的话语权。同时,相比于古代和现代文明、西方和东方文明,人类文明新形态丰富了文明交流的主体类型。②人类文明新形态发展和丰富了文明交流互鉴的主张,二者与人类命运共同体理念紧密联系在一起,统一于新时代中国特色大国外交中,是回答全球文明发展这一重大时代课题的新认识和新思路,体现内政和外交作为整体的推进策略。中国创造的人类文明新形态为其他文明形态的发展提供借鉴,丰富了世界文明多样性,是人类发展到高度文明的一种体现,目标是推动全球文明新形态。

### (三)全球文明倡议是文明交流互鉴观在全球层面的确认

随着全球化的深入发展,文明发展和文明互动问题的联动性、多样性更加突出,各种因素的交织影响更加错综复杂。基于文明指涉对象的多元化和多样性,思考文明不能仅限于国家层面,而是应该将主体文明发展和文明互动放在全球文明和人类文明的高度,坚持自身文明、全球文明、其他文明共同发展的有机统一,致力于实现人类文明的进步。

2023年3月,习近平在中国共产党与世界政党高层对话会上首次提出全球文明倡议,③为推动世界现代化进程、促进人类文明进步提供中国方案。全球文明倡议是破解文明发展困境的重大理论创新。全球文明倡议的四个"共同倡导"彼此联系,构成逻辑严密的理论体系:尊重世界文明多样性是前提条件,弘扬全人类共同价值是根本遵循,文明传承和创新是文明发展的动力

---

① 习近平.高举中国特色社会主义伟大旗帜 为全面建设社会主义现代化国家而团结奋斗:在中国共产党第二十次全国代表大会上的报告[N].人民日报,2022-10-26(1).
② 郭树勇,舒伟超.论习近平外交思想理论内涵的丰富发展[J].世界经济与政治,2022(11):4-28.
③ 习近平出席中国共产党与世界政党高层对话并发表主旨演讲[N].人民日报,2023-03-16(1).

和根基，加强国际人文交流合作是有效途径。全球文明倡议是以尊重文明多样性和倡导文明交流互鉴为核心内容的整体文明观，整体性意味着内涵构成是一个逻辑严密的理论体系。全球文明倡议是习近平新时代全球文明观内涵的整合性新概括，在推进全球文明进步、文明和谐互动、文明主体性发展方面提出新理念和新要求，进一步丰富和发展了文明互鉴观。全球文明倡议的价值在于其所包含的真理性力量及其实践指向，提出人类文明进步和互动之道，即文明进步的境界之道、文明互动的伦理之道、文明共生的规律之道、文明发展的实践之道，为创造不同于西方的人类文明新形态、推动人类文明进步提供了丰富的理论思想和实践指向。

全球文明倡议蕴含秩序演进和文明进步的时代价值，为世界乱局注入更多稳定性并带来新希望，具有鲜明的创新性和独特的时代价值。全球文明倡议的根本任务和重要价值在于回答并指导解决全球文明发展蓝图的问题，理论主题是全球演进的整体文明观，关注全球文明进步意义和价值的新命题，提出如何推进人类文明进步的新思维和新路径。全球文明倡议是世界文明多样性和文明主体发展性相统一的文明理论，是化解当代人类文明发展所面临的种种危机和冲突的理论思维体系。全球文明倡议体现世界文明多样性，是指导国家间关系基本规范的国际共识，顺应各文明并维护文明主体性和文化特性，争取自主发展权利的普遍诉求，反对美国的文化霸权和以意识形态划分阵营的冷战思维，是推动人类文明进步和新国际秩序建立的积极作为。全球文明倡议是对全球文明发展及互动关系的一种理论化和体系性的认知，是文明主体发展及互动关系实践上升到全球文明进步的整体性认识。全球文明倡议作为整体性和体系性的文明观，其提出依据是对文明力量的判断。文明不仅是受经济影响的客观外在力量，更是文明进步和秩序变革的内在主体性力量。全球文明倡议在哲学意义上探究文明演进的本体、认识、价值、方法等问题，是集全球文明发展价值、文明主体发展内在机制、全球文明进程于一体的文明演化规律和思维方法。以文明交流互鉴为核心的全球文明倡议是中国特色的全球文明观，是超越全球化中矛盾对立思维的整合包容框架。全球文明倡议以"四个倡导"对文明观内涵进行新整合，对文明观的价值立场观点进行新概括，对推进全球文明进步路径提出新阐述，从而构成了全面系统、逻辑严密、内在统一的科学理论体系。

人类文明的多元繁荣发展是大势所趋，符合各国人民的共同利益，需要各国集思广益和共同努力。百年未有之大变局中，各文明处于发展转型阶段，推动人类文明的进步需要新思路和新力量。作为负责任的大国，中国有责任、有能力为世界文明的多元繁荣贡献中国智慧。从文明交流互鉴到全球文明倡议的中国方案，不仅推动各国相互理解、相互尊重、相互信任，更能加强制度、政策、规则的联动，进而推动开放、包容、普惠、平衡、共赢的经济全球化进程。全球文明倡议为应对全球化挑战提供了具有中国文明特征的思想、理念和价值导向，不仅是我们主观的选择，更是人类文明发展的客观需要。

## 二、推动文明进步的中国方案

当今，西方文明及其所构建的世界秩序陷入全面危机，中国提出文明交流互鉴和全球文明倡议，构建人类命运共同体，体现"中国在世界中"的责任意识，将中国发展放到全球视野中。中国在维护世界和平与发展中谋求自身发展，中国现代化不仅着眼于自身的发展，更要对全球性议题提出中国方案。2016年，在哲学社会科学工作座谈会上，习近平指出中国方案的理论特质要围绕我国和世界发展面临的重大问题，着力提出能够体现中国立场、中国智慧、中国价值的理念和主张，提出解决人类问题的中国方案，要坚持中国人的世界观和方法论。[①]习近平在庆祝中国共产党成立95周年大会上重申了中国方案的目标定位，提出"中国将同世界各国人民一道，推动国际秩序和全球治理体系朝着更加公正合理方向发展"[②]。

### （一）以全球文明观解决全球化进程中文明生存和发展的问题

全球文明倡议是新时代中国为国际社会提供的重要公共产品。公共产品通常定义为具有受益上的非排他性和消费上的非竞争性的产品。非排他性指无论是从技术上、政治上或是经济上，都不能将某个社会成员排斥在消费过程之外。全球公共产品是一种收益可以延伸至所有国家、人民和世代的产

---

① 习近平. 在哲学社会科学工作座谈会上的讲话 [N]. 人民日报，2016-05-19（1）.
② 习近平. 在庆祝中国共产党成立95周年大会上的讲话 [N]. 人民日报，2016-07-02（1）.

品。① 全球文明观是要建立具有高度易变性与可延伸性的社会准则。作为国际社会公共产品的全球文明倡议，突出全球文明的"公共性"，为当代人类文明发展、文明的生存与实践提供一个具有终极性意义的公共价值目标体系。全球文明倡议作为公共产品，就是解答"全球化何去何从"的问题，即在各文明、国家命运与公共命运之间的联系日益密切的背景下，自下而上、自上而下或者横向开展的全球化从长远考虑如何有利于全人类的发展。

从世界历史发展视角，文明交流互鉴是超越西方文明优势、文明冲突并塑造国际社会新型文明形态的新文明观，具有指导人类社会文明实践、推动文明进步的意义。在世界史视野的人类文明发展进程中，关于文明的争论有一个共同的规律，就是在每次国际体系转型之际，或者是国际秩序走到一个十字路口，需要对前进的方向进行选择时，文明的争论就会出现。第一次关于文明的争论发生在西方国家掌握了工业文明的优势并结合权力将资本主义工业文明普及到世界各地，文明被赋予了西方国家构建国际社会的价值；第二次争论发生在冷战后，美苏意识形态对抗结束，亨廷顿提出全球政治主义和最危险的方面是文明的冲突，再次触动各个文明的神经；第三次争论就是当今世界处于百年未有之大变局之际，西方文明及其所构建的世界秩序陷入全面危机，中国提出文明交流互鉴、全球文明倡议，构建人类命运共同体。国际社会的文明交往观与国际社会转型之间存在某种必然的内在联系，就是因为对于文明的讨论绝不是经院式的无病呻吟，而是与实践密切相关。文明讨论就是国际秩序选择的一种自觉表征。在文明的争论中，由于不同的历史任务和背景，文明主体或研究学者所持有的伦理价值和观点有所差异。文明论成为一种超级意识形态，无论是落后国家赶超先进国家实现现代化，还是发达国家为了寻求新的资源和劳动力市场，强行推广西方工业文明的发展理念，都重视文明。

人类历史本就是一个文化融合的过程。文明交流是造成各文明发展的根本原因，是推动人类社会进步的动力。文化对环境或物质条件的反应有基本的共通性，在这个意义上，人类有共同的历史。文化之间具有相关性，相互

---

① 英吉·考尔. 全球化之道：全球公共产品的提供与管理 [M]. 张春波，高静，译. 北京：人民出版社，2006：20.

呼应，才能丰富各自的文化。不同文明的人类群体，它们之间的互动形成世界历史的主旋律。麦克尼尔认为文明互动、开放的"全球性"过程为多元文明世界提供根本性的基础。"多元文化主义和文化差异是人类历史的主要特征；但在文化多元主义背后和更深的层面上，也存在重要的共性。"[1] 全球文明倡议基于全球变迁和地方化紧密联系的观点，寻求全球文明的共同价值，不是地方和全球对立的观点，而是兼顾全球与地方的关系：全球是地方的整体，地方是全球化的构成。去西方中心论、多元中心论等概念都是带有国家界限的概念，全球文明倡议不局限于国家或某个文明个体的概念来看待发展，而是兼顾国家和全球的整体关系。全球化过程是全球与地方、地方与地方不断调整和适应的过程，其内在动力是在全球化变化中生存，利用全球化的变化让自身文明和国家发展得更好。文明和文化不是静止的，每一种文化都在全球性的文化互动中进行调整，每一种文化都在全球共同价值缔造过程中贡献其有意义和有价值的部分。各文明的生存和进步是历史发展的基本动力，是全球文明进步的根基，全球化的进程为各文明的进步提供机遇和挑战。全球文明倡议为各文明抓住机遇、迎接挑战提供基本的价值遵循和中国方案。

### （二）国际秩序变局中如何发挥文化内在的主体性力量

人类文明演进的历史就是不断探索实现共同价值和人类共同命运的历史。当前人类社会正处在变化的世界、变化的时代和变化的历史之中，新现象、新问题不断涌现。在国际秩序变局中，文明和文化主体性力量得以凸显。

在文化的讨论中，一直面临文化主体性缺失的问题。一般认为，文化是一种受经济决定的客观的外在力量，具有外在性、被动性和消极性。在经济面前文化是第二性的，虽然对经济发挥着积极或消极的作用，但总是难以成为一种内在的主体性力量。这种观念在现实中的结果是大家认可一种观点，即文化发展是经济发展的自然结果。文化的概念和实践都难以单独判断，必须置于同其他领域的关系中来掌握，需要关系性思考。政治、经济行为的深层次意义和价值判断不是单纯的经济和政治逻辑所能解释的，而是文化价值

---

[1] WILLIAM MCNEILL. The rise of the west after twenty-five years[J]. Journal of world history, 1990 (1): 1-21.

的概念。文化本身并非一种直接引起种种社会事件、行为、组织或过程的外显权力,而是作为一个符号诠释的网络体系,文化是理解这些事件、行为、组织与过程之所以发生的背景脉络的唯一途径。①

文明交流与互鉴这一理念从文化的角度看,确立了文化的主体地位,强调了文化在国际社会发展中的关键角色。确认文化主体性力量是在理论上,尤其是在内在机制上对文明的民族性、时代性、世界性作出说明,对文化的世界性内涵、时代要求、民族文化传统、现代化模式作出逻辑说明,指出民族乃至世界文明的发展大势,这是新文明观的核心。一般而言,人们承认主体文化的民族性和世界性,但对文化民族的特点、时代性的要求,世界性的内涵又很难作出逻辑说明。如果不解决这一问题,就很难把握民族乃至世界的文化发展趋势。中国特色大国外交中的文明交流互鉴观确立了文化的主体性地位,解决了坚持文化民族性的同时,通过交流互鉴实现世界性的问题。

**(三)现代性危机中如何强化文明自主性**

文化的传播和调节是国际社会进程的重要因素。不同文化的接触会产生交流、互鉴,也可能发生冲突。文明碰撞后,弱势文明更容易被强势文明所吸引。因为各民族都要保持自己文化的尊严,排除异族文化的侵略倾向,所以在两个文化不得不接触时,文化之间的矛盾就成为不可避免的现象。文明发展过程中的冲突来自国家扩张性政策。世界现代化进程中,西方国家凭借其政治、科技的强盛,把他们的文化传播到被征服的民族中,这种关系在历史上造成了文化的冲突、文化的调节和文化的传播等种种现象。现代化产生于西方社会,而且由于西方国家的不断扩张,形成跨国霸权。西方现代化的成就,使各个传统和落后国家不得不学习和跟进,进而对其他传统国家进行的现代化产生颠覆性的作用。在带有危机意识和民族意识使命感的文明发展中,传统文化具有补偿作用,文化认同和文明冲击相互具有拉力作用,也存在着抗拒排斥、吸收融合和认同力量。

现代化进程中,各国习惯于以思考到底离西方还有多远的视野来看待自身的现代化,以衡量与西方的距离或如何追赶西方这类规范性问题意识来主

---

① CLIFFORD Geertz. The interpretation of cultures[M]. USA:Basic Books,1973:14,314.

导现代化进程,即用西方的标准来衡量自身的现代化进程,因而掩盖了较为接近现实的自主现代化的特征。西方衰落的过程展示出其模式的各种弱点,这也是其他地区认识到西方现代化模式的特殊性而非普适性的时候。从欧洲兴起的现代化发展到今天,其显现出来的内在功能上的问题、内在的一致性问题、内部不同文化之间的种种关系的问题,都是西方文化的后现代化问题。西方模式并非唯一的典范,一味地模仿西方是不现实的,各国必然在自身文明的基础上进行现代化。

中国的现代化虽然是在西方优势的压力下被迫进行的,在某种程度上是以西方为典范进行的现代化,但是同时也在中国自身既有的发展轨迹上前进。晚清民国初年,一些杰出的学者以中国传统学问及自主性为基础,认识到在西方坚船利炮的威胁下必须设法自强,虽然提出推动西方式现代化势在必行,但是他们也清楚地知道这是为现实所迫而为之,并不是因为西方文明在各方面皆优于中国。实际上,在中国现代化进程当中,社会发展进程与西方有着实质性差异。中国文化不可能按西方文化的方式达到现代化,也不可能重走西方文化现代化的道路以达到现代化。中国的现代化问题是一个学习和模仿的问题,也必然通过内在化历程来完成。中国现代化进程回应了西方文化与其他民族和国家现代化互动中的文化困局。传统文化面对现代文化挑战该如何发展?如何用自身的现代化道路破解西方现代化的困局?中国式现代化所体现的自主发展途径为各国自主的现代化模式提供经验,使每一种文化能够意识到并做到脱离西方唯一典范的价值观,以文化自主性推动现代化进程。文明交流互鉴指涉的不仅是中国文明、文化的发展问题,而是世界文化和人类的前途问题。

中国式现代化的意义在于现代化必须依附于一种文化主体的概念才有意义,否则盲目的现代化只是屈从另一种文化体或者文化主体。中国式现代化是基于文化自觉前提下的现代化,中国面临当代最强大的也是世界主流的西方文化知识,通过改革开放虚心且积极地学习西方,但是在学习的过程中未丧失自己的文化主体,并没有成为西方文化的附庸。中国式现代化证实了现代化是指一个文化主体的再度自觉和自我更新。21世纪人类文化的发展趋势就是要告别"西方中心论",各民族重新认同自己的文化传统,重新发掘自己的文化精神，推动自身民族的现代化和世界化，进而推动人类文明的多样化发展。和谐、和平不仅是中华民族的文化性格，而且是中华文明对人类的伟大贡献，其内涵也不断融合了现代性而更有生命力。

## 第二节　构建人类命运共同体的文明交流互鉴观

人类命运共同体理念超越了自身的利益和意识形态，是中国特色大国外交理念，是维护国际秩序的中国方案。中国式现代化的本质要求，符合时代发展趋势和全人类共同利益。构建人类命运共同体与文明交流互鉴具有内在统一性，二者都具有秩序建构的价值取向和实践指向。

### 一、文明交流互鉴的秩序构建价值

以文明交流互鉴理念解构当今世界文明优越论、文明冲突论及与此相伴随的文明话语霸权，其机制建设、价值导向和目标追求是构建多样性文明沟通对话的人类命运共同体。

#### （一）国际秩序变革的文化危机

随着全球化的深入发展和科技的快速发展，人类文明创造的成果更加丰富，各国间的联系日趋紧密，世界人民对美好生活的向往和期待更加强烈，人类文明发展到了历史较高水平，这是各国家和民族发展的机遇。同时，人类开始处于一个风险积聚的时代。国际社会面临失衡状态，国际秩序面临深刻转型，国际力量对比深刻调整，其实质是权力消长与文化差异的张力。

日益尖锐的国家之间的权力和利益冲突，国际社会面临的环境、能源、移民这些全球性问题，不断以"文化冲突"或者"文化摩擦"的方式展现，凸显全球价值的缺失和处理国际关系、全球性问题大国合作的动力和制度效能不足。当今世界政治现实发展进程中，出现了相互联系的增加导致的人与环境的危机，不同群体的制度、思想文化关系的危机。这些问题难以用技术去解决，唯有权力动机和文化结合起来才能找到出路。权力与文化差异之间存在着新的关系。各种文明之间的活跃、多向的相互作用取代了单向的相互作用。人类的命运依赖于国际政治中的关键政治力量超越自身文化局限的能力，承认文化的多元共存和一种比权力更高的秩序原则，肯定所有行为体选择自己道路的权利。

文化价值的重要性在深刻的危机和变革中更加突显。与全球权力格局和地缘政治同时发生变化的，是多元文明世界新地缘文化的蓬勃发展。国际秩序变局中，物质力量分配的转变伴随着文化转变。权力转变的水平方向是从西向东移动，东方的文化、历史、价值和规则在国际秩序调整中的话语权提升。对于霸权国而言，文化是其实现霸权主导地位的工具，它们以霸权规则合法性为目标，以单边方式发挥文化在国际秩序构建中的制度化或工具化作用。21世纪以来，美国主导的世界秩序正在成为排他性和故步自封的体系，其主导的国际秩序正当性受到广泛的质疑和指责。西方霸权的终结不只是以经济和军事为主的权力衰落，而是文化衰落，是西方价值观的困境。西方学者提出发达的西方世界处于和平之中，而发展中的非西方世界是一个冲突区域。①中心与外围、和平区与冲突区、西方与其他，国际关系理论中的"我们"和"他们"的"二分法"建立在帝国主义对文明的西方与非文明的、野蛮的、外围的区分的基础上。

当下的世界往哪里去？延续冷战思维，或者继续由美国来主导国际社会，实际上已经不可能。利益、行动和战略的争端尚未消失，其出路不是文明冲突，而是为探寻互利的解决办法进行对话。西方工业文明的文化模式已经显现严重的异化，西方知识分子也在重新反省和批判西方模式，试图另寻出路。人类文明确实需要新的思想引领，根据新的实践进行理论探索。

### （二）构建人类命运共同体的文明互鉴价值

国家之间的关系不仅是利益、权力的关系，而是共同命运的关系。以习近平同志为核心的党中央把握时代潮流，提出国际秩序构建的中国方

---

① JAMES M GOLDGEIER, MICHAEL MCFAUL. A tale of two worlds : core and periphery in the post-cold war era[J]. International organization, 1992（2）: 469-491.

案——人类命运共同体，切实解决"增长动能不足""经济治理滞后""发展失衡"等问题。[①] 构建人类命运共同体，实现"共赢共享"的中国方案，不仅是一个美好的愿望，而且是一个具有坚实基础的科学理念。[②] 人类命运共同体理念完成宏观建构，表明人类命运共同体的时代意义、理论价值和科学内涵（简称"五个世界"：持久和平、普遍安全、共同繁荣、开放包容、清洁美丽的世界）获得全球认同和支持。

人类命运共同体是中国对"想要建设一个什么样世界"的回答，是具有国际视野的理念和实践，不同于基于权力的现实主义国际秩序，是建立平等性、公平公正性、包容性、发展性的秩序，其理念本身就是秩序构建的动员性力量。共同体是平等、相似而又不同的成员构成。从抽象的哲学层次而言，共同体理念的核心概念是"一和多""普遍和特殊"。任何共同体都是由不同特性的组成部分构成。要成为共同体，不仅要有关联，还要"有所共"。人类命运共同体理念体现的是"共命运"，既体现人类生活的美好愿望，也反映国际社会所面临的现实困境和失衡状态。"体"并非某种实体，而是一种规则和制度，也包括发挥凝聚作用的一系列理念。文明交流互鉴不仅是历史及文化层面的文明互动问题，还是与政治多极化、世界多样化紧密相连的国际秩序建构理念和国际政治观念。世界多极化是客观的必然趋势，承认世界多极化就是承认各国文明的多样性和差异性的存在。邓小平同志说过，所谓多级，中国算一极。[③] 国家命运和国际社会的共同命运不是相互对立和排斥的关系，而是相互包容、相互促进的关系。文明的多样化意味着多极的世界秩序。各国文明唯有以平等和宽容的心态与其他文明和平共处，才能构建新秩序。

文明交流互鉴观有别于基于权力的国际秩序观。以力量为国际秩序演变的标准不能很好地解释国际社会的发展轨迹，文明交流互鉴在国际秩序构建中将文明互动与交流作为国际秩序演变的价值诉求。文化不同于权力，但又和权力有着高度的关联性，两者相互融合发挥作用。文明接触、交流与合作

---

[①] 习近平. 共担时代责任 共促全球发展：在世界经济论坛 2017 年年会开幕式上的主旨演讲 [N]. 人民日报，2017-01-18（1）.
[②] 李君如. 中国人的世界梦：人类命运共同体 [M]. 北京：人民日报出版社，2020：48-50.
[③] 邓小平. 邓小平文选：第三卷 [M]. 北京：人民出版社，1993：353.

并不总是和谐公正的，因为全球和地区都存在着因文化权力上的差别导致的文化关系不同的类型——平等和相互尊重型、互利型或屈从性，这取决于文化国力差异及一种文化与另一种文化互动所依赖的开放程度和开放条件。文明交流互鉴是在价值共识基础上构建新秩序，使国际社会在文明交流、互鉴、共存、进步的理想信念、价值理念和道德责任观念上形成合力。文明交流互鉴有助于创建多样性文明沟通对话的机制环境和多样化合作路径，在多样文明的世界中，不同国家及其他国际社会行为体都应有属于自己的位置，平等地享有尊严和发展机会。过去依赖权力维系秩序与生存的时代将逐渐失去效能，未来的秩序与生存将走向建构威信和相互认同的共生情境。以文明交流互鉴为价值取向的新型世界秩序必然以平等性和包容性为主要特征，而不是以某一个国家或某一种文明价值观为唯一标准和基础建构的。中国将会成为21世纪各个文明交流互鉴的主要推动者。[①] 中国有能力和意愿以中国的话语体系破解西方话语体系。

## 二、构建人类命运共同体的文明力量

构建人类命运共同体，要以文明交流、文明互鉴、文明共存，超越文明隔阂、文明冲突和文明优越，推动各国相互理解、尊重和信任。文明交流互鉴和人类命运共同体不仅是目标与构成要素之间的关系，而且具有内在的本质联系。人类命运共同体的文化形态是交流、互鉴、共存的互动模式。在国际社会中，文明塑造弱制度化的社会秩序，表现在各种实践和过程之中，同时也被实践和过程所建构。文明交流互鉴与人类命运共同体的关系主要体现在三个方面：文明和文化作为上层结构的独立性力量，文明交流互鉴是人类命运共同体的基石；文明是人类命运共同体系统构成要素之一的次领域，是结构性力量；文明是渗透在人类命运共同体各领域内的嵌入性力量（见图2）。

---

[①] 贾文山，江灏锋，赵立敏. 跨文明交流、对话式文明与人类命运共同体的构建 [J]. 中国人民大学学报，2017（5）：100-110.

人类命运共同体

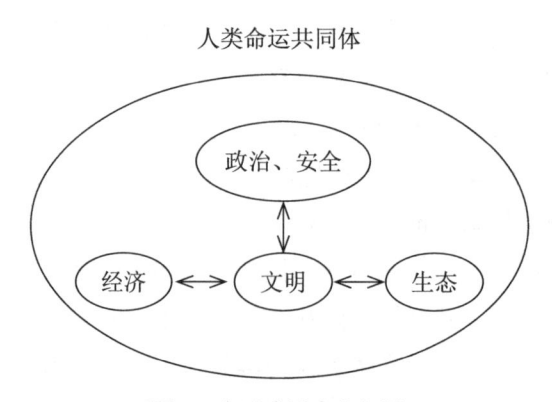

**图2　文明渗透在各领域**

文明交流互鉴在人类命运共同体体系内的上下层结构模型来自马克思主义观点，经济基础具有决定力，文化是受到经济基础限定的上层结构，但两者并非单向的因果关系，上层结构也影响经济基础，或具有相对自主性。文化的概念不限于系统观中具有整合凝聚作用的价值理念，更强调文化和意识形态的隐藏或自然化效果。文明是人类命运共同体的基石，作为系统次领域的文化可以发挥正面凝聚功能。文明渗透在人类命运共同体各领域所呈现的是塑造或建构作用，文化不再只是发挥凝聚价值功能的次领域或子系统，也不是隐藏或自然化不平等秩序的机制，而是认识世界、察觉自我以及社会交往所需要的符号或媒介。世界、自我与社会的存在本身便是文化性建构。文化贯穿各个领域，甚至建构这些领域及他们之间的差异与边界。文化是构建人类命运共同体系统中的一个子系统，同时又渗透在其他子系统中，发挥的作用具有建构特征。构建人类命运共同体，各构成要素的主体互动本身就是文化性的。

文明具有维系人类命运共同体系统凝聚功能的内涵价值，也是建构性的符号媒介。文明交流互鉴在人类命运共同体建构中的角色具有多重性，反映出文明概念的关系性，意味着文明的现实和实践无法单独论断，必须置于其他领域的关系中理解。关系性视角要关注文明与政治、经济、安全等的关联。文明不是全然独立于政治、经济、社会的领域，而是隐含于这些领域之中，其实践无法摆脱其他领域的支撑，也常常成为掩盖其他领域斗争的借口。文明和其他领域的关系，可以发挥维持体系的功能，但也可能是引发冲突的根源。文化作为工具或引发紧张关系的动因，都是内蕴在各领域而非外部性的关系。文明交流与经济、政治和社会的这种镶嵌和互动的状态，既是限制性因素也是交流的动因。文明交流是限制权力的策略性工具，也是进步力量的依赖。

人类命运共同体是一个全面的系统，文明是和政治、经济、安全、生态子系统并存的一个次领域。人类命运共同体建构中，使文明成为新国际秩序建构的目标、媒介和实践过程，才能使文明免于沦为霸权规则、资本积累和阵营区分的工具，使文明互动不成为忽视差异的普遍主义，或具排他性的特殊主义。文明交流互鉴的实践模式镶嵌在政治、经济与社会领域的多重关系之中，文明在秩序建构中所发挥的独立性、结构性和嵌入性力量是全球文明交流不同于国际文化交流实践的理论依据和实践方向。

### 三、文明交流互鉴在构建人类命运共同体中的角色

构建人类命运共同体，不仅需要共同的现实利益，也在于思想、观念和价值的相通共鸣。人类命运共同体以文明互鉴、文化包容为底色。习近平指出："我们应该促进不同国家，不同文化和历史背景的人们深入交流，增进彼此理解，携手构建人类命运共同体。"[①] 人类命运共同体作为一种秩序，是文化建构的。通过文化界定而构成的共同体，蕴含着多样性文明的相互尊重和兼容并存。文明交流互鉴是构建人类命运共同体的基石、文化底蕴，也是构建人类命运共同体的思想基础。构建人类命运共同体，不是纯粹基于政治经济联系，而是通过不同文化、信仰和社会制度的对话，构筑文明共同体。文明交流互鉴观在人类命运共同体秩序构建中是将政治安全观、经济发展观与生态文明观有机融合在一起的理念，其核心价值贯穿于政治安全、经济、文化和生态建设的全部领域。

第一，文明交流互鉴是倡导大国之间相互尊重和公平正义的文明政治观。人类命运共同体理念在政治上倡导各国之间形成平等相待、互商互谅的伙伴

---

① 习近平. 中国发展新起点 全球增长新蓝图：在二十国集团工商峰会开幕式上的主旨演讲 [N]. 人民日报，2016-09-04（1）.

关系。伙伴关系是冷战结束后中国积极践行的国家间交往新模式，是一种既非对抗又非结盟、以协调与合作为主要方式的新型国际关系。伙伴关系是全球化发展的必然要求，也是中国基于对传统国家间关系的反思而作出的战略选择。① 因为只有各国之间形成不分彼此、同舟共济的伙伴关系，才能携手应对全球化时代的诸多困难和挑战。2017年3月，外交部长王毅在中国发展高层论坛年会上指出，中国提倡的伙伴关系，具有几个与以往传统国际关系理论不同的鲜明特征：寻求和平合作，不设假想敌，不针对第三方，致力于以共赢而非零和的理念处理国与国之间的交往；坚持平等相待，尊重各国主权独立和领土完整，尊重彼此的核心利益和重大关切，尊重各国人民自主选择社会制度和发展道路；倡导开放包容；强调共赢共享。中国倡导的伙伴关系旨在通过合作做大利益蛋糕，实现共同发展繁荣。② 2022年习近平在博鳌亚洲论坛年会上提出全球安全倡议，强调坚持尊重各国主权、领土完整，不干涉别国内政，尊重各国人民自主选择的发展道路和社会制度。③

大国之间关系受制于实力、利益和意识形态，也具有深层次的文化根源。国家之间的关系是意识形态、传统、情感等因素相互影响和相互作用的关系。地缘政治冲突不仅是政治或经济问题，更是一个文化问题，其深刻的根源是历史上形成的价值观念和情感。中美实力渐趋平衡提升了中美关系对于构建世界秩序的重要性，也加剧了美国的心理失衡。美国在2017年的《国家安全战略报告》中明确指出中国和俄罗斯为大国竞争关系，并采取一系列维护美国利益优先的零和举措，引发大国关系深刻调整，加剧国际秩序演变的不确定性。西方更容易在冲突的情境中使其利益结果最大化，缺少对关系本身的关注，而中国人比美国人表现出更多的冲突回避。文化是国家和社会用以理解自己和相互关系的工具，是国家之间彼此关系中的主要向导。对于大国的政治外交关系而言，唯有在不同文化之间"尊异求同"，以和平合作文化替代竞争对抗文化，才能形成相互尊重和对话协商的新型政治安全关系，相互尊

---

① 王帆，凌胜利. 人类命运共同体：全球治理的中国方案 [M]. 长沙：湖南人民出版社，2017：20.
② 王毅. 中国提倡的伙伴关系具有四个鲜明特征 [EB/OL].（2017-03-20）[2023-01-13]. http://world.people.com.cn/n1/2017/0320/c1002-29157063.html.
③ 习近平. 习近平谈治国理政：第四卷 [M]. 北京：外文出版社，2022：451-452.

重的规则是不同世界观实现共存的根本,只有共享的利益并不能产生共同体,共同体建构离不开尊重差异基础上的共享利益和价值观。国家之间文化关系的冲突性源自一种文化妄自尊大,把自身文化和模式强加于他人或他国,这种危险因全球化进程中新种族主义和霸权主义而加剧。合作共赢是通过接受将文明、民族和国家联结在一起的共享价值实现的。构建人类命运共同体的主要挑战在于创建一个能使所有文明、国家和民族保持独特个性,并在真正平等的基础上实现合作的体系,如果不保存独特性就没有多样性。

第二,文明交流互鉴观是坚持互利共赢和共享价值的文明发展观。人类命运共同体理念在经济上积极推动共同发展与合作共赢,谋求开放创新、包容互惠的发展前景。发展对于世界各国人民而言,意味着生存和未来,意味着权利和尊重。当今世界各国的发展仍面临很多问题,停滞、不平衡现象突出。2015年联合国发展峰会上,习近平发表讲话,他倡导各国要共同走出一条公平、开放、全面创新的发展之路,努力实现各国共同发展。人类命运共同体理念坚持开放的发展,让发展成果惠及各方。2021年习近平在第76届联合国大会讲话中提出全球发展倡议,共同推动全球发展迈向平衡协调包容的新阶段。一个和平发展的世界应该承载不同形态的文明,必须兼容走向现代化的多样道路。[①] 全球发展倡议和全球文明倡议是构建人类命运共同体的实践。人类命运共同体理念将创新视为发展的根本源泉,重视科技发展对生产力的推动作用,注重各国之间的科技合作。科技发展离不开各国的经贸合作,这就需要坚持公平包容,打造平衡普惠的发展模式,谋求一个开放、创新、包容、互惠的发展前景。

世界文化和发展委员会在20世纪末发布《我们创造性的差异》报告,提出文化不仅是发展的手段,更是发展的真正目标。发展构想的基本原则是尊重多元化,对不同生活方式和创造性差异的态度要超越宽容提升至相互欣赏。因为文化是动态变化的,由此带来的创造性促成了不断进化和发展。人类命运共同体倡导的国际经济秩序的构建路径和基本理念是开放包容与合作共赢。开放包容与贸易保护相对,这与全球化进程中的国际和国内失衡、市场与社会失衡相关。全球化会挤压边界区,产生跨越现存国界的新经济或文化区域,

---

① 习近平. 习近平谈治国理政:第四卷[M]. 北京:外文出版社,2022:468-470.

同时全球化进程不断向国家行为体内部"施压",对地方民族主义增加压力。政府控制本国事务的经济权利越来越受国家内部社会层面的利益和文化的驱动。美国和西欧发达国家更倾向于采取保护和施加压力的方式在国家之间、国家与自身所处的区域和地区之间、国家与跨国集团之间行使权力,使存在认同差异的跨国合作更难以达成。唯有坚持文明交流互鉴的基本原则,存在潜在利益也具有认同差异的跨国合作才能实现。尊重文明多样性和交流互鉴是应对经济全球化挑战、实现共商共建共享国际经济治理的基本价值诉求。

第三,文明交流互鉴观是应对共同挑战与共同命运的文明生态观。人类命运共同体理念在生态上倡导实现人与自然和谐相处,构筑尊崇自然、绿色发展的生态体系,构建环境友好型社会。生态是更具包容性的整合性概念,蕴含包括社会在内的自然机体与组织形态。生态和谐是多元层面的和谐,是人、社会和自然的和谐。要实现人与自然和谐相处,就要坚持绿色、可持续和共同发展。可持续发展是人与自然和谐发展之路,这就需要树立新型的国际援助和国际合作观,不断推动联合国2030年可持续发展议程的落实。构筑尊崇自然、绿色发展的生态体系,需要全世界的共同行动。习近平指出,国际社会应坚持走绿色、低碳、循环、可持续发展之路。中国责无旁贷,将继续作出自己的贡献。[①] 生态文明是全人类共同迈向全新的、更高层次的文明形态,是各国共同努力创造的美好世界。世界文明多样性与可持续相连,有助于人类适应世界有限的环境资源。环境破坏不受空间限制,时间上不可转换,其作用是全球性的,会形成危机的网链。环境问题不仅仅是纯粹的技术问题,也不仅仅是人口数量和总资源可获得性之间的不平衡问题。文明在调节人与环境的关系方面不容忽视,没有单个文明有能力解决和应对当前和未来面临的环境挑战问题。全球环境问题的解决需要以承认和尊重文明多样性为前提,容纳各方、各文化的知识和观点,经过科学决策过程形成共识。

文明交流互鉴作为一个领域和范畴,和构建人类命运共同体的政治、安全、经济和生态构成要素之间形成多维关系。人类命运共同体是一个有机系统,文明互鉴是与其他子系统(政治、安全、经济、生态)并存的一个次领

---

① 习近平. 携手构建合作共赢新伙伴 同心打造人类命运共同体:在第70届联合国大会一般性辩论时的讲话[N]. 人民日报,2015-09-29(2).

域。构建人类命运共同体，不能把文明和其他的构成要素孤立看待，不能片面和机械地谈论它们之间的决定作用和反作用问题。构建人类命运共同体，每个系统的结构性功能是适应、目标达成、整合及维持基于内化价值的模式。

## 第三节 "文化力"视角下文明交流互鉴的实践体系

习近平关于文明交流互鉴和全球文明倡议的重要论述，并非空谈和乌托邦，而是可以切实付诸实践的科学思想。文明交流互鉴的实践路径逻辑是提升中华文明的传播力和影响力，并兼具全世界全人类问题的大情怀、大视角，构建人类命运共同体，实践体系包含推动全球文明进步的中国责任和中国"文化力"的提升。

### 一、文明和文化力量的多维阐释

文化不仅是传承和选择，而且是一种力量，本质上是主体性和自觉性的力量。"文化力"这一概念是承认文化的能量和力量，其应用范围很广，在国家层面往往与政治和经济力量相对应，在单位或组织层面一般指组织文化对竞争力的作用和影响。"文化力"概念的理论依据是毛泽东在《新民主主义论》中阐述的"文化力量"思想。"新的政治力量，新的经济力量，新的文化力量，都是中国的革命力量，它们是反对旧政治旧经济旧文化的。"[1]"文化力"概念的系统研究始于20世纪90年代国际范围市场经济理论中，是相对于政治、经济和军事的力量。"文化力"概念首次出现在日本学者的《经济与文化》一书中，在分析文化市场机制时提出，但并没有作出理论分析和论证。[2]最初的"文化力"概念是在市场经济与文化相互关系的讨论中提出的，主要关注企业文化如何演变成"文化力"，是相对经济力、政治力而言的。不论是对于人类整个经济和社会进步而言，还是对地区和城市经济发展来说，"文化

---

[1] 毛泽东. 毛泽东选集：第二卷[M]. 北京：人民出版社，1991：695.
[2] 贾春峰，黄文良. 关于"文化力"的对话[J]. 现代哲学，1995（4）：6-8.

力"都是一种强大的内在驱动力。①社会主义现代化建设中,"文化力"包含智力因素、精神力量、文化网络和传统文化,在市场经济中发挥推动力、导向力、凝聚力和鼓舞力。②"文化力"概念和应用范围从市场经济领域、组织文化层面拓展至文化研究和国际关系等领域。

## (一)文化概念视角的文化力量

1952年,美国文化学家克罗伯和克拉克洪对西方自1871年至1951年期间关于文化的160多种定义作了梳理与评析,给文化作出一个综合定义:文化由外显的和内隐的行为模式构成,这种行为模式通过象征符号而获致和传递;文化的核心部分是传统观念;文化体系既可以看作是活动的产物,又是进一步活动的决定因素。③英国著名人类学学者泰勒认为:"文化或者文明就是由作为社会成员的人所获得的,包括知识、信念、艺术、道德法则、法律、风俗以及其他能力和习惯的复杂整体。"④英国文化史学者雷蒙·威廉斯认为文化涉及身份认同、意识概念、精神思想、价值规范、风俗习惯,也涉及物质性的制度和实践。⑤美国人类学家克利福德·格尔茨认为文化是以符号形式表达的前后相袭的概念系统。⑥德国学者埃利亚斯认为"文化的"之所以区别于"文明的",在于不直接指人本身,而是指人所取得的成就。⑦文化常被认为有三种形态,精神心理方面的文化形态(文化传统、民族精神和国民凝聚力等)、制度层面的文化形态(政治文化、意识形态和价值观念等)、器物层面的文化形态。文化同各种概念结合形成复合概念,如文化帝国主义、文化

---

① 李文启,王玉才,吴绍斌."文化力研究第一人":访著名学者贾春峰[J].商业文化月刊,2004(3):5-6.
② 贾春峰."文化力"论[J].东岳论丛,1998(6):19-22.
③ 傅铿.文化:人类的镜子:西方文化理论导引[M].上海:上海人民出版社,1990:12.
④ 马文·哈里斯.文化·人·自然:普通人类学导引[M].顾建光,高云霞,译.杭州:浙江人民出版社,1992:136.
⑤ WILLIAMS RAYMOND. Keywords: a vocabulary of culture and society[M]. London: Fontana Press, 1983: 87-93.
⑥ 克利福德·格尔茨.文化的解释[M].韩莉,译.南京:译林出版社,1999:4.
⑦ 诺贝特·埃利亚斯.文明的进程[M].袁志英,译.北京:生活·读书·新知三联书店,1999:63.

政治、文化经济、文化产业等，这些概念本身便呈现文化的多样性，文化与不同领域接轨，延伸和丰富了文化概念的内涵，形成以文化为名交织起来的概念网络。

文化领域的"文化力"研究范围是从文化概念解读"文化力"的依据、构成及发挥作用的方式。①文化是文化观念和"文化力"的统一。从文化观念和"文化力"两个不同视野理解和揭示文化本质，反映不同的思维取向和理论追求，前者追问"何为文化"，关注文化知识性的一面，把文化理解为稳定存在的东西；后者追问"文化何为"，关注文化的价值和意义，把文化理解为生生不息的运动过程。②"文化力"体现多样性和复杂性文化研究的功能视角。以功能派学者马林诺夫斯基为代表的文化人类学家侧重从"文化力"角度理解文化的真谛。"文化为工具，生活是主体。"③马林诺夫斯基提出"适应环境"和"满足需要"，无论是人如何适应环境还是环境如何满足人的需要，都和文化不可分割。在他看来，如果文化的反应无法满足生物的需求，那么人类社会便不可能有今天的存在。所以他强调文化本质上是一种功用性装备。④文化是一种价值导向，从文化自身的视角看，文化有自己独特的价值观和价值内核，并保持相对的稳定性和恒久性，引导和规范文化主体的行为。"落地伊始，社群的习俗便开始塑造他的经验和行为。"⑤

"文化力"概念源自对文化是"人化"的基本认识，"化"是一种状态和过程。文化是一种选择，是一个民族对自己的精神生活、价值目标、生活和行为方式等方面的传承和选择。这种选择是积极能动的，有着自发和自觉的区分。对于每个时代的人而言，是由经济决定的自发受动的过程；对整个民族发展而言，又是一种自觉选择与能动设计的过程。文化的选择和传承赋予文化主体性地位，扬弃关于文化外在性和客体性的理解。异质文化之间、文

---

① 樊洁.论文化力[J].社会科学战线，1995（2）：29-36.
② 肖东松.马克思主义及其中国化研究散论[M].北京：人民出版社，2016：220.
③ 马林诺夫斯基.文化论[M].费孝通，译.北京：中国民间文艺出版社，1987：2-3.
④ 马林诺夫斯基.科学的文化理论[M].黄建波，等译.北京：中央民族大学出版社，1999：132.
⑤ 露丝·本尼迪克特.文化模式[M].王炜，等译.北京：生活·读书·新知三联书店，1988：5.

化要素之间很难直接沟通和匹配，简单的文化融合会产出文化抵抗。文化不仅是人、民族的本性体现，也是力量显现，其在价值和精神层面调节人、民族的力量，并形成合力，即"文化力"。文化力对个体、国家和民族的行为发挥有效影响，从而对行为进行干预、引导和调节，使之与整个文化价值体系方向保持一致，同时培育和激发内在的文化能量，从而形成文化合力。每一种文化都有着自身特殊和独特的力量，文化力是精神和主体的力量。文化是发展的有效动力，它可以整合价值观念，规范人们的行为，激励民族精神，维护民族团结。文化是国家和民族"安身立命"之所在，是一个民族和国家赖以生存发展的重要根基，也是区别于其他民族和国家的重要标志。文化与历史发展的一定阶段和具体社会经济形态相联系，渗透于社会生活的各个方面，影响着人们的精神世界和行为方式。

文化不仅能释放能量，还能创造能量，是一种力量和能量，是社会的一种资源。文化的发展和传承依赖于文化力量，是国家实力的软性资源。文化是综合国力的重要组成部分，也是增强综合国力的重要途径。当今世界激烈的综合国力竞争，不仅包括经济实力、科技实力、国防实力等方面的竞争，也包括文化实力和民族精神的竞争。"文化力"的逻辑不是线性逻辑，而是非线性逻辑。"文化力"的大小及其作用，在相当多的场合下不与文化传统的悠久程度和文化设计完善程度相匹配。从理论上，文明古国的文化优势在于丰富的文化资源及更强有力的"文化力"，但文明古国的文化自足性更强，使文化具有很强的自我稳定性，变革性不强。文化资源的有效性、"文化力"的大小，取决于"文化力"丰富的程度，也取决于"文化力"的更新程度。文化要素的丰富是"文化力"增强的必要条件，如果没有文化变革和更新，即使丰富的文化资源也不会产生强大的"文化力"，甚至会出现文化惰性。

**（二）文明研究中的文明力量**

文明这一概念出现伊始，就是替代野蛮的进步力量。早在公元前4世纪，文明就已经被描述为当代人类发展的具体特点，是文明与野蛮的差异比较。历史之父修昔底德提出："一旦暴力行为唤起国民的热情，就会破坏人类文明的成果。"① 文明一词确立于 18 世纪的法国思想家,文明的含义首先是进步,具体是社会进步和人的精神进步,文明的理想将是这两种进步的和谐,即二者的平衡。② 文明概念的历史形成与西方优越相关。西方国家在启蒙运动和工业革命后,文明与野蛮成为对不同社会水平的表述,文明成为社会总体进程的象征。由于启蒙运动、工业革命和资产阶级革命的开展,欧洲认为是西方文明率先开启现代文明进程并奠定现代文明的基础的,文明概念便自然地与欧洲文明、资本主义文明等同起来。历史学家布鲁斯·马兹利什指出:"兴起于启蒙运动时期的文明概念是欧洲人想象的一部分,它声称为世界提供了一个放诸四海皆准的衡量尺度。"③

从人类生存的共时性而言,文明是与"野蛮"相对立的进步概念,这是"文明"作为名词的基本词义,也是文明的绝对性含义。从人类生存的历时性上讲,文明是相对的,今天的文明也许在明天就成了愚昧。所谓的文明国家也会做出野蛮的行径,当把文明等同于一个具体的国家,或者是一种社会时,这些国家社会中的落后、丑恶的一面便被淡化或掩盖了。在现实的国际交往中,国家利益常常反超文明价值。在一个推崇国家利益至上,而又以实力为基础的国际社会,国家往往不会去考虑什么是应该做的,追求的只是国家足够强大,认为只要强大,做什么事情都会得到别国的认可。正如当下的美国霸权,在世界推广美国模式的民主自由等文明观的时候,美国却掩盖了内部的不民主、不自由。

文明和文化内涵的整体性,是文化力量的根源。文明是社会总体进程进步的象征,是人类社会创造的一切进步成果,包括经济、政治、社会科学、宗教、道德价值等方面。④ 文明是整体性的,能够适应外部环境及内部要求。文明是指"在一定历史阶段,用于克服生存问题的社会工具总和"⑤。文明是松散聚合的、具有内部差异的、以精英为核心的、被整合到全球范围的社会

---

① 修昔底德.伯罗奔尼撒战争史[M].谢德风,译.北京:商务印书馆,1997:239.
② 基佐.法国文明史[M].沅芷,伊信,译.北京:商务印书馆,1999:8-16.
③ 布鲁斯·马兹利什.文明及其内涵[M].汪辉,译.北京:商务印书馆,2017:7-8.
④ 虞崇胜.政治文明论[M].武汉:武汉大学出版社,2003:51.
⑤ 哈拉尔德·米勒.文明的共存[M].郦红,那滨,译.北京:新华出版社,2002:30.

体系。① 文明在回应内部多元性和进行外部交往的过程中逐渐进化。② 文明作为基本的社会建构,可以成为物化的政治形态,尤其是当不同文明相遇的时候。"文明"与"秩序"相关而又不能等同于秩序,与"文化"相连而也不能等同于文化。文明是一个完整的人类生存系统,表层含义是政治、经济、社会等制度,中层含义是习俗、观念、信仰等文化,深层内涵是人类对自己的人性、个性、群体特征等方面的理解和追求。

柯林斯对文明威望区域的研究视角体现出对文明力量的关注。柯林斯认为文明可以是"威望区域"或"吸引力网络",文明是围绕一个或多个文化中心形成的威望区域,这些威望的吸引力以不同的力量向外发散。文明威望区域是由多元的、相互竞争的网络和远距离联系构成的,其标志是在与世界接触中所表现的吸引力和传播能力。③ 文明的吸引力是指文明以其"独具特色"的文化活动吸引其他文明成员的能力。在柯林斯研究的基础上,阿德勒把文明研究转向实践,视文明为动态的、松散聚合的、多维的和异质共存的实践共同体,并以此说明不同文明之间是如何互动、聚合和相互借鉴的。④ 他认为文明是一组关系和实践活动,是一种对身份认同的基本建构,把文化视为"共同实践"。

文明实践具有独特性,彼此具有明显差异。文明的吸引力来源于实践,文明的力量在于增强和减弱文明吸引力的实践活动。文明被效仿在于其物质、组织和话语优势,而这些优势是从新的政治、经济、安全和社会实践中体现出来的。文明成为"威望地区"并拥有吸引力的原因之一是文明的实践基于共有知识并蕴含着进步的概念。新实践代表着某一种进步的观念,从而使这类实践对其他文明的政治实体产生吸引力。阿德勒认为现代化受到两种力量

---

① 彼得·卡赞斯坦. 多元多维文明构成的世界:多元行为体、多元传统与多元实践 [M]// 彼得·卡赞斯坦. 世界政治中的文明. 秦亚青,魏玲,刘伟华,等译. 上海:上海世纪出版集团,2012:6-7.
② ROBERT W COX. Thinking about civilizations[J]. Review of international studies,2000(26):217-220.
③ RANDALL COLLINS. Civilizations as zones of prestige and social contact[M]//AMIR ARJOMAND,EDWARD A TIRYAKIAN. Rethinking civilizational analysis, London and Thousand Oaks,CA:Sage,2004:132-147.
④ 伊曼纽尔·阿德勒. 欧洲文明:实践共同体视角 [M]// 彼得·卡赞斯坦. 世界政治中的文明. 秦亚青,魏玲,刘伟华,等译. 上海:上海世纪出版集团,2012:74-101.

的影响：一是以单数形式界定的西方文明普遍的实践活动；二是具体的民族国家理念。现代文明包含多种不同文化中的现代化议程和制度，各种现代社会不是沿着同一条路径进化而来的。不同的文化资源造就不同的文明议程。文明在国际上的地位及文明行为体的政治影响力依赖于三个要素：现有权力和威望的被认可程度，有效历史记忆的被重视程度，未来号召力大小的被认识程度。文明有其内在动力，表现为多种形式，存在悄然传播、社会效仿、自我证实、公开输出的特征。

### （三）国际关系研究视野下的文明和文化力量

"文化力"是文化理论的核心，涉及国际政治的文化内容。[①]文明研究在国际政治学中一直以来是被忽视的领域。对于政治学学者而言，文明研究过于宽泛和模糊，并且具有非政治性特征，难以引起学术界的持续关注。自20世纪70年代以来，文明研究出现三种不同的研究路径：主导式、混合式和交互影响式。[②]20世纪90年代亨廷顿的著作及相关的批判性观点引发政治学者对文明互动关系的讨论。亨廷顿对世界政治的发展趋势十分敏锐，意识到冷战结束后多元文明变得日益重要，提出世界政治中的文化转向这一重要现象。文明互动方式是塑造国际秩序的力量，他将文明研究植入冷战研究的旧思维框架中，得出文明冲突必然性的论点。

软实力是国际政治领域文化力量的重要视角。软实力最早是由国际关系理论界新自由主义的代表人物、哈佛大学教授约瑟夫·奈于1990年提出来的。他把软实力阐述为同化式实力，依靠一个国家思想的吸引力或引导别国政治意愿的能力，同文化、意识形态以及社会制度等无形力量资源关系紧密。[③]软实力是一种无形的间接力量，通过别国的自愿追随而达到目的。自愿的动机

---

① 秦亚青. 世界政治的文化理论：文化结构、文化单位与文化力 [J]. 世界经济与政治，2003（4）：4-9，77.
② GERARD DELANTY，Civilizational constellations and European modernity reconsidered[M]//GERARD DELANTY. Europe and Asia beyond East and West，New York：Routledge，2006：45-46.
③ 约瑟夫·奈. 美国定能领导世界吗 [M]. 何小东，盖玉云，译. 北京：军事译文出版社，1992：25.

出于崇尚它的价值观，把它作为学习的榜样，渴望达到它所达到的繁荣和开放程度。在国家战略中，软实力强调与人们合作而不是强迫人们服从你的意志。①在与硬实力的对比中，约瑟夫·奈界定"软实力是一种通过吸引让他人做自己想做的事情而获得预期结果的能力"②。软实力是施加一种间接的影响，通过塑造公共舆论而非仅仅影响政治精英创造影响外交决策的氛围。政治、经济和文化体制不同的国家，影响公共舆论的最好方式就是通过积极、有效信息的传播增强相互理解和尊重差异。约瑟夫·奈提出了三种形式的外交：日常沟通、战略沟通和公共外交。③我国具有开创性的"文化力"系统研究把软实力称为软权力，认为文化不仅是一种力量的表现，而且是权力的重要部分，更是实力或国力的重要部分。④"文化力"是软实力的核心，在软实力范畴，文化具有主导性；在硬实力范畴，文化具有先导性。⑤将"文化力"作为综合国力的构成要素已经获得广泛认同。

在国际关系的建构主义理论中，文化力量是使某些私有知识成为共有知识，成为世界主导文化的基本内容，形成世界文化的结构框架，并推动主导文化传播和扩散的一种力量。温特从元理论角度解释"文化力"问题，将这一动力源泉定位于行动者之间的互动，微观层面的私有知识可以通过行动者的社会性互动，形成宏观层面的共有知识，即文化。⑥费尼莫尔和斯克金柯从经验理论层面借用"生命周期"的概念讨论国际规范形成。规范是文化的一种形态，可以看作对"文化力"的一种解释。国际规范形成包括兴起、普及和内化阶段的发展过程。规范兴起阶段主要依赖于倡导者的宣传鼓动和规范倡导机制的推动，并得到国家支持；规范普及阶段主要是广大行动者对规范

---

① 约瑟夫·奈.美国霸权的困惑：为什么美国不能独断专行[M].郑志国，等译.北京：世界知识出版社，2002：9.
② 罗伯特·基欧汉，约瑟夫·奈.权力与相互依赖[M].门洪华，译.北京：北京大学出版社，2002：263.
③ JOSEPH S NYE. The new public diplomacy[EB/OL].（2010-02-10）[2023-01-10]. http://www.project-syndicate.org/commentary/the-new-public-diplomacy.
④ 王沪宁.作为国家实力的文化：软权力[J].复旦学报（社会科学版），1999（3）：12-24.
⑤ 高占祥.文化力[M].北京：北京大学出版社，2007：2.
⑥ 亚历山大·温特.国际政治的社会理论[M].秦亚青，译.上海：上海人民出版社，2000：198-206.

的接受，规范超过临界点会迅速扩展；规范内化阶段是行动者对规范的内化，使之成为自我身份和认同的一部分。①

文明交流互鉴的"文化力"概念包括相对于经济和政治的"文化力"的狭义范畴，还包括蕴含于文明和文化概念中的广义范畴。文化不仅是相对于经济、政治、军事的构成性力量，还是受经济基础影响的独立力量和主体性力量，也是渗透于经济、政治等方面的嵌入性力量。

## 二、文明交流互鉴的实践目标

世界文化体系中，中国设计创造了一种特殊的文化原理、文化精神，体现出与西方文化不同的独特的"文化力"。文明交流互鉴的实践目标就是展现中国的"文化力"，体现在全球文明进步、不同文明和谐互动及文明自主性增强三个层面及其相互联系中。

以文化自觉促进中华文明与世界文明交流互鉴，推动全球文明化进程。文化自觉是指生活在一定文化中的人对其文化有"自知之明"。自知之明有助于加强对文化转型的自主能力，体现适应新环境、新时代的文化选择的自主地位。②文明交流要有主体性意识。文化在吸收和互鉴中有自己的底线和原则，前提是要保持自身文化的特质、基本精神及核心价值。文明交流有其自发的部分，即老百姓日常交往的实践，如旅游、商贸等往来带来的文明交流，更有文明交流的自觉。正如费孝通先生所言，文化自觉是一个艰巨的过程，只有在认识自己的文化，理解并接触到多种文化的基础上，才有条件在这个正在形成的多元文化世界里确立自己的位置，然后经过自主的适应，和其他文化一起取长补短，共同建立一个共同认可的基本秩序和一套各种文化都能和平共处、各抒所长、联手发展的共处原则。③

以多元、和合、互鉴共生的文明交流互鉴的价值推动不同文明和谐互动。

---

① MARTHA FINNERMORE, KATHRYN SIKKINK. International norm dynamics and the political change[J]. International organization, 1998（4）：887-917.
② 费宗惠，张荣华. 费孝通论文化自觉[M]. 包头：内蒙古人民出版社，2009：22.
③ 费孝通. 论文化与文化自觉[M]. 北京：群言出版社，2007：190.

和谐意味着虽然每个文明对于各种问题都有各自的观点，但所有文明都处于"多样性的统一性"和"多样性的差异性"状态。和谐是一种社会秩序，是文明进步的关键。和谐文化中，遵守公共秩序成为人们自觉的行为，维护公共秩序则是责任。正是伦理责任使人们不再把公共生活的事情当作分外事，而是主动关心公共事务，关注公共生活领域发生的各种问题，参与解决各类公共问题。和谐为人类社会发展提供的最基本的需要是社会公共秩序，并依托"公共领域"的创建得到保障。公共领域的一部分由各种对话构成，在这些对话中，各个主体形成了公众。公共领域体现的是人类的"公共利益"，其所营造的社会条件构成了个人自主性行使的条件。和谐文明互动关系是通过文明方式和文明手段促进和谐，并非消灭矛盾，而是协调矛盾。协调方式依赖于矛盾的性质，斗争也是协调方式的一种选择。每一种文明通过自身的文化对生活方式的设计是独特的和自足的。异质文化之间，虽然各要素及所体现的文化特征不同，但其整体功能和本质存在共性，只有承认这种共性，才能在体系层次放弃文化霸权，尊重文明的多样性，实现和谐共生。和合是一种交往理念和交往能力，是不同文明在互动关系中所具备的和平共处与合作发展的能力，是在承认不同文明差异的前提下，承认异质文明存在于一个相互依存的和合关系中，基于共享利益关系的合作达到互鉴和共同发展。

以文化觉醒推动文明传承与创新，提升文明自主性。文化自觉必然伴随着文化觉醒。改革开放40余年，特别是党的十八大以来，中华文明以前所未有的自信走近世界舞台的中央。文明觉醒不是自然发生的，而是在文明长期发展中，在物质、制度、精神文明等方面取得巨大成就的时候，社会相对和平安宁的时候才能生成。中华优秀传统文化不会随着时代的变迁而流逝，反而会随着时代的发展日益焕发出新的智慧光芒。习近平新时代中国特色社会主义思想可以在中华优秀传统文化的思想精髓中追根溯源。在复杂多样的社会思潮、主流文化、价值观念不断进行冲击和挑战的背景下，树立中华民族强大的文化自信，并深入挖掘和阐发中华优秀传统文化中的思想理念，对唤醒世界对中国文化价值观的新认识、构建人类命运共同体有着重大意义。"推动中华文明创造性转化和创新性发展，激活其生命力，……让中华文明同世界各国人民创造的丰富多彩的文明一道，为人类提供正确的精神指引和强大的精神动力。"① 文明交流互鉴有助于对世界不同国家、民族所创造的人类文明有益成果的吸纳和整合,从而建立反映全球文化多样性价值的全球价值体系。

以文化自信唤醒世界对中国的新认识。文化是一个国家、民族之魂。文化使民族、国家成为命运共同体。文化自信是历史命题,更是时代命题。习近平指出:"文化自信,是更基础、更广泛、更深厚的自信,是更基本、更深沉、更持久的力量。"② "坚定文化自信,是事关国运兴衰、事关文化安全、事关民族精神独立性的大问题。"③ 对于任何国家和民族而言,文化是灵魂、血脉和根基,任何事业的发展都离不开对文明的历史传承和发展。习近平指出,宣传阐释中国特色,"要讲清楚每个国家和民族的历史传统、文化积淀、基本国情不同,其发展道路必然有着自己的特色;讲清楚中华文化积淀着中华民族最深沉的精神追求,是中华民族生生不息、发展壮大的丰厚滋养;讲清楚中华优秀传统文化是中华民族的突出优势,是我们最深厚的文化软实力;讲清楚中国特色社会主义植根于中华文化沃土、反映中国人民意愿、适应中国和时代发展进步要求,有着深厚历史渊源和广泛现实基础"④。这四个"讲清楚",鲜明体现了文化自觉和文化自信。二十大报告中指出,提升中华文明的传播力影响力,具体路径是坚守文化立场,加强国际传播能力建设和深化文明交流互鉴。中国的崛起不应该仅仅是经济等硬实力的发展,更应该是文化力的崛起。习近平指出:"实践证明我们的道路、理论体系、制度是成功的。要加强提炼和阐释,拓展对外传播平台和载体,把当代中国价值观念贯穿于国际交流和传播方方面面。"⑤ 在各种文化思潮不断涌现的复杂世界背景下,谁能掌握国际话语权,谁就能在复杂的国际竞争中拥有竞争优势,并占主导地位。

---

① 习近平. 论坚持推动构建人类命运共同体 [M]. 北京:中央文献出版社,2018:83.
② 习近平. 在中国文联十大、中国作协九大开幕式上的讲话 [M]. 北京:人民出版社,2016:6.
③ 习近平. 习近平谈治国理政:第二卷 [M]. 北京:外文出版社,2017:349.
④ 习近平. 习近平谈治国理政:第一卷 [M]. 北京:外文出版社,2018:155-156.
⑤ 习近平. 习近平谈治国理政:第一卷 [M]. 北京:外文出版社,2018:161-162.

## 三、基于"文化力"的文明交流互鉴实践体系

一个大国具有国际文化影响力和辐射力,具备文化贡献力,才能成为真正意义上的大国。文明交流互鉴实践体系需要原有外交能力的适应性或优化性变革,使中国重新思考、评估和确立中国自身的文化建设及文化交流与国际秩序构建之间的关系。"文化力"是把文明互动的路径和能力作为整体的概念,其本身是一个开放的复杂系统,文明互动中的话语建构、制度创设、互动关系、外交实践、发展政策构成"文化力"的解释变量。

### (一)文化和文明的交流

广义的文化交流伴随着国际交流发生,包含所有存在主动性和意图性的人、物、资金、技术、信息等国际移动。跨越国界的"交流物"都含有文化因素的移动,不可避免地伴随着文化的交流,国际交流无意识间变成国际文化交流。狭义的国际文化交流是通过交流使文化要素进行转移和交换的现象,通过文化活动达成交流目的。文化交流有主动和被动的交流。政府的国际文化交流是有意识的、限定性的文化活动。就效果而言,很多有意图的国际交流活动虽以"相互理解"为目标,却停留在表面性的活动上,交流效果与预期未必相符。国际文化交流大多数是有意图地使接受方通过接触而发生态度、行为、观念等文化因素的改变,以交流主动方的国家利益为主。文化交流是"推动人类文明发展历史进程的实践",文化交流也往往"成为国际政治中一国政府为达到其外交目的而运用的一种特殊政策工具"[1]。在制度化的有意识的国际文化交流中,要把自我视为接受者,实现双向的文化交流。[2] 国际文化交流的效果主要依赖于交流客体的选择意愿。

国际性的文化交流实践中,交流结果或可能出现的形态有文明冲突、文化摩擦、文化排斥、文化同化和文明互鉴,每种形态都不是孤立存在的,是

---

[1] 刘永涛. 文化与外交:战后美国对外文化战略透视 [J]. 复旦学报(社会科学版),2001(3):62-67.

[2] 平野健一郎. 国际文化论 [M]. 张启雄,等译. 北京:中国大百科全书出版社,2011:179.

对文化交流结果状态趋势的判断。文明冲突的实质是维护西方文明优势，维护资本主义工业文明在全球历史演变中的优势地位，是旧文明观的体现。文化摩擦指拥有不同文化的两个或两个以上的行为主体之间只要发生关系，就容易因文化差异出现误解、偏见、纷争、摩擦和纠纷等现象。现实中，文化摩擦相比于文化冲突较为普遍，也更容易发生。国际关系中发生文化摩擦的典型例子是国际误解。文化摩擦是不同文化接触时所引发的紧张和纷争，这种紧张源于人类普遍存在文化本位意识和相对意识并存的文化心理。因不同文化的差异性和共同性之间的矛盾统一关系，文化本位和相对意识之间的矛盾和冲突伴随着人类整个文明交流史。文化排斥是指不接受外来的文化因素，或消极面对，或积极采用文化抵抗。文化同化是指原有文化被一种新文化同化，原有文化中人们的生活方式发生改变，文化核心的基本价值观也发生改变。特定文化因素从一方转移到另一方的过程中形成文化因素的同质化。优势文化因素代替原有文化因素，接受方的文化不能发挥主体性，文化被同化。形成文化同质化的过程大多数是因给予方的文化对接受方的文化施行了强制支配的结果，也被称为"文化帝国主义"或者"文化霸权"。

文明交流是客观趋势，但能够达成互鉴的状态是主观行为的结果。文明交流互鉴远比交流更为复杂和困难，与特定的时空脉络有关，也深深卷入不确定的秩序变革和权力博弈。文明交流互鉴的结果是接受方将原有的文化因素与外来文化因素进行结合，丰富文化内容，推动文化发展。文明交流接受方保持原有文化、传统文化核心的延续性。文明交流能够实现互鉴，条件是文化交流状态是非强制性的，文化接受方有自主选择文化因素的自由。

## （二）基于"文化力"的文明交流互鉴实践体系构成要素

"文化力"作为文化选择和设计的能量，具有多样性的内涵。文明交流互鉴视角的"文化力"不仅仅是与政治、经济相对应的概念，也不仅仅是软实力的视角，而是集全球文明进步、文明对话和文化交流的制度规范建构，异质文明尤其是中西文明的和平和谐互动，中华文明传播力、影响力，传统文化创新发展为一体的概念。从"文化力"的外向作用来看，它是在体系以及文明互动和文明主体层面，不同文明的多元共生、和合共生和互鉴共生的和谐能力。"文化力"的内在动力是文化传播和传统文化资源的创新发展,主要体现为文化的传播力和创新发展力。文化和谐力是人们对和谐现象、本质、规律及达成和谐的一系列思考和认识,是促进社会和谐的一种综合能动力量。① 传播力是多种文化能力在一定环境要求下激发出的活力,服务于一定的目的。发展力是文化传承和创新发展的能力,在发展力的诸多要素中,保持传统文化的现代性发展是核心方面,涉及文明自主性的问题。各国无不是把提升本国的传统文化的创新力作为国家文化能力建设的重中之重。

价值阐释和文明对话的制度建构能力体现全球文明观和全球文明思维,属于体系层次。国际秩序层面的文明互动实践是限制权力运作的策略性场域。在全球化进程中,文明差异成为资本积累的扩张利器,一些西方国家以文明之名压制其他国家对平等和正义的追求,文明成为斗争和竞争的主要议题。文明互动的理想化论述和实践也是与进步力量进行抵抗的方式。文明交流互鉴概念具有普遍性和特殊性、多样性和差异性的多重内涵,具有价值、制度、关系多个层面的实践操作模式,彼此支持也相互矛盾。普遍性体现的是不同文明之间的平等关系,这种平等的关系意味着文明借鉴是相互的、主动的、自由选择的。特殊性体现的是各个文明都具有其特有的语言、习惯和价值认同,在交流之中实现互鉴有较为复杂的限制性因素。基于国际秩序层面文明概念的多重内涵,文明交流与互鉴的制度和价值层面的操作模式,彼此相互支持。价值层面涉及理念、价值的认可;制度层面涉及组织机制、规则、政策和行为习惯的确立,比如国家之间交流合作机制的建立。文明交流与互鉴的制度和价值层面的内涵与实践模式是一种共存和紧张的关系,在异质多元的国际社会中具有突出的意义。两者本应相互扶持,却常有制度僵化导致的脱节疏离,或者价值差异引发的国家之间关系发展的困局。文明交流互鉴是国际秩序构建的价值引导,价值传播和制度建设的实践,体现在基于批判和超越的话语阐释及传播、文化全球化趋势下建立文明对话合作的制度实践。

中西文明互动在美国大国竞争战略下呈现竞争性共生的基本形态,文明交流互鉴的实践路径是争取和谐互动,实现大国积极的"竞合共生"关系。文明交流和接触反映了多种传统和多种实践活动。一般而言,大部分文明之

---

① 高占祥. 文化力 [M]. 北京:北京大学出版社,2007:172.

间的交往是和平的,是以文化借鉴过程为特征的,属于和平共生,但异质文明互动更容易产出竞争性甚至冲突性关系。文明互动有两种极端方式:一种是通过外部力量强加的全面的文化帝国主义,将一种现代化模式或一个威望区域的规范和实践,单方面凌驾于其他地方的规范和实践之上,目的在于取代后一种规范和实践;另一种是受内部力量驱动的完全的本土主义。大多数文明互动实践是居于两种极端之间的混合方式,通过多元交往和接触,不同地方的规范和实践有选择地吸收和接纳,重塑文明进程。美国的文化霸权和中华文明的强自主性随着经济实力的变化和调整,显示出竞争性。从中西文明互动视角分析中美大国竞争关系,其逻辑依据是文明互动关系不仅仅局限在文化领域,而是渗透在国家、市场和社会之间,基本假定是文化与政治、经济和社会场域接轨。文明互动关系不局限于文化内涵,而是关注文化的作用,尤其是与政治、经济和社会场域接轨时的作用。中西文明互动的内蕴冲突源自文化观念的分歧。文明互动内蕴冲突的管理,是对各种文化立场和观念的理解和尊重,是在差异共存的目标下积极看待差异文化互动中结构性转型的过程和现实,而这需要大国具备冲突管理能力。

增强中华文明传播力和影响力的国际传播能力建设是坚守文化立场、增强国际传播能力建设和深化文明交流互鉴所构成的体系,其建构逻辑是文化主体性的知识整合、传播的战略性政策融合及文明交流互鉴的全球性逻辑。文化传播力是文化主体基于自身文化创造成果,借助必要的文化传播媒介而实现的文化的辐射力和影响力。文化传播力彰显了文化主体的影响力和感召力。在现实的文化交流和传播过程中,文化主体通过必要的文化传播媒介,不断扩展其文化影响力,促成自身文化的优化,从而不断打破地域空间和结构空间的局限,获得更加广阔的生存空间。文化传播力水平直接关系到文化主体在文化交流中的话语权,是衡量强势文化与弱势文化的重要标准。[①]一个国家的文化影响力,在很大程度上取决于其有效传播的能力。所谓有效传播,是指媒体所报道的内容本身具有信息价值,同时这些信息能够吸引受众并被受众准确理解。国际传播能力建设是提升有效传播能力,构建快捷、覆盖广泛的现代传播体系,形成与我国国际地位相称的强大传播格局。

---

① 杜刚. 全球化视域下文化创造力研究[M]. 北京:人民出版社,2012:99.

文明共生需要对自身优秀传统文化进行创造性转化和创新性发展，保持文明的独特性，其实践是以政策创新推动优秀传统文化的创新发展和展示能力的提升。文明交流互鉴的实践逻辑是吸收和借鉴人类社会创造的一切文明成果、推动中华文明创造性转化和创新性发展、建立世界人类文明交往新秩序。[1]中华优秀传统文化创造性转化、创新性发展是构建人类命运共同体的凝聚力，要对其信念和理念进行挖掘、展示和传播。第一，中华优秀传统文化的价值挖掘能力。中国传统文化的现代化需要我们在观念上重新认识传统文化，在内涵上寻求传统文化的先进因素，在传播方式上推动传统文化的现代转变。中国的传统文化博大精深，有行为模式、思维方式和心理特征，也有可感知的、具有物质实体的文化事物。观念形态包括宗教信仰、价值观念、法律政治等意识形态；精神产品是指文学艺术和一切知识成果，例如博物馆与图书馆；还包括衣食住行、民情风俗等生活方式。要用喜闻乐见的形式和语言来介绍中华文化，弘扬中华优秀传统文化中具有现代意义的价值观念、思维方式。第二，与文化产业融合发展的能力。文化产业的发展正是用现代元素提升中国传统文化的契机。文化产业具备了资源产业的特征，它可以满足人们的需要，又可以实现价值的增长，更为重要的是，能够创造新的需求，完成资源的服务—增长—修复—再服务的循环链，成为一种新型的资源。用现代元素提升中国传统文化要发挥政府的作用，尤其是地方政府在国家文化政策实施中的作用。

文明交流互鉴不仅仅是理念，更是涉及现实运作与社会操作，需要一套有效的机制、体制和制度保障其实施，要使各种"文化力"实现有效耦合运作，体现中国文化特色，发挥中国文化优势。文明交流互鉴的实践领域不是割裂的，各个领域不是孤立存在的，而是相互影响的，都以构建人类命运共同体为高度和理念，都遵循全球文明倡议的基本价值和目标，以理念传播、合作、多主体参与为共同路径，担当大国责任，提升中国文化力。

---

[1] 吴海江. 新时代文明交流互鉴思想研究[M]. 北京：人民出版社，2020：106-134.

# 第二章　全球文明观的价值基础和理论渊源

当今世界处于百年未有之大变局,人类文明创造的成果从未如此繁荣,但文明发展方向的不确定性也前所未有。在马克思唯物史观的解释与叙事中,文明是社会规律变迁和世界历史演变的重要力量。文明理论不仅是文明或文化意义上的概念,而且是涉及人类自由解放的"哲学范畴",关注的不仅是对文明事实的客观描述,而且是从推动世界历史发展、人类自由和解放的目标"反思"文明的意义和价值。文明是世界历史进程的主要体现,也是推动世界历史进步的动力。以马克思文明观为理论渊源的文明交流互鉴、全球文明倡议是中国提出的全球文明观,是将文化交流史、中国文化特质与当下中国社会实践相结合形成的具有普遍伦理价值的文明理论,是以平等为价值内核,以多样性、包容和谐、共在共生为价值基础的全球文明共生观。文明共生的全球文明交往形态,遵循全球文明"公共性"的整体逻辑。在价值体系构成中,尊重文明多样性的多元共生是前提,文明的和合共生是过程,包容和互鉴的共生是结果。

## 第一节　全球文明倡议的全球文明观

全球文明倡议是有关全球文明的倡议,是中国提出的全球文明观,是对人类文明进步的价值建构,指出现代文明危机的根源和未来文明的出路。中国的全球文明观是对"批判""全球""主体性"意义的重新审视,批判和超越现有全球文明观,从全球视野审视文明的普遍性,强调文明主体性的发展。中国的全球文明观是进步性和现代性的文明观,它以人类的共同和整体利益为关切,具有超越各界域文明层面的共同性,又以多元文明共存发展为前提。

## 一、对现有全球文明观的批判和超越

全球文明概念源自全球史的研究视野。麦克尼尔的《西方的兴起》(1963年)通常被认为是全球史著作的开端,美国学者沃勒斯坦的《现代世界体系》、德国学者弗兰克的《白银资本》等著作推动全球史研究的发展。20世纪全球史视野的全球文明观有意修正"欧洲中心论",建立一种全球主义的新历史观,这种历史观认为世界上每个地区的每个民族和各个文明都处于平等地位。① 新全球史观并非否定"欧洲中心论",而是希望以一种公正、批判的态度理解欧洲中心在世界现代史中的意义。"欧洲中心论"发起于启蒙哲学家的历史叙事,从伏尔泰、赫尔德,到黑格尔的历史哲学、兰克的世界史才最终确立。世界现代历史的叙事中,"欧洲中心论"成为价值判断和事实判断。斯塔夫里阿诺斯的《全球通史》试图在新全球文明史观下叙述世界史,但依旧无法摆脱"欧洲中心论"的叙事格局,将西欧当作1500年后全球文明的动力与中心。②

全球文明观念是人类文明演进到21世纪的必然产物。文化是整体的生活方式,包括日常生活经验的具体实践及蕴藏其中的深层意义和价值。文化全球化探讨的不单是文化商品的跨国流通,还包含全球化对各地文化的冲击及各文化价值体系对这一巨大挑战的种种回应,更要探究全球化演进过程中需要什么样的全球文明。文明理念是从整体上看待世界和世界体系,而对文明进行全球理解的重要性是认识论上的,全球文明的本质属于认知论范畴。反思旧文明模式,重塑全球文明模式,首先解决的是思维方式问题。有什么样的思维方式,就会派生出什么哲学观点、行为规范、价值取向,进而外化出与之相应的思想、言论和实践活动等。人类应该追求什么样的全球文明是自全球化进程开始就一直困扰哲学家、政治家和学者们的一个问题,形成了不

---

① 巴勒克拉夫.当代史学主要趋势[M].杨豫,译.上海:上海译文出版社,1987:243.
② 斯塔夫里阿诺斯.全球通史:1500年以后的世界史[M].吴象婴,梁赤民,译.上海:上海社会科学院出版社,1992.

同的全球文明观：西方文明优势主导的同质化和西方化的"一元思维"；超越本土文明乌托邦式的全球思维；基于文明本土思维派生的多元化思维，承认各文明之间存在不可逾越的文化鸿沟。文明的全球思维引起不同行为体在多个领域及以多种方式关注。国家发展模式的"新加坡道路"尝试把西方和东方价值结合在一起，主张文明间对话的伊朗倡导"文明对话之路"，联合国决议把2001年定为"各文明间对话年"等，都是朝向全球文明目标、克服自身文明狭隘的探索性实践。

全球文明这一概念源自20世纪60年代具有话语强势地位的美国，美国内部的矛盾为国内多元文化社会创造了生存的条件。新社会中的知识界和企业界精英认为西方文明的概念是过时、陈旧的，具有压迫性含义，只强调西方文明就会疏远其他文明，文明应该是一种明确包含非西方文化的文明。因此，他们开始使用一个新概念，即全球文明概念，表达重视个人、普世人权和世界市场的观点。西方文明意识形态开始被全球文明意识形态所取代。[①]美国的全球文明观是美式西方文明在全球化时代的"重塑"，通过全球文明话语把自己塑造为现代全球文明的缔造者，在实践中以跨国公司为主要传播工具建构美式的现代全球文明。美国知识界、学术界和媒体界精英的观念变得更为全球化和普世化。20世纪90年代，美国不仅成为新全球文明的核心文明国，而且自我标榜为现代文明的最新形态。美式"全球文明观"的实质是"一元"思维，基本假定是其他国家将不得不在全球化中与西方较量，从而成为"西方"国家，或者至少是"西化"国家，本质就是强权、霸权思维，是不平等、对立对抗、非和平思维。西方文明具有排他性和扩张性，排斥、吞并和同化其他的文明模式，捍卫和拓展西方的文明理念，最终使其呈现出"非文明"的问题。美国的"全球文明观"与各地现实之间的鸿沟越来越大，到21世纪前10年的中期，已经有大量证据表明其他文明体的民众持续抵制美国的全球化意识形态或其构成要素，尤其在2008年美国金融危机引发全球经济危机之后。[②]

---

① JAMES KURTH. America and the West：global triumph or western twilight[J]. Orbis，2001（3）：333-341.
② 詹姆斯·库尔斯. 作为文明领袖的美国 [M]// 彼得·卡赞斯坦. 世界政治中的文明. 秦亚青，魏玲，刘伟华，等译. 上海：上海世纪出版集团，2012：50-73.

基于文明本土思维的全球文明观，通过捍卫自身的民族文化和传统抵抗全球化，不是文化多元主义的全球文明思维，存在潜在的唯我独尊、封闭排外的现象。文明多样性、特殊性意味着全球文明应当尊重不同地域和不同时期文明的价值体系，但这种多元主义如果反对任何形式的价值共识，便会衍生出一系列问题。对于文明而言，否认共同价值，没有超越层面的诉求，这种历史主义观念发展到极致，便会有极端的论断。"文明冲突论""历史终结论"分别代表两个相反的极端，一个是西方普遍主义，一个是文化特殊主义。[①] 全球文明思维中，如果忽视不同文明体系的共识层面和共同价值，不仅不能化解时代危机，还会引起价值混乱，更不能实现文明之间的共生互容。关注各文明的独立和差异的割裂思维与当下世界的暴力冲突、竞争和分裂息息相关。

超越本土文明乌托邦式的全球思维源自对全球化问题的关切。18世纪以来，300多年的工业文明成就了高度工业化的发展模式，但其付出的代价也无法弥补。西方国家主导的工业文明带来深层次、结构性和文化性、制度性危机，使人类面临自然环境、人文环境、科学技术危机，进而导致人类文明危机。人们认识到工业文明价值观所推动的人类进步是不可持续的，全球危机意识的觉醒唤起学者对全球文明的关注。如金周英教授在2016年解析全球文明和伟大文明的概念，并在新著中继续探讨工业文明转型为全球文明的迫切问题，指出全球文明是各主权国家和平共处、协调发展，社会公正、生态平衡、思想多元，保证所有个人和家庭世代相继的幸福生活。但她并不认为全球文明是人类最理想社会，人类追求其生存和发展方式的最高境界——走向国家消亡、世界大同的"伟大文明"时代。[②] 诚然，人类要改变命运必须善于勾画未来蓝图，构思人类文明发展的未来，并指引人类的行为。然而，忽视文明主体性的乌托邦式全球文明观，丧失文明自主性的文明未来学说会使文明面临生存危机。

21世纪所有重大问题的重中之重是各种局部文明超越自身文明的偏执及与他者文明冲突的观念，改变近代以来文明吞并和征战的非文明历史，形成基

---

① 方朝晖. 文明的毁灭与新生：儒学与中国现代性研究 [M]. 北京：人民大学出版社，2011：29.
② 金周英. 人类的未来 [M]. 长沙：湖南科学技术出版社，2022：133-144.

于不同文明主体性的全球文明观。人类是一个整合体，判断文明理念境界高低的标准是其是否有利于全人类的整体发展，而不是唯我独尊式的自我发展。

## 二、全球文明观的"全球性"

中国的全球文明观是整体性的文明观，正确认识文明演进的历史、现实及未来，承认文明多样化是人类创造力的源泉，是缓解文明冲突的智慧，具有容忍其他文明差异的气度和参与文明对话的诚意，立足于人类全球化、现代化生存这一现实，超越唯我独尊的陈旧文明观念。

全球性和国际性的意义有所差异。国际性主要是指国家之间关系的加强。国际化使国家之间彼此具有广泛和深度的影响，但仍保留明显区隔的地域特征。全球化并不是指国家之间的复杂互动，而是指社会关系获得无距离和无边界性质的过程，因此人类生活才能在这个世界逐渐演变成一个单一的地区。[1]中国的全球文明观具有整合性和包容性，不是建立同一性的世界政府，不是建立普世文明，也不是以区域、国家为中心的文明割裂思维，是以整体和包容思维方式理解全球文明，关注人类不同文明的主体性和相互依赖性。全球文明倡议的整合性思维是全球化中新的整体性、和谐的竞合性互动关系，而非断裂性、零和对抗关系。

中国的全球文明观是中国对全球化时代文明问题的客观认识。全球是包括人类共同生存环境在内的全球性存在，在全球化时代更为突出人类生存方式或生存形态的全球性，与之相对应的是"界域性"存在，如西方文明、东方文明、印度文明，物质文明、精神文明等。文明问题是全球化时代的整体性和本质性的问题，是如何认识、理解和解决文明进步的问题。文明的全球性把人类的终极目标和现实关照相结合，以人类文明进步为终极目标，也给全球化、现代化时代的不同文明提供现代生存的方向和化解冲突的根据。全球化造就了全球文明观，创造了一个世界文明，在这个世界文明中有一种全球"融合"的动态形式，这种"融合"是一种不同的甚至是对立方面的相互

---

[1] JOHN BAYLIS, STEVE SMITH. The globalization of world politics[M]. New York: Oxford University Press, 1997: 14-15.

协调过程。全球文明发展是充满矛盾和冲突的过程，是一个控制与反控制的较量过程。面对资本主义文明主导的全球文明，不能简单地接受和顺应，而是独立自主地积极参与，树立明确的自我意识，推进本民族发展，进而为整个人类文明作出应有贡献。① 西方工业文明的文化模式已经显现出严重的异化和分裂，全球规模现代化的物质体系需要一个精神文明体系来调和，需要形成新的全球文明体系。与美国的全球文明观不同，中国提出的全球文明观不是寻求替代现有各种文明的普世性文明，它反映了人类在民族、社会和文明等方面的多样性，反映了人类共同价值观的综合，包容各自价值观的独特性。

全球文明倡议的全球文明思维更重视全球文明的进步与不同文明的进步、各自独特的价值相结合，是以进步整合思维超越西方工具理性思维。全球文化无论在过去、现在或未来，即便受西方工具理性思维的影响，存在文化霸权和强权，也没有朝向同一模式发展。一个复杂的整体是由无数彼此依赖、相互作用的部分构成的，看待世界体系的方法需要整体性。无论是大国关系、经济问题、安全问题、环境难题，还是社会问题，都是同一危机的不同方面。全球文明倡议是针对全球文明新的整体性论述，重新思考文化与政治、经济价值多维相互渗透的各种可能性，而非继续遵循传统单向的政治、经济资源强势文明影响其他文化，或者其他文化抗拒强势文化操控的论述。各文明通过更开放的动态"共通性"建构一个具有全球历史和文化高度的不同文明整合式思维和实践模式，这种思维与实践模式涵盖全球化时代人们对传统与现代、同质与异质、本土和外来等不同面向的复杂联结，使文化理念与不同领域的政策目标相互调和。

中国的全球文明观是以承认全球共同价值为前提的文明观，指明以全球现代文明重建现代性的方向。西方现代化模式本质是用广大发展中国家的"廉价资源"支撑自身发展的不平等道路。西方现代化最根本的"问题因素"是资本及其扩张逻辑，其带来的最明显的社会问题是两极分化和贫富差距，造成的最深层的问题是人的异化。② 西方以资本为中心的现代化漠

---

① 丰子义, 杨学功. 马克思"世界历史"理论与全球化[M]. 北京：人民出版社, 2002：157.
② 黄建军. 唯物史观视野下中国式现代化的历史坐标与世界意义[J]. 马克思主义研究, 2022（6）：32-43.

视人的存在，两极分化的现代化无视社会发展的正义，物质主义膨胀的现代化蔑视人性和自然法则，对外扩张掠夺的现代化泯灭了人类的价值。① 随着普遍交往的加深，各个民族日益紧密，而现代性引发的危机和风险超出民族国家界限而具有全球性效应和全球特征，全球风险需要国际社会共同应对，谁也无法独善其身。人类共同价值观和尊重文明多样性是应对全球风险共同体的纽带。对现代性矛盾的扬弃需要反思现代性的文化困境及重构人类的共同价值。全球文明包括不同文明的独特性，也不可否认地存在人类共同感受的共同价值。价值观在某种程度上是一定利益关系的文化表达，共同价值观依赖于共同利益。人类面临的共同风险增加，共同利益也不断扩大。全球文明的普遍性是指在全球层面代表人类共同利益的普遍性。

中国的崛起和发展态势使中国成为国际舞台上的主导角色，中国责任及其在国际事务中的作用提升，在文明层面有全球普遍性维度的诉求。全人类共同价值是人类普遍认可的价值，也是各文明、国家和民族的共同追求，体现人类对自身发展命运的关切及对美好未来的追求，唤起人类的命运共同体意识，促进世界和平、和谐发展。中国确立全球层面的共同价值，不是以西方价值为核心的所谓的"普世价值"，也不是西方人理解的中国文化"霸权主义"扩张，而是一种全球文明层次的共同价值。全球化进程中，经过世界各民族的相互作用，最初同质化和异质化两种对立的文化逻辑被超越，逐渐形成基于世界各民族共同价值和利益的"文化共相"，形成全球文化新秩序，形成超文化形态，即"世界文化"。世界文化与西方文化的普遍性不同，是一种新的普遍性，是代表人类共同利益的普遍性。② 只有不同文明交流互鉴，才能淬炼出真正意义上的全球文明和全人类共同价值。

## 三、全球文明观的主体性

全球文明倡议中，文明交流合作及互鉴、传统文化现代化创新发展是对文化差异性、异质性及复杂性的探讨，凸显本地文化主体性和全球文化多样

---

① 马峰. 中国式现代化创造人类更好发展"中国蓝图" [J]. 哲学研究，2022（6）：13-21.
② 丁立群. 普遍性：中国道路的重要维度 [J]. 求是学刊，2012（1）：5-10.

性，进而确立全球文化价值及意义的多元诠释。中国提出的全球文明观为客观认识不同文明共性、个性及文明之间关系提供价值遵循，是全球不同文明的共存进步思维，是有关不同文明之间对话共存的倡议，是有关各文明主体创新发展的倡议。全球文明以文明的民族性为前提和基础，没有民族文化，全球文明就无从谈起。全球文明观对文明演进过程和未来的认知是建立一种良好的文化生态，维护文明多样化的发展，不是形成一种超越各民族文化的新文化形态，而是反映各民族文化在发展中相互吸收和借鉴的趋势，进而建构一个和平、稳定和繁荣的国际社会。

从哲学角度，主体性是最根本的问题。哲学思维中的主体是一切本质及行动的基础。主体性本身具有主动的能力，并且积极地建立主体意识与对象间的关系。因此，通过主体意识的反思和自我批判过程，可以扬弃过去错误的认知，建立新的认知。主体性的建立意味着一种自由成熟、免于异化与控制的自由状态。主体性的建构实际上是一个复杂而充满变化的过程，并不只是主观的自由意志或是抽象的理性思维所能实现与完成的。在不断对所处的情境进行思考、正视和超越过去的认知，以及强势和弱势的互动之中，主体性持续进行修正与重建。

文明主体性意味着自主。自主性概念在全球化研究中是指一种政治地位。自主性概念有两层含义：一层是有选择"做什么"和"如何做"的决策能力。自身的目标和价值观往往与自身的行为相关联，这种简单意义上的自主性类似于"机构"具有理性选择的权力。更高层次的自主性含义涉及程度问题，通过实施计划、发展关系和接受承诺实现自身的价值，赢得尊严和尊重，是更为复杂的改变影响文化和政治、经济规则的能力。[①] 如果想拥有自主性，必须有可以接受的选择。全球化对共同体和民族文化自主性产生威胁，同时也提供了自主性新的表现形式。自主行动需要考虑两个因素：与利益和资源维度相联系的行为能力，与认同相联系的自我意识。利益与认同之间存在联系。自主性具有价值并不意味着个体至上。自主性是由社会关系构成的，否则便

---

① LEN DOYAL，IAN GOUGH. A theory of human need[M]. New York：Guilford Press，1991：53，67.

不再有意义；自主性是一个历史概念，需要视不同情况而定。① 个人或集体行使自治权的条件是不断变化的，部分原因是我们处于一个相互联系的世界。② 自主性是自我建构的意义世界所在。文化系统一般存在封闭系统或开放系统，有开放因素或封闭因素。每一个文化系统都有这两种因素，这是由特定的历史脉络和社会脉络决定的。与其他文化没有交集及不可能共通的东西，可以称为封闭因素，或者是独特性。任何一种文化，必有一些并不受限于特定社会历史的普遍成分，因而可与其他文化共通，这即是此文化系统的开放因素。开放因素是一个文化与其他文化可以互通共融的因素。传统文化要解决现代化困境，要保持自主的文化因素，还要发展自己和其他文化共通的开放因素。文明在空间上具有普遍性，在时间上具有延续性，文明具有移动和传播性，文明的孤立状态在全球化日益发展的当下事实上没有可能。广泛的文明交流可以直接利用其他民族的创造成果促进自身的发展。

文明交流中，主体性意味着既要坚守文明民族性，又要发展时代性。文明的民族性和时代性一直贯穿发展的始终。一个民族自己创造文明，并不断发展，成为文明传统，这是文明的民族性。一个民族在发展文明的过程中又必然接受别的民族的文明，要进行文明交流，这就是文明的时代性。民族性与时代性存在矛盾，但又统一。继承文明传统，就是保持文明的民族性；吸收外部文明，进行交流，就是保持文明的时代性。③ 文明一方面永远在变化之中，又万变不离其宗。文化是一个相互融合并不断演化的过程。文明作为一个有机体，通过延续传统、吸纳外来文化、推陈出新和融合创造保持生机。

文明特质是国家的"根"，对满足国民的情感寄托和精神需要具有深刻的意义。文明特质的保持和延续保证了一个国家文明的连续性。文明特质是文化深层的本质，在文明更新和变化过程中，在多方面的文明特质中究竟何种文明特质得以保持和延续，取决于历史必然性的客观选择。文明作为信息、

---

① BRIAN JACOBS. Dialogical rationality and the critical of absolute autonomy[M]//PETER UWE HOHENDAHL, JAIMEY FISHER. Critical theory: current state and future prospects. New York: Berghahn, 2001: 145.
② KWAME ANTHONY APPIAH. The ethics of identity[M]. Princeton: Princeton University Press, 2005: 30.
③ 季羡林. 季羡林谈文化[M]. 北京：人民日报出版社，2011: 118.

知识和工具的载体，它是社会生活环境的映照。文明作为制度、器物与精神产品，它给予我们历史感、自豪感。文明是一种价值导向。从文明自身的视角看，有自己独特的价值观和价值内核，并保持相对的稳定性和恒久性，引导和规范文化主体的行为。人在文明创造中为自己选择了独特的存在方式，人们根据这种存在方式来区分不同的文明主体。文明的不同意味着价值观的不同、行为方式的不同。民族的兴衰与其文明有密切联系：民族在兴盛发达时，文明就蓬勃繁荣；民族趋于衰弱时，文明必然衰微退化。文明与民族的命运休戚与共，文明是一个民族走向复兴和强盛的动力。

全球文明对主体性的强调反映各文明对西方文化霸权的态度。全球文明观的主体性不是封闭的，而是开放和发展的。全球文明倡议是增强自身文明内在动能、保持文化主体性和自信心的中国方案。应对文化霸权主义，必须强调文明的主体性和自主性，不能丧失文化自觉，否则始终处于客体地位。文化霸权是一国通过文化渗透达到政治干预和控制的一系列理念和政策体系。资本主义发达国家只关注本国利益和目标，基于自身的强势文化向世界其他国家进行文化渗透和扩张，迫使他国接受其价值观和意识形态，制约和影响其他国家内部事务的行为。文化霸权的行为模式还体现在组成所谓的价值联盟，搞意识形态对抗。非西方国家在拒斥西方文化霸权主义的同时，容易陷入自我封闭和文化孤立主义的困境，甚至采取与全球化趋势相对抗的姿态。然而，任何脱离全球化进程的文明最终都会丧失文明发展的动力。在急剧变化的全球化时代，内在文化价值体系的转化跟不上外来文化变化的高度、深度和速度，会引发文化自信心的丧失。任何文明主体都面临持续变革的动态环境，在坚持和维系其主体性、内在特殊性和差异性的同时，还要保持文化价值体系的开放性和成长性。全球文化多样化的关键在于各地方能否发展出一套足以包容和吸纳外来文化，并跨越不同面向的整合式文化思维和实践模式。本地文化的未来在于跨越时空的整合思维与实践。各文明以包容和前瞻性的整合思维模式进行文明的创新发展，并寻求自身文明在全球体系中的角色和位置。

中华文化在世界文化史当中有着独特的价值，拥有人类文明史上所独有的连续性和持久性。中华文化强大的生命力，深深表现在它的同化力、融合力、延续力和凝聚力方面，这正是中华文化的现代价值。面对全球化冲击，中华文化需要找出具有世界普遍意义的内涵和价值，确立现代文化主体意识。费孝通先生首先提出中国文化主体性与中国正统文化是不同的概念，认为中国文化主体性是要中国人民有"文化自觉""文化意识"，要知道自己国家民族的文化是什么。[①] 杜维明认为融入文化全球化的文化主体性不只是个立场问题，而是一种自我意识，主体性应该具备开放性原则，不只是学术机构，而是企业、政府、民间等主体都要参与文化内涵的建构工作才有利于文化推广。民间性比较强，不是从上到下，要保持动态的发展过程。另外，与传统资源开发和发展有关，要融合传统与现代文化，让文化内容更丰富。[②] 杜维明的基本观点是基于儒家的文化主体性问题，是不同文化之间的对话过程。

全球文明倡议提出尊重文明的多样性，倡导全人类共同价值，反对文化霸权和文化殖民，同时倡导各文明的传承和创新，维护其独特性。全球文明倡议以全球文明的共同性和主体性逻辑打破了同质化与异质化的二元对立模式，体现新的全球化发展阶段普遍性和特殊性的辩证逻辑。全球化是一个整合的过程和整体互动的概念，中国的全球文明逻辑是"同"和"异"相容并存。全球文明倡议倡导的是兼顾全球共同价值和文明主体内在特殊性和差异性的持续维系，超越全球化时代的文化同质化和多样化的矛盾冲突的思维，化解全球化时代各自文化的危机感。不同文化传统之间难免存在一些无法化解的误解和矛盾，但彼此之间还是可以找到共同价值。共同价值不是外在强权推行的价值，而是每一个传统通过自发主动甚至自我批判后体现的共通价值，是"多元普遍性"下的共识。多样性下的相互尊重就是在具体文明形态上的相互尊重，尊重各文明传统的特殊性，进而寻求彼此间的共识，通过交流和对话实现更大范围的文明对话。

---

① 费孝通. 从反思到文化自觉和交流 [J]. 读书，1998：（11）：3-9.
② 陈壁生. 儒学与文化保守主义：杜维明教授访谈 [J]. 博览群书，2004（12）：70-74.

## 第二节 全球文明"公共性"的价值逻辑

全球文明倡议的提出使中国全球文明观的价值体系更清晰和完整,把文明演进的过程上升为哲学问题,其理论内涵的整体性体现在其哲学层面对全球"公共性"的探讨,并以此确立其价值遵循及实践依据。

### 一、全球文明"公共性"的内涵

公共性是人类社会和文明发展的最高目标。全球文化观念形态客观上要求必须从新的"全球意识"角度把握人类文化发展的普遍规律,揭示"文化公共性"的意义。因为无论文明之间存在着多少差异,人类社会还是呈现出越来越多的"公共性"价值理念的共识与追求。全球文明倡议的理论价值是从哲学层面探讨文明互动关系,属于关系范畴,其理论依据是公共性。"公共性"理论视野是一个带有总体性、批判性和超越性的本体性观念。

全球文明倡议中的"公共性"是"全球性"的。全球性哲学的"公共性维度"的彰显,"首先是全球化历史进程与公共性实践的结果"[①]。全球化的实践结果使我们必须承认全人类的共同利益和共同的价值判断,承认超越意识形态的人类共同文化和价值观,自觉地以人类共同的利益为价值取向。公共性与全球性一样,总体上也被视为一个社会的、人为的建构。马克思主义哲学具有鲜明的"公共性"色彩和"公共价值"取向的直接理论根据是其整体性。[②]"公共性"指马克思哲学的类群价值的本位性,它旨在探求人类社会与社群"公共生活"的合理性。"公共性"主要是寻求人类在组织、设计、安排和治理其"生存共同体"的制度形式方面所达成的公认的价值理念支撑,在多种社会力量的复杂博弈中实现公共秩序性,实现一种动态的、双赢或多赢的"共生"共存格局。[③]

---

① 袁祖社. 马克思主义人学理论与社会发展探究[M]. 北京:人民出版社,2016:74.
② 袁祖社. 实践的"公共理性"观及其"公共性"的文化[J]. 学习与探索,2006(2):75-80.
③ 袁祖社. 文化"公共性"理想的复权及其历史性创生[J]. 学术界,2005(5):17-26.

全球文明倡议的"公共性"是交往和文明互动层面的"公共性",是多元主体的差异化交往。交往是交往主体共同生存的活动性结构,达成某种社会生存性共识的关联。"公共性"就是指超越私人性个体存在的一种交往关系,它的基本前提就是多元交往主体的"共在"。多极主体之间的"共在"与异质性或"差异性"都是交往实践双重整合的产物。[①] 文明互动是各文明的实践性本质,各文明就是在这种交往实践中不断确认和追问其共性的。人类的历史是一部各文明依赖自我的能力和互动的需求开启的不断共生的历史。

全球文明的"公共性"是与主体性相统一的"公共性"。主体性是自身规定的属性。文明的主体性是自主性,包括自主选择、创造和自觉性等,但不是主观性。主体性是属性和功能范畴,是主体相对于客体的一种主动的、积极的态势,但并非把其他文明作为客体,各文明之间互为主体。主体性的实质是社会性和实践性,是高度组织起来的,在实践基础上实现主观性和客观性的有机统一。主体性的实质是能动性和受动性的统一。[②] 文明的主体性不是既得的和不变的属性,是以实践为契机而不断创生发展的获得性属性。长期以来,存在"公共和谐"与"主体独特性"截然对立的观点,实则公共和谐并不否定主体独特性,相反,以承认主体个性和促进个性自由发展为己任。同样,主体发展也不排斥公共和谐,自由并不否定公共相关性和协调性,相反主体自由发展更依赖公共和谐,公共和谐是主体自由发展的社会条件。不仅如此,和谐还是文明主体自由发展的价值要求之一。和谐作为公共生活理想,既是人类社会和人类文明发展的需要,也是人的发展所需要的。

## 二、全球文明"公共性"的价值遵循

全球文明"公共性"解决的是文明如何共存、共生及互鉴的问题,建构过程是从主体文明的进步到文明互动关系,呈现为不同的发展形式和价值遵循,在批判和超越中重塑全球文明观。

主体文明发展是文明间互动和全球文明进步的前提(见图3),价值遵循

---

① 贾英健.公共性视域:马克思哲学的当代阐释[M].北京:人民出版社,2009:18.
② 袁祖社.马克思主义人学理论与社会发展探究[M].北京:人民出版社,2016:21-28.

是平等和多样化。每一种文明都有区别于文明"他者"的自我意识，有独特的规范和以生活伦理为主的价值体系。全球文明倡议就是倡导主体文明的自我意识发展，从思维、政策和模式层面批判和超越西方文明话语及文明现代化实践所形成的西方与非西方主客"二元对立"关系。霸权思维的西方文明自认为优越，不把其他文明视为平等的主体，而是为其所用的客体。欧洲国家在对外扩张和建立世界霸权的过程中建构了一套文明话语体系，并成为他们称霸世界的意识形态。"从本质来看，欧洲中心论是一个神话、意识形态、理论，或者是一种主导叙事。"[①] 西方霸权政策主导的文明互动，通过建构异己的"他者"形成欧洲的"自我"意识形态，塑造文明等级观，使西方文明发展模式在全世界获得普世性和现代性。西方的现代化理论只能是地方性的经验理论，并不是普世性的理论。全球史宏观视野下，西方文明自其形成之初，就是世界多元文明模式中的一元，至今西方模式所表现出来的局限性和人类为西方"现代化"模式所付出的沉重代价，进一步表明文明主体性发展及全球文明多样化发展的必要性。未来东西方文明的调和及转化方向将取决于彼此的共生机能。

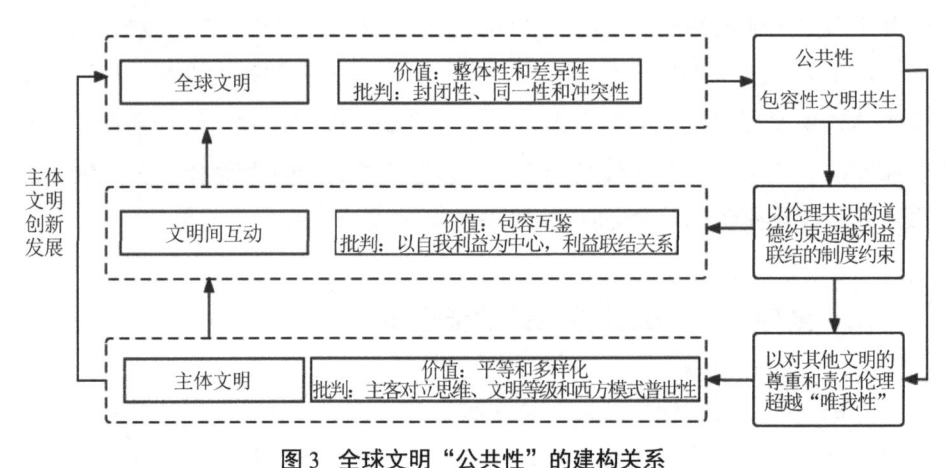

**图 3 全球文明"公共性"的建构关系**

文明互动关系反映主体之间的共存和互动。全球史叙事中，从对主体文明到文明互动关系的关注，是对各种文明主体性的尊重，价值遵循是包容互鉴。

---

① 马立博. 现代世界的起源：全球的、环境的述说，15—21 世纪 [M]. 夏继果，译. 北京：商务印书馆，2017：12.

全球文明倡议所倡导的文明互动批判以自我利益为中心的互动。西方文明关注自我利益的"平等"交往，用利益联结不同文明，为了确保与其他文明互动中自身利益最大化，创设外在规范和制度来确保自身利益实现及掌控可能的利益冲突。利益联结的互动模式不是交互性的共在，一旦西方利益受损，国际制度和规范对西方国家的约束力便会下降，甚至被抛弃。仅有制度约束的文明互动在根源上没有突破以自我为中心的主体性思维，因而在交往中表现为利己化倾向，更关注自身文明需求的"自利性"，没有摆脱"唯我性"，因而基于利益关系的交往不具有公共性，最终陷入文明竞争甚至冲突。全球文明倡议旨在建构基于尊重、理解和对话的内在文明互动关系，其他文明的独特性和差异性具有绝对的优先性，使具有"唯我性"的文明主体转向关注人类文明进步"公共性"的责任主体，是伦理和道德价值具有至上意义的文明交往。

全球文明的"公共性"以文明主体性为前提，兼具共生主体整体性和不同文明主体差异性，不寻求同一性，是整体性、差异性和包容性的文明共生。批判和超越主体文明发展和文明互动关系中的问题：主体文明层面，以对其他文明的尊重和责任伦理超越优越独尊的"唯我"论，走向文明互动并向其他文明借鉴；文明互动层面，以伦理共识的道德约束超越利益联结的制度约束，破解文明互动中的自我利己化的问题。世界文明发展中，每个文明如果缺乏共同体意识和公共精神，唯我独尊，过于关注自我权力和利益，人类文明社会进步将面临巨大阻力。"公共性"是共生主体互动形成的有机融合，既是共生主体的整体性，也是共生主体的差异性。在主体"我们"中，包含相互承认主体性的众多主体。① 以"公共性"为指向的文明互动关系，具有更强的凝聚力和约束力，是差异主体之间形成的具有内在联结和伦理共识的共在及共生关系，不是基于利益协商妥协的结果。全球文明倡议倡导的文明交往是基于尊重、公共利益和公共伦理的交往，以共同价值为全球文明"公共性"的价值理念。全球文明倡议所体现的"公共性"具有内在的伦理文明共生关系，这是文明发展的理想和最高目标。共同价值真正实现人类和平"共处于一体"的公共性生存理想。② 结合国家实践差异认识共同价值，是对差异性的

---

① 萨特. 存在与虚无 [M]. 陈宣良, 译. 北京：生活·读书·新知三联书店, 1987：531-532.
② 徐苗, 刘同舫. 共同价值的"建构效应"：走向人类命运共同体 [J]. 求是学刊, 2022（5）：10-17.

包容，超越了"普世价值"这一狭隘的意识形态规制。① 以"公共性"建构全球文明是文明进步的前景图，也是历史遵循。历史上，以人文关怀、集体和谐为核心的"世界精神"普遍存在于前工业社会中，西方模式的工业文明破坏了"世界精神"的常态发展，文明按照"世界精神"的常态发展才具有普遍性。② 人类总在不断探求社会进步和文明进步的规律，西方的文化霸权、文明竞争和意识形态对抗思维是全球文明进步的障碍，破坏了人类文明进程，终要受到历史的惩罚。

全球文明倡议最终要实现人类"多样性的统一"和"有差别的统一"共同体，表现为在整体的特性中坚持文明的独特性和差异性。不同文明通过交流互鉴在更高层次推动人类文明多样性的演化，以全球文明"公共性"价值及共在、互鉴和共生的演进路径形成文明共生关系，这一理论价值超越西方中心主义的霸权思维、政策和模式。文明共生关系体现各个文明之间的合作或协同竞争，共生目标是文化层面的价值碰撞与结合现象演变为一种新生的状态，即命运共同体。构建人类命运共同体是 21 世纪马克思主义世界历史观的叙事主题，是在两种制度并存条件下实现人类和谐共生的历史观，在"变局"中展现出确定性的"新局"。③ 全球文明倡议勾画出文明互动的理想状态及人类文明发展前景的美好画面，但其实践无法摆脱政治、经济和社会场域，这种镶嵌和互动的状态是文明倡议实践的限制，也是其发挥重要作用的根源。全球文明倡议的文明共生价值意味着各种文明在进化、对话、妥协和包容过程中完成共生的秩序。

## 三、基于价值逻辑的文明交流互鉴实践特征

文明交流互鉴的价值，不仅是理论的，也是实践的，是认识文明演进和推动人类文明进步的强大武器。

---

① 郭树勇，舒伟超. 论习近平外交思想理论内涵的丰富发展 [J]. 世界经济与政治，2022（11）：4-28.
② 刘文明. 西方模式与社会发展：全球史视野下的反思 [M]// 南开大学现代化进程研究哲学社会科学创新基地. 现代化研究：第四辑. 北京：商务印书馆，2009：24-36.
③ 吴宏政. 21 世纪马克思主义世界历史观的叙事主题 [J]. 中国社会科学，2021（5）：4-25.

## （一）价值和实践的同一性

文明交流互鉴提供人类社会文明发展及文明互动的共享价值观、行为规范和实践指向，具有价值与实践的同一性。实践是主体的对象性活动，主体对象化必须通过对象性活动才能实现。实践具有目的性、对象性和创造性。实践是以自身为目的的行为，真正的实践是指将目的内化为自身之中的活动。实践具有辩证性，实践哲学中既存在着产生理想的自我与现实的自我的这种二重性依据，又存在着理想与现实的对立，正是这种对立，使人们直接产生一种要把实际存在的对象转变成应该存在的对象的冲动或欲求，这种冲动和欲求激发起人们解决理想与现实矛盾的实践活动。[①]

文明交流互鉴和全球文明倡议的整体性是在价值与实践相统一中建构和体现的，不仅是用文明的方式认识和解释世界，也是用文明的方式改造世界。价值从判断依据而言是一个实践问题，价值本身就是观念性的"实践"，价值和实践统一于改造世界。马克思对哲学研究的创新性贡献是将解释世界的认识论哲学转变为改造世界的实践论哲学，形成了实践理论的哲学。因而实践不仅仅是行动，它也是理论。马克思所揭示的人类"自由的自觉活动"的类本质特征，体现在人类能动地符合规律、有目的地改造现实、创造价值世界的价值——实践活动中。

价值是用来分辨哪些行为、事件或结果受到期望或批判的判断准则或指导原则。规范是国际社会所共同认可的行为标准或方式。价值具有二重性，其基础与核心是文化价值二重性，即体现人类生命力特征的文化价值和满足人类生命需求的文化效用价值。文化价值是指在文化实践中所体现出的主体"文化力"，包含人类智慧、学识和技能；文化效用价值是由文化实践所创造的满足人类需求的客体效用价值和使用价值。价值本身不是一个僵化的"客体主体化"的概念，是不断变化的范畴，只有在实践中才能把握价值的流动本质。[②] 人类文明的实践活动并不是一个不断进步的过程，实践中总是充满挫折和错误，并随着实践的展开，不断出现困境、危机和挑战。在文明实践中，

---

① 弗里德里希·威廉·约瑟夫·谢林.先验唯心论体系[M].梁志学，石泉，译.北京：商务印书馆，1976：491.
② 杨曾宪.价值：实践论[J].学术月刊，2000（3）：13-19.

文明主体性增强的同时，进一步提升了文明主体自身的发展能力和文明重塑能力。

文明交流互鉴价值与实践的统一性还体现在其丰富的内涵中，同时包含价值层面的应然状态和现实层面的实然状态。价值层面是从哲学思辨出发强调国际社会的应然状态，思考不同文明之间应以何种状态共生及如何发展文明的主体性，包括倡导尊重世界文明多样性，坚持文明平等、对话和包容；倡导弘扬全人类共同价值；倡导重视文明传承与创新；加强国际人文交流合作。文明交流互鉴的实践层面是从国际社会现实出发解释人类文明发展与互动的实然内容，包括对文明隔阂、文明冲突和文明优越的批判和超越；理解不同文明对共同价值的认识，批判将自身价值观和模式强加于人，搞意识形态对抗；挖掘各国历史文化的时代价值，推动优秀传统文化在现代化进程中实现创造性转化和创新性发展；创建全球文明对话合作网络，拓展合作渠道。

## （二）倡议的群体性实践特征

价值是关系范畴。价值问题不仅是个体的实践问题，还是群体实践的问题。文明交流互鉴的价值是人类文明存在方式和意义的体现，体现国际社会文化经济系统中所具有、所获得的，体现人类文明发展本质或有利于文明主体存在、发展的功能和属性。文明交流互鉴的价值包括共同价值、不同文明主体互动价值及文明主体发展价值。价值内涵的科学性是全球文明和各文明主体的自我肯定和自我实现，是文明间的相互承认。文明交流互鉴的价值是具有普遍意义的价值标准，其价值关系体现的是统一性和多样性。统一性为客观的价值标准提供可能，因为这符合整个人类社会长远的根本利益，有利于整个人类社会的生存和发展。任何文明都是整个人类社会的有机组成部分，人类长远的根本利益受损，也就损害构成部分的根本利益。因而，人类整体的根本利益必然高于任何文明个体或群体的眼前利益。文明交流互鉴超越了具体的价值关系从而具有普遍性和整体性，符合整个人类社会长远的根本利益。与西方国家推广的"普世价值"不同，全人类共同价值反映的是"不同个体、民族、国家之间的共性，不是某个地域特殊价值的人为提升，不是产生于任何人的主观设计，而是人类在认识和改造世界的过程中、在各民族文化交流和融合的过程中自然形成的"①。人类共同价值追求是中国提出的，符合人类文明发展的进步要求和国际社会的广泛期待，会渗透在中国的实践目的之中，并激发和支配中国的外交实践活动，同时也是国际社会群体性实践的基础。

全球文明倡议推动文明交流互鉴，倡议实践指向是基于共享价值的跨国倡议网络。对于全球文明倡议中的全人类共同价值的认同在不同文明之间存在明显的差异。人类共同价值为国际社会提供了一个应然与共同价值的行为标准，这也是倡议网络的形成基础。20世纪80年代，跨国倡议网络随着非政府组织的兴起而存在，其规模扩大与全球化加速发展有密不可分的关联性。非政府组织就是非营利、志愿性的，为实现某种公共服务目的或倡议目的而组成的公民团体。非政府组织的倡议活动源于分散的地方，随着活动的扩散和跨国联盟，成为一种跨国的倡议运动。现有的跨国倡议网络实践主体主要是非官方组织，主要议题是非传统安全，如人权、环保、妇女权利等，以共享价值取代利益或权力的追求，其共同特点是运用信息和复杂的政治策略以创新的方法重新定义和传播实践中的事实，以促进变革。跨国倡议网络是一个分散但有主题的网络，组成成员为了追求共同目标（也可以是共同反对的目标）进行一系列策略性联结的活动，网络内的组成分子因此发展为明确的关系及相互承认的角色。跨国倡议网络影响国际关系的层面包括：设定议题、改变国家或国际组织原本的态度、改变组织流程、改变目标行为者的政策、改变国家行为。②非政府组织形成的跨国倡议网络，其影响不仅是在政策层面让弱势群体更加接近决策和计划；也影响人们真实的生活，提高弱势群体的尊严，并增进他们的自信和彼此的信任。非政府组织的跨国倡议网络运动为全球文明倡议提供了实践经验和实践思路。

文明交流互鉴的价值理念和实践路径紧扣国际社会需求和多样文明交往危机的客观现实，实践指向是价值共识和制度构建，实践目标是全球文明的共生进步、关系层次的合作对话及单位层次的文明民族性和现代性发展。文

---

① 项久雨. 莫把共同价值与"普世价值"混为一谈[N]. 人民日报，2016-03-30（7）.
② M E KECK，K SIKKINK. Activists beyond borders：advocacy networks in international politics[M]. New York：Cornell University Press，1998：6，89-101.

明交流互鉴的跨国合作主体包括非政府组织、政府组织和国家等多元行为体，合作网络的功能基于共享价值的政策影响策略、价值传承和文化交流，促成人类文明共同价值共识的达成、国际关系民主化及文明主体性发展。

## 第三节　世界历史范畴的马克思文明观

中国提出的全球文明观以马克思文明观为理论基础。文明是马克思、恩格斯论著中使用频率最高的词汇之一。马克思的文明观是在更大的社会现实视域中把握文明问题，以文明理解人类社会变革和发展的道路、模式。世界历史是马克思看待文明的基本范畴，是认识和掌握文明的理性原则。马克思文明观从世界历史演进视角理解并阐释人类社会文明发展及互动规律，指向广义的"社会发展"理论，核心议题是运用唯物史观、实践论和批判论，探讨文明和进步的同质、异质性关系，具备鲜明的科学性、辩证性和变革性，展示出强大的批判和创造力量。马克思、恩格斯把文明作为全球范围内社会历史性问题进行观察，对文明形成全面、总体性的认识。不是从实证和科学意义上探讨文明现象和文明形式，而是从体系层面探究文明演变过程，从关系层面发现文明互动规律，从单位层面分析文明发展特点，从而理解文明在世界历史发展中的作用和价值。

### 一、文明形态演进的世界性与进步性

从世界历史体系层面考察文明是在宏观层面对文明演变规律的把握，马克思、恩格斯针对现实社会文明的世界性和进步性趋势，分析资本主义文明成就及世界性影响，并对异化和野蛮的资本主义文明进行批判和扬弃，进而描述未来共产主义社会的文明状况。

#### （一）基于唯物史观的文明进步论

唯物史观是马克思恩格斯文明思想的理论基石。世界历史语境下的文明

不是文化层次或文化领域的概念,而是体现出文明概念范畴的综合性和进步性,是与野蛮、自然状态相对并和进步具有同质性的概念。文明被视为社会进步的同义语,具有积极属性。马克思常常使用"现代文明"、现代"资产阶级文明",以区别于传统社会的古老文明。① 唯物史观的文明理论把人类文明放在历史大背景中考察,文明具有不断提升和进步的特质,文明进步表示文明前进的过程和状态、肯定的价值取向、世界历史更趋于完善的发展状态。人类历史是一部文明发展史,大体经历了原始社会的蒙昧时代、野蛮时代、文明时代。基于唯物史观,马克思将文明直接等同于生产力,物质生产构成了马克思文明概念的基础性含义。文明是表示道德价值和物质价值的双义词。马克思对文明包含的物质和精神层面的区分是对文明概念的发展作出的独特贡献。"文明时代是社会发展的这样一个阶段,在这个阶段上,分工、由分工而产生的个人之间的交换,以及把这两者结合起来的商品生产,得到了充分的发展,完全改变了先前的整个社会。"② 大工业首次开创了世界历史,人类历史进入文明时代。马克思在世界历史范畴内以现代化语境谈论文明,特指现代资本主义文明形态。然而资本主义文明并不是文明发展的最高阶段,生产力的发展是推动文明发展的根本因素,社会发展是不断走向进步的历史进程,与物质生活资料生产紧密相关的精神生活及其文明形态,必然存在不断提升的演进过程。马克思、恩格斯的文明进步史观指出,人类文明形态发展逐步从低级向高级演化的历史性规律,最终归属是自由人的联合体,即共产主义社会。马克思文明理论的进步性体现在把人的自由和全面发展确定为文明进步的方向和价值追求,把文明进步、社会发展、世界历史发展和人的自由结合起来。

## (二)世界历史范畴的文明形态演进

范畴是客观事物本质属性的观念体现,反映客观事物的各种矛盾关系。以世界历史范畴观察和研究文明是马克思、恩格斯唯物史观的重要内容之一。

---

① 丰子义. 马克思与人类文明的走向 [J]. 北方论丛,2018(4):8-14.
② 中共中央马克思恩格斯列宁斯大林著作编译局. 马克思恩格斯选集:第四卷 [M]. 北京:人民出版社,2012:190-191.

美国历史学家斯塔夫里阿诺斯指出:"如果其他地理因素相同,那么人类取得进步的关键就在于各民族之间的可接近性。最有机会与其他民族相互影响的那些民族,最有可能得到突飞猛进的发展。实际上,环境也迫使它们迅速发展,因为它们面临的不仅是发展的机会,还有被淘汰的压力。如果不能很好地利用相互影响的机会求得发展,这种可接近性就常会带来被同化或被消灭的危险。相反,那些处于闭塞状态下的民族,既得不到外来的促进,也没有外来的威胁,因而被淘汰的压力对他们来说是不存在的,他们可以按原来的状况过上几千年而不危及其生存。"① 实际上,随着世界历史的发展,各民族相互依赖关系的形成,民族的发展及其发展道路的选择都不仅仅取决于该民族本身,而是同时取决于它所处的交流关系。各民族对外交往的实践,既因对文化交往意义的认识,也迫于外部的压力。

历史向世界历史的转变,对人类文明而言是进步的。世界历史概念的形成有其特定指涉,不是世界上所有国家和民族的历史,主要指 16 世纪以来建立在大工业和各民族普遍交往基础上日益形成的各民族之间相互作用、相互依存的世界整体性联系的历史。世界历史意味着世界成为真正有意义的整体,资产阶级文明促使历史从民族史向世界史转变。"资产阶级,由于开拓了世界市场,使一切国家的生产和消费都成为世界性的了。……新的工业的建立已经成为一切文明民族的生命攸关的问题。"② 马克思、恩格斯肯定资本主义工业文明的进步性,指出资产阶级"迫使一切民族——如果它们不想灭亡的话——采用资产阶级的生产方式;它迫使它们在自己那里推行所谓的文明,即变成资产者。一句话,它按照自己的面貌为自己创造出一个世界"③。历史向世界历史转变后,资本主义开始变成具有同一化倾向的全球化文明现象。马克思、恩格斯把这种现象称为人类文明的世界化,之前不同地域、不同民族背景下的文化和文明的多样性发生了彻底转变。马克思早期的文明模式发

---

① 斯塔夫里阿诺斯. 全球通史:1 500 年以前的世界 [M]. 吴象婴,梁赤民,译. 上海:上海社会科学出版社,1999:57.
② 中共中央马克思恩格斯列宁斯大林著作编译局. 马克思恩格斯选集:第一卷 [M]. 北京:人民出版社,2012:404.
③ 中共中央马克思恩格斯列宁斯大林著作编译局. 马克思恩格斯选集:第一卷 [M]. 北京:人民出版社,2012:404.

展的同一化认识并不是"西方中心主义"的立场,欧洲只是把握世界历史及未来走向的具有典型意义的活动中心,只是研究视野问题,不涉及立场、观点问题。

### (三)文明形态演进的批判意识

文明进步的唯物史观坚持批判意识和批判精神。马克思通过对资本主义文明的血腥性、不平等性进行深入批判,深刻揭示文明发展、互动及演进的本质和规律。文明是表示社会进步的范畴,然而文明和进步之间存在对抗性。西方资本主义工业文明虽有进步成分,但进步不是资本主义工业文明的固有属性,是因该文明本身存在的野蛮和虚伪而孕育的新的进步因素。"进步这个概念决不能在通常的抽象意义上去理解。"[1] 社会进步不会总是直线上升,而是充满矛盾和对抗的,即使伴随某些停滞甚至倒退的因素,文明进步的趋势也是不可改变的。文明在阶级矛盾和对抗之中向前发展,这是文明演进的基本特征和看待文明进步的基本依据。

马克思文明理论通过对当时具有进步意义的资本主义文明进行批判,进而实现对现实关系的改造。资本主义文明具有两重性,既推动社会进步,又产生和扩大社会对抗,矛盾和对抗的根源在于资本的两面性。文明发展的内在矛盾是由资本的内在矛盾造成的。资本具有创造文明的作用,其方式主要是世界交往的发展。资本是国际派不是地方派,总是要求按照自己的发展需要克服地区、民族的限制,克服闭关自守的状态。资本创造的现代社会表现出进步性,提升和拓展了人类文明。然而现代文明繁荣辉煌的背后实际上是社会发展的严重扭曲,资本发展的背后是人的贬值,也就是资本主义文明的异化。"文明时代的基础是一个阶级对另一个阶级的剥削,所以它的全部发展都是在经常的矛盾中进行的。……文明时代几乎把一切权利赋予一个阶级,另方面却几乎把一切义务推给另一个阶级。"[2] 马克思通过剖析资本主义的内在矛盾指明其历史暂时性和野蛮性。马克思恩格斯文明理论的实践性批判维

---

[1] 中共中央马克思恩格斯列宁斯大林著作编译局. 马克思恩格斯选集:第二卷[M]. 北京:人民出版社,1995:27.
[2] 中共中央马克思恩格斯列宁斯大林著作编译局. 马克思恩格斯选集:第四卷[M]. 北京:人民出版社,2012:194.

度，是揭示文明时代越向前发展，资本主义工业文明的发展越伪善，进而客观论证人类文明由不和谐向和谐发展的前景，提出建立一种新文明形态的未来图景。

马克思批判资本主义文明的永恒性，资本主义充当历史的不自觉的工具，提升生产力的同时，也创造了否定资本主义自身的社会力量，产生了更高级社会新形态的因素。资本主义所代表的现代文明的全球性扩展，承担着双重使命，一个是"破坏"的使命，一个是"重建"的使命。① 从某种意义上说，资本主义工业文明为共产主义的实现准备了前提条件。全世界范围内发生的文明交往，使全世界无产阶级可以联合在一起，继而推动共产主义的实现。"共产主义和所有过去的运动不同的地方在于：它推翻一切旧的生产关系和交往关系的基础。"② 马克思从世界历史视域研究文明，其价值指向和追求目标不是物质或精神世界，而是人类解放是何以可能的问题，探讨现实世界的内在矛盾及其运动规律，寻求人的解放途径和道路。人类文明发展的大方向是趋向于社会的全面进步，最终实现人自由全面的发展。

## 二、文明交往的普遍性与不平衡性

马克思恩格斯的文明交往观是实践性的，文明是人类实践活动创造的积极结果与进步价值的统一，具有社会属性。文明的实质是社会生产的发展。"文明是实践的事情，是社会的素质。"③ 文明是社会品质，是相对于蒙昧、野蛮和落后而言，人类社会发展到一定阶段的进步状态。马克思的文明理论以实践为根基，揭示文明在人类历史和社会发展中的地位和作用，从根本上把握文明和世界历史的本质关联。文明交往是人类跨入文明门槛后逐步进行并扩大的持续发展的重要实践活动。人类的社会交往活动是生产实践的前提，

---

① 丰子义，杨学功，仰海峰. 全球化的理论与实践：一种马克思主义的视角 [M]. 南京：江苏人民出版社，2017：296.
② 中共中央马克思恩格斯列宁斯大林著作编译局. 马克思恩格斯选集：第一卷 [M]. 北京：人民出版社，2012：202.
③ 中共中央马克思恩格斯列宁斯大林著作编译局. 马克思恩格斯全集：第三卷 [M]. 北京：人民出版社，2002：536.

生产实践所创造的生产力又促进不同文明间的交往。文明交往和生产实践都是人类的基本实践活动，是人类历史发展的动力。文明交往的发展程度是衡量社会进步与历史变革的重要尺度。生产交往活动空间范围的扩大，促进了人类社会的普遍交往。"过去那种地方的和民族的自给自足和闭关自守状态，被各民族的、各方面的互相往来和各方面的互相依赖所替代了。物质的生产是如此，精神的生产也是如此。"① 资本主义工业文明打破了社会群体孤立的封闭状态，在空间上把世界各地人们联系起来，从而形成以普遍交往为特征的世界历史。② 文明交往是世界历史形成的条件之一，也是世界历史进步的动力。"各个相互影响的活动范围在这个发展进程中越是扩大，各民族的原始封闭状态由于日益完善的生产方式、交往以及因交往而自然形成的不同民族之间的分工消灭得越是彻底，历史也就越是成为世界历史。"③ 走向世界历史的过程中，人类活动空间范围比以往都要大，各民族之间相互交往的深度和广度得到不断加深和拓展。文明的交往使世界连成一体。

世界历史的形成是交往普遍发展的产物，交往是世界历史形成的条件。交往与互动同人类文明发展相伴而生，只是互动的形式和内容、时间和空间、数量和质量日新月异。资本主义工业文明开创相互联系、相互制约的世界历史体系发展的新阶段，文明互动的空间范围、实践频度和形式内容发生历史性转变。马克思的世界历史观中，文明是交往的主体之一，世界性是文明交往的空间特征，文明得以传承和发展的重要途径是交往。

文明的交往对世界发展和文明发展至关重要。没有交往发展，就没有现代文明的产生，世界性的普遍交往实际上反映文明发展的内在要求和客观规律。因为不同民族的文化、文明尽管千差万别，但具有共同性，包含某些关于人类生存和发展的共同认知、共同理解以及某些共同价值追求。各文明的共性就是世界性。文明既有民族性也有世界性，既有个性也有共性。如果文明没有共性、世界性和普遍性，就无法交流、互通、互鉴。每

---

① 中共中央马克思恩格斯列宁斯大林著作编译局. 马克思恩格斯选集：第一卷 [M]. 北京：人民出版社，2012：404.
② 王学川. 论马克思的世界历史理论 [J]. 浙江社会科学，2009（1）：74-79，128.
③ 中共中央马克思恩格斯列宁斯大林著作编译局. 马克思恩格斯选集：第一卷 [M]. 北京：人民出版社，2012：168.

一种民族文化都是世界文化的一个组成部分，都在世界文化体系中扮演着特殊的角色，发挥着独特的作用。世界文化的正常发展有赖于多种文化的存在及其相互影响。文明互动会形成一种新结构，诸多文明动力的协同作用推动人类文明发展。

各地域和民族的文明互动是不同步、不平衡的。在发展程度不同的文明互动中，总是先进文明战胜落后文明。资产阶级借助于扩大的"交往"使其文明由地域性发展到世界性。交往动力的资本自身的内在矛盾使交往呈现不平衡、不平等的特点，尤其表现在东西方之间。英国征服印度依赖的不是刀剑，而是资本主义生产方式和社会形式。世界交往使西方宗主国与殖民地之间的交往不平等。对于殖民国家而言，文化处于被宗主国文化侵入的处境。马克思、恩格斯这样描述工业资本主义时期的文明关系："它使未开化和半开化的国家从属于文明的国家，使农民的民族从属于资产阶级的民族，使东方从属于西方。"[①] 西方文明推行所谓"文明化"的过程是非西方文明被"殖民化"和"西方化"的过程，形成不平等甚至是压迫和对抗的文明互动关系。

## 三、单个文明进步的开放性与多样性

文明具有整体性的结构，文明个体进步是整体性文明结构构成要素的进步。马克思、恩格斯从社会整体角度阐明文明观，认为文明是一个总体性概念，是由各种要素构成的严密有机系统。文明用以说明人类改造客观世界的物质成果和主观世界的精神成果的状况，并包含着人类社会在物质、精神、政治文明等方面的成果。文明是人类生活方式和内容的统一体。物质文明是人类文明的决定性力量，从生产力、科学技术和工商业等理解物质文明，并将其视为人类社会与其他文明的存在基础。马克思、恩格斯指出，人类为了生存和发展，"第一个历史活动就是生产物质生活本身。这是人们从几千年前到今天单是为了维持生活就必须每日每时从事的历史活动，是一切历史的

---

① 中共中央马克思恩格斯列宁斯大林著作编译局. 马克思恩格斯选集：第一卷 [M]. 北京：人民出版社 2012：405.

基本条件"①。在一定意义上，物质文明就是在人类物质资料生产活动过程中创造的产物和成果，是人类社会的开化程度和进步标志。"物质交往，首先是人们在生产过程中的交往，这是任何其他交往的基础。"②生产力的发展、社会物质财富积累的程度、人们日常物质生活水平的提高等都是物质文明范畴的应有之义。人类文明是一个复杂的文明社会系统，精神文明对物质文明具有能动的反作用。"适应自己的物质生产水平而生产出社会关系的人，也生产出各种观念、范畴，即恰恰是这些社会关系的抽象的、观念的表现。"③这里所讲的生产出各种观念范畴是指人们从事精神生产活动所创造的各种精神产品和精神成果，与今天精神文明的含义是一致的。马克思在《关于现代国家的著作的计划草稿》中首次明确使用政治文明的概念。马克思、恩格斯认为，人类在不断生产和再生产物质文明的同时，也不断生产出与之相适应的经济、政治、文化、法律制度，以及家庭、婚姻等各种社会制度，而国家是文明社会的概括。社会整体文明的组成部分在社会中所发挥的作用有所侧重，但它们是一个有机整体，各个要素在社会发展中不是孤立的，而是相互联系、促进和推动的关系。

文明互动是世界历史进步的动力，也是单个文明存续的前提条件。文明与开放交往相关，保守落后和封闭联系，这是文明和世界历史的关系问题，是对待文明的眼光和视野的问题。现代社会就是从"过去那种地方的和民族的自给自足和闭关自守状态"向"各民族的各方面的互相往来和互相依赖"状态转变的过程，也就是各民族内外条件相互渗透、彼此交融的过程。马克思认为，传统社会之所以"传统"，缘由之一就是与封闭联系在一起。人类历史上，曾经辉煌的文明最终消失的现象屡见不鲜，根本原因是孤立及与世隔绝以致使其文明没有被传播出去。"某一个地域创造出来的生产力，特别是发明，在往后的发展中是否会失传，完全取决于交往扩展的情况。当交往只限

---

① 中共中央马克思恩格斯列宁斯大林著作编译局. 马克思恩格斯选集：第一卷 [M]. 北京：人民出版社，2012：158.
② 中共中央马克思恩格斯列宁斯大林著作编译局. 马克思恩格斯选集：第一卷 [M]. 北京：人民出版社，2012：888.
③ 中共中央马克思恩格斯列宁斯大林著作编译局. 马克思恩格斯选集：第四卷 [M]. 北京：人民出版社，1995：539.

于毗邻地区的时候，每一种发明在每一个地域都必须单另进行……只有当交往成为世界交往并且以大工业为基础的时候，只有当一切民族都卷入竞争斗争的时候，保持已创造出来的生产力才有了保障。"① 文明只有在世界历史条件下互动才能够延续和保存。历史转变为世界历史后，一个国家或民族文明的进步是内外条件的相互作用。没有一个国家或民族能够脱离世界整体而单独生存，没有一个国家与民族能够脱离国际环境而孤立发展。

文明基于人类历史进步方式和人类发展道路的多样性，既坚持文明发展规律的统一性，又不能排除文明道路的多样性和可选择性。马克思晚年用历史与逻辑相统一、比较、系统的研究方法探究文明的多样性，② 通过对东方社会文明的特殊性和多样性研究，揭示文明多样性与统一性的辩证关系，旨在建立完整的世界历史发展线索，防止唯物史观走向经济决定论。马克思明确表达原始公社模式的多样性到文明模式的多样性思想："并不是所有的原始公社都是按照同一形式建立起来的。相反，从整体上看，它们是一系列社会组织，这些社会组织的类型、生存的年代彼此都不相同，标志着依次进化的各个阶段。"③ 不同的文明都有自身存在的特殊生态环境，有着独特的内容和形式，而且他们能够不通过资本主义制度的卡夫丁峡谷，而占有资本主义制度所创造的一切积极的成果④。东西方文明的发展方式和模式不同，西方社会和文明的发展道路不能作为唯一标准，要全面认识世界和其他类型的社会和文明。历史进步标准不是以生产力发展水平而是以人的全面自由解放来衡量。

文明互动和文明进步是推动人类自由和解放的实践。马克思的文明理论深入探究世界历史演进中文明的地位和作用，其文明研究的世界历史范畴及文明观的科学内涵共同构成马克思文明理论体系。马克思文明互动的世界历

---

① 中共中央马克思恩格斯列宁斯大林著作编译局. 马克思恩格斯选集：第一卷 [M]. 北京：人民出版社，2012：158.
② 方世南. 马克思文明多样性思想的研究方法 [J]. 哲学研究，2004（7）：16-21.
③ 中共中央马克思恩格斯列宁斯大林著作编译局. 马克思恩格斯选集：第一卷 [M]. 北京：人民出版社，2012：834.
④ 中共中央马克思恩格斯列宁斯大林著作编译局. 马克思恩格斯选集：第三卷 [M]. 北京：人民出版社，2012：830.

史范畴意味着将文明互动置于全球文明变迁和世界历史进步的宏大语境中，具有宽广的视野与深层次思考，对互动影响的阐述比互动过程更重要。马克思文明理论的实践价值是文明具有世界性和进步性、普遍性和不平衡性、开放性和多样性。新时代文明交流互鉴是从推进构建人类命运共同体的高度提出的党和国家在外交战略、文化发展战略上的重要概念，与马克思的文明理论在理论范畴和实践价值层面具有逻辑上的一致性。

# 第三章　文明共生的价值体系与话语建构

文明交流互鉴观是中国文明特殊性与文明历史演变一般规律的结合，目标是减少文明隔阂，增进相互理解；超越文化冲突，增进国家之间友好关系和政治互信；超越文化优越，维护和促进世界文明的多样性。以尊重文明多样性为前提的文明交流互鉴旨在建立多元共生的秩序，使不同文明在有序、规范、和谐的国际秩序中共生。

## 第一节　共生的概念解析

共生思想可追溯到几千年前东西方先哲的思想精髓。19世纪"共生概念"从生物学领域发轫，如今已经扩展到政治、文化、社会、管理、经济、教育等学科范畴。共生思想已经渐次上升到哲学层面，成为解决人类生存和发展中的危机和矛盾，构建新秩序的思想。联合国宪章、人权公约、文化多样性公约、保护非物质文化遗产公约等都是共生思想在现代人类社会的成功实践。共生不仅是人类追求的价值和目标，更是人类赖以生存的前提条件。

### 一、共生思想溯源

共生论首先出现在生物学领域，德国微生物学家巴利1879年首次提出共生概念，指生物间互利互惠、共同生活的关系模式。共生概念的内涵随着相关生物学家认识的深化而不断发展变化，生物学界相继出现共生主体之间相互依存的平衡状态、共生组合的法则、共生的整体性等观点。整体性是共生概念从生物学到生态领域转化提出的概念，指不同生物种类成员在不同生活周期中重要组合部分的联合。生态学意义的共生概念是广义的共生。狭义的共生是指生物之间的组合状况和利害关系。洪黎民教授认为普通生物学者深刻体会到群落中生物相互关系的复杂性，揭示了个体或群体胜利或成功的奥秘在于它们在这个群体中密切联合的能力，而不是强者压倒一切的"本领"。自然界如此，人文科学中的生物哲学莫不如此。①

共生关系不仅在自然界中广泛存在，世界各国人文文化研究者、社会学和哲学领域学者开始关注"共生"，或通过类比而借用，或通过联想而借鉴。日本学者从政治、社会和建筑等角度解读共生，尾关周二的《共生的理想》一书对相关学者的观点进行了详细阐述。②对共生与共存、共栖等用语的概念作出明确区分，并赋予其新意义。生物学的"共生"概念限于封闭的系统，共生主要被用来指与异质共存的情况，但存在积极和消极共存。共生是与美苏间消极共存相区别的，是积极的共存并且是高级的形态，是以创造有活力、相互有效利用之间关系的相互依赖为基础的。提倡共生理念能带来积极意义的条件是：共生是在承认与异质者"共存"的基础上，不强求遵从现成的共同体的价值观，或是因片面强调"和谐"与"协调"而把社会关系导向同质化的方向，共生是旨在树立新的结合关系的哲学；共生不是相互依靠，是以与"独立"保持紧张关系为内容的；共生必须受到"透明公开决策过程的制度保障"的支持。与生态学均衡的共生是封闭的共存共荣系统不同，人文科学领域强调的共生是向异质者开放的社会结合方式，它不是限于内部和睦的共存共荣，而是相互承认不同生活方式的人类之自由活动和参与的机会，是积极地建立起相互关系的一种社会结合。

尾关周二从交往视角探讨"共生"思想，人与人的共生具有强烈的理念和规范色彩。生物学的"共生"概念应用于社会领域，容易发生被观念化的危险，要重视区分不同领域共生概念的差异。在"同质性"与"异质性"两

---

① 洪黎民.共生概念发展的历史、现状及展望[J].中国微生态学杂志，1996（4）：50-54.
② 尾关周二.共生的理想：现代交往与共生、共同的理想[M].卞崇道，刘荣，周秀静，译.北京：中央编译出版社，1996：113-120.

种不同观点之间，尾关周二经过对共生理念的批判性深化，提出人本来是在同质性与异质性的交织中生存的，在"共同的共生"和"共生的共同"理念意义上提倡"共生、共同的理念"，避免产生包含从属性压抑的"共同关系"（同质关系），同时包含着竞争性压抑的"共生关系"（疏远关系）。"共生"与"共同"是关于现代人类社会相互补充的理念。在因消极的强求同质化使共同性关系逐渐减弱的情况下，"共生"成为积极的对抗理念；而在"共生"成为隐蔽赤裸裸的生存竞争概念时，"共同"又成为对抗理念；二者以这样的形式相互补充是必要的。[①]

中国著名社会学家费孝通在《乡土中国》"共生与契洽"一节中谈到，"共生"是把人看成自己的工具，契洽是把人看成同样具有意识和人格的对手。共生是生物界普遍的共生现象。[②]关于"共生"的人文文化解释也是多元的。我国学者研究了社会共生论，分析社会共生的原因，探索社会共生关系演化的动力机制以及如何优化共生关系，认为所谓社会发展，就在于优化共生关系，力求和谐共生。社会共生论既是社会分析工具，也是人生发展理论，更是一种社会改造哲学。[③]20世纪末到21世纪，生物进化论中的"生存斗争"概念让位于"共生"概念是具有积极意义的。

共生思想就是一种流动的多元平衡理论，任何生存状态都是短期的、对立的、容他的动态平衡。共生讲求的是尊重他者生存与独立的调和，而不是熔化他者、销蚀他者自主性的融合。就理论性而言，德国社会科学家韦伯提出"理想类型"的概念，认为宇宙万物客观存在的现象，不会以理想类型的状态存在；现实的存在都是处于包含各不同理想类型的共生状态。要想实现共生的存在，文化必须具有自我能量的生命力，才能通过碰撞、对话、妥协而共生；缺乏自我动能的惯性无法维系生存的共生状况，将走向死亡。各种文化将在进化、流动、对话、妥协及兼容的过程中完成共生的秩序；既要对自我的历史文化重新解读，也要发挥面向未来的智慧，从异质文化中提取象

---

[①] 尾关周二. 共生的理想：现代交往与共生、共同的理想 [M]. 卞崇道，刘荣，周秀静，译. 北京：中央编译出版社，1996：131.

[②] 费孝通. 乡土中国 [M]. 上海：上海人民出版社，2006：360.

[③] 胡守钧. 社会共生论 [M]. 上海：复旦大学出版社，2006：10.

征符号，融入自我而共生，以创造新文化。全球化是一种整体性、全面性、多元性的过程，共生秩序也是由多元性的机能网络所形成的，包括传统与现代的共生、各地域文化的共生、普世性与特殊性的共生、整体与部分的共生、物质与精神的共生等，是一种非线性、无中心、多面向、各部分具有自我意识能量相互联结的全球性网络体系。

## 二、共生概念中的矛盾

生物学的"共生"不排除"生存斗争"。虽然"共生"概念是在批判以生存斗争作为进化原动力的背景下产生的，但绝不是排除"生存斗争"，而是相互补充。生物学和自然科学关注的"共生"概念是包含抗争、相互干涉的开放过程的"共生"。生态学上的"合作效应"应该提升至原理层次，竞争不能与合作相互分割，二者互斥又互补。[①] 从群体整体角度而言，在捕食者与被捕食者的生态系统中，个体数量发生周期性的变化对维系生态系统的整体而言，是一种协同（竞争中共生）的效应。[②] 生物学中关于共生论的讨论，不仅有斗争哲学，也有协同学的"既竞争又合作"、博弈论的"双赢"对策等相关研究。

生物学中，"共生"意味着"不同种的生物共同生活"，与寄生相对比，存在"相互受益共生"和"单方受益共生"的情况。共生往往被限定在相互受益共生的意义上使用，敌对性共生似乎与共生有矛盾，其实也可实现相互受益的共生。生物学的"共生"现象是促使人们思考作为思想的"共生"问题。"共生"在多数场合意味着"和平共存"，这也是尊重与自己不同的对方的立场，贯彻互不干涉主义。共生也是共存的一种形态，然而，这种共存是彻底克服二者相互干涉、相互对立时所达到的具有相互依存内容的共存。正因为有相互对立，才能有互补性。在本来就不存在相互对立的地方，也不会

---

[①] 桂起权，陈群．从复杂性系统科学视角支持共生与协同 [J]．系统科学学报，2014（2）：9-15．

[②] 曾健，张一方．社会协同学 [M]．北京：科学出版社，2000：23-40．

形成共生的关系。①

生物学的"共生"概念被社会科学领域借鉴，但生物学和人类社会存在本质差异，在使用共生概念时也需要避免简单的移入，不能忽视生物学和人类社会学领域的本质差异。人类的互动是关于不同质的文化、社会、思想之间的关系。世界历史中，和平共处现象往往被忽略，共生并不是掩盖、回避冲突，只是把冲突放在不同族群、不同文明之间的接触、交往、交流、互动、共处等诸多方面中去呈现，避免唯冲突论。共生的现实与其说是和谐的关系，还不如说是充满冲突和矛盾的斗争关系。在共生的理想和追求共生的实践之间会有一种致命的张力。

## 三、国际关系视角的共生

国际关系领域多主体的合作与竞争可能是当今世界局势中最需要"共生"的场域。基于中国哲学和文化，在 21 世纪初中国国际关系中出现"共生学派"，上海学界围绕"共生"理论相关问题展开了积极活跃的学术探讨。社会学界率先开始探讨共生，以复旦大学社会学者胡守钧等为代表，在 2000 年明确提出了"社会共生论"，认为共生是人的基本生存方式，要以共生论来指导社会，告别以"阶级斗争为纲"的斗争哲学。2006 年，胡守钧出版了《社会共生论》，进一步完善了共生理论在社会学领域分析的框架，其"社会共生论"思想借鉴了中国的"太极图"，认为社会主体之间经过斗争与妥协的互动，才能形成双方满意的共生关系。

国际关系领域的"共生"概念，把"共生"作为一种状态、一种思维、一种理性的行为逻辑，代表学者是复旦大学任晓教授。共生作为一种状态，有共同生存和共同生长两层内涵，共存是共生的静态形式，共生是对共存的超越。②共生系统有单元、环境和模式三个要素，共生强调共生单元之间及共生

---

① 尾关周二. 共生的理想：现代交往与共生、共同的理想 [M]. 卞崇道，刘荣，周秀静，译. 北京：中央编译出版社，1996.
② 任晓. "中国学派"问题的再思与再认 [J]. 国际观察，2020（2）：46-65.

系统之间的互动关系。① 共生的本质和动态形式是相互学习和共同发展。作为一种思维的"共生",与"一元论"和"二元对立论"相区别,倡导"美美与共"。共生关系是对主客二分式关系的超越。② 共生理论的核心概念之一是"关系",相互依存、制约、互利互惠的一种动态关系。"共生"的原理包括主体的多元性、平等性和情境性,即认为多元是生命力的源泉,强调各单元间的平等地位,以及主张任何事物与观念都需在特定情境下衡量其价值和可行性。③ 当然,共生单元之间并非没有矛盾,而竞争是可控的,可形成一种动态的平衡。④ 主权国家原则下各国个体利益的独特性和排他性不能被无视,各国的共同利益及与之相关的共同观念认同也不能被忽视,亚太地区国际体系是竞争与合作并存的竞合型国际体系。⑤ "共生理性"是一种发展导向,并非要摒弃个体理性,而是让国家的理性选择考虑到利益的共生性,追求共同发展。⑥ 反映到行为体的实践逻辑中,行为体确立"以和谐共生为前提假定的行为逻辑"的"新理性"。⑦ 国际关系领域的"共生"概念不排斥竞争,但反对零和博弈的竞争,主张以国家的共生理性为前提,协调利益,实现共同生存与共同发展。

在国际关系理论中,理解共生首先应认识到世界本来的面貌是多样的,世界各地拥有多样的价值、制度、历史、文化、观念。多样的状态决定了事物的差异,西方国际关系理论把多样性的状况视作无政府状态,把差异视为矛盾和冲突的根源。中国"共生学派"学者认为多样性是世界本来的状态,差异的存在是一种本然,差异不仅不是矛盾的根源,还是主体间相互促进、进步的生命力来源。共生理论还注重强调国际关系参与主体之间的价值平等。

---

① 袁纯清. 和谐与共生 [M]. 北京:社会科学文献出版社, 2008:8-13.
② 任晓. 以共生思考世界秩序 [J]. 国际关系研究, 2015 (1):20-24.
③ 任晓,金应忠,苏长和,等. 多元世界的共生之道 [N]. 文汇报, 2017-05-05 (12).
④ 任晓. 论国际共生的价值基础:对外关系思想和制度研究之三 [J]. 世界经济与政治, 2016 (4):4-28.
⑤ 熊李力. 共生型国际体系还是竞合型国际体系:兼议亚太地区国际体系的历史与现实 [J]. 探索与争鸣, 2014 (4):36-40.
⑥ 任晓,金天栋. 刍议人类命运共同体的构建方式:一种制度化的视角 [J]. 国际观察, 2021 (3):20-60.
⑦ 郭树勇,于阳. 全球秩序观的理性转向与"新理性":人类命运共同体的理性基础 [J]. 世界经济与政治, 2021 (4):4-32.

国际关系共生状态构建的应有之义是相互尊重和保持善意。每一种存在及存在形态都是合理的,没有一种文明高于另一种文明,没有一个国家因某种发展的优势而在价值上领先。国际关系中的共生意味着认可各种文明观念、治理方式各有独特性和合理性,如果有竞争或冲突,可以用协商一致或管理模式应对。中国外交在当前以及未来较长时期面对的仍然是共生与对抗、对话与霸权、包容与排他等复杂的国际环境。中国外交需要面对的主要议题是维护国家利益及构建和平发展的共生国际体系。人类命运共同体就体现了共生的思想,利用共同体的原则化解各类冲突矛盾,构建一种与自然、与国际社会、与其他国家和文明的关系,实现人、国家、生态圈乃至文明的共进,构建一个和谐互惠的世界。

## 第二节 文明共生的价值体系

中国文化是世界绵延最久且辐射甚广的文化,中华民族有责任和使命促进全球由不确定性走向有序,文明交流互鉴和全球文明倡议蕴含的以文明共生为价值内核的全球文明观是构建新秩序的中国方案。

### 一、尊重文明多样性的多元共生

文明多元共存是人类生活的自然图景。文明多样化以各文明平等、相互尊重为价值基础,是和谐、包容、共鉴的多样性,不是忽视差异之间张力的多样性。文化的差异性意味着在相互交流的同时,也容易激起各自拥有价值和利益的不同力量的冲突,避免冲突的方式是尊重多样性和差异性。文明的多样性客观上要求不同文明交流互鉴。文明交流互鉴的核心价值是文明多样性和文明对话,目标是文明共存与进步。

(一)多样性是人类文明发展的动力

世界上有200多个国家和地区、2 500多个民族,每一个国家和民族的文明都与它的历史、国情、自然地理、生产生活方式等密切相关。习近平指出，文明具有多样性，就如同自然界物种的多样性一样，一同构成我们这个星球的生命本源。① 就亚洲而言，正如习近平指出的："今天的亚洲，多样性的特点仍十分突出，不同文明、不同民族、不同宗教汇聚交融，共同组成多彩多姿的亚洲大家庭。"② 文明的多样性为文明交流互鉴提供了广阔的空间，文明交流互鉴也为人类文明的创造性发展注入动力。习近平指出，"一个国家和民族的文明是一个国家和民族的集体记忆"，"文明因交流而多彩，文明因互鉴而丰富，文明交流互鉴，是推动人类文明进步和世界和平发展的重要动力"。③ 文明交流不仅成为各个文明发展的原动力，更意味着人类文明是在多样化道路中和平发展，相通共进。

  文明的多样性是客观现实，也是人类文明发展的动力。文明起源本身就不是单一的，不同的自然条件、生产方式、历史发展及其思维方法和行为习惯，使文明各具特色。文明的多样性体现为客观性和有效性：客观的多样性指文化如同物种一样，存在自然的多样性；有效的多样性指多大程度上享有多样性，不同文化在相互接触中多样性得到丰富和加强，而非被同化。文明多样性是一个事实命题，也是一个价值命题。④ 文明多样性是一种客观现实或状态，多元共存是一种规范和动态过程，是以积极、动态、开放的方式看待多样性。⑤ 全球化深入发展的时代背景下，任何文明都无法以"主导性"或"优势"文明的身份代表全人类的发展。全球化进程中的文化霸权越强大，文明自觉和主体意识就越强烈。国际层面在 20 世纪 30 年代就开始出现关于文明多样性的讨论，讨论背景与所谓西方文明优越论和最高文明形态的历史观相对应。冷战后，为回应所谓的"文明冲突论"和"历史终结论"，国际社会有志之士积极推动，在联合国的主导下，文明多样性是国家间关系的基本规范已经成为国际共识。

---

① 习近平. 习近平谈治国理政：第二卷 [M]. 北京：外文出版社，2017：464.
② 习近平. 论坚持推动构建人类命运共同体 [M]. 北京：中央文献出版社，2018：209.
③ 习近平. 论坚持推动构建人类命运共同体 [M]. 北京：中央文献出版社，2018：76.
④ 方世南. 时代与文明 [M]. 北京：人民出版社，2006：164.
⑤ 联合国教科文组织. 世界文化报告：文化的多样性、冲突与多元共存 [M]. 关世杰，等译. 北京：北京大学出版社，2002：106.

### （二）多元共生概念内涵

与客观的多元共存自然状态相比，多元共生是积极的、有效的、创造性的多样性。多元共生首先要有共同的问题意识与思想特质，其特征在"共"字中呈现，主要思想脉络是抵抗"一"的问题意识。在人类社会中，文明多样性是一种事实，每个行为体的利益或价值不同。多元共生探究的基本课题是在多元冲突的状态中如何建构秩序，如何实现多元秩序。共生思想就是在这种时代寻找全新多元秩序的思想。异质文化之间往往缺乏理解，容易产生强烈的排他性。然而，身为人类社会的共同成员，异质文化必须共同生活，且建立良性的关系，这就是共生多元论的基本问题意识，这种意识是反西方中心主义的国际多极秩序论。

共生包含矛盾对立的关系，意味着共生不追求多样性融合为一，差异性要被保留并尊重。差异就是多样性的依据，即便文化中含有不可理喻或无法理解之处，我们也必须给予尊重。多元共生的特质是尊重每个文明个体的独特性。在西方，为了超越二元对立，对立的二项会被同一化，或是征服对手，排除对立的部分。与之相对，共生思想包含对立的同时，还创造出二者的连接关系。部分和整体相互矛盾的同时，并不失去自我的同一性，这不是一定要将部分统一到全体之中的等级概念。共生是试图理解对立者的积极关系，也是试图扩大互相共通领域的关系。共生秩序是包括对立与矛盾在内的竞争和紧张关系，解决的主要问题是在内含矛盾与对立的多元关系中，如何建立良性的多元秩序。共生概念是直视多元性的事实，探索新的共存架构，是"文明多样性之上的整体性"的思维结构。

### （三）多元共生的辩证关系

文明交流互鉴是国际秩序构建层面的文明进步史观，是全面把握文明之间差异性和互动关系的国际秩序进化观，其体现的深层次理念是多样性文明的平等地位、文明互动中的相互尊重及互鉴共存。尊重文明多样性意味着要正确认识文明多样性和统一性、差异性、互鉴性之间的辩证统一关系。

交流互鉴是文明多样性和统一性的辩证统一，深层寓意是文明之间的平等性。国际秩序和国际社会是一个由不同文明构成的有序组合,是经过整合加以平衡的多样化产物。国际社会的整合或多样化,本质上是文化的过程。文明多样性是各种文明整合的一个持久性先决条件。丧失多样性的国际社会,各个文明难以获得成长与繁荣;没有整合的多样性,不同文明之间便无法形成一个能动的结构。多样性中的统一性对于人类文明发展的未来和进步是至关重要的。然而,统一性并不意味着一致性,一致性是秩序中某一文明居于主导地位。整个系统所有因素在平等互利的融合条件下才能实现,统一性是补充、发展,而不是损害多样性,统一性发生在一个共处、共享的水平上,所有文明都是平等的参与者。基于文明多样性的整合不是形成同一性或同质性的全球文明,而是形成文明互动的共同价值观,唯有此,才能形成不同文明的协调关系,一个新的秩序才会出现。

交流互鉴是文明多样性和差异性的辩证统一,深层寓意是文明间的相互尊重。多样文明的呈现形态以差异性为首要特征,其次是差异间的相互尊重和欣赏,以差异并存为美。文明差异性的价值在于每一个民族必须依靠其自身内在的资源勇敢地面对人类共同的命运。文明之间互动应首先肯定所有行为体的文化权利,将平等和差异结合起来,避免差异消失和差异导致的冲突。2014年3月,习近平在访问联合国教科文组织总部演讲时指出:"各种人类文明在价值上是平等的,都各有千秋,也各有不足。……文明没有高低、优劣之分。"[①]欧洲和西方文明中心论的极端表现是"美国文化中心主义",否认文化差异的创新意义,主张世界文化同质化。如果一个文明自视优越,并且事实上无可匹敌,几乎不可能有意愿与那些看似地位平等的社会开展对话,更难以尊重其他文明。共同体内不同行为体之间的互动规范是包容性的,认同差异才可能有合作。文明之间对差异的尊重是人类命运共同体建构的基本要素。

交流互鉴是文明多样性与互鉴性的辩证统一,基本路径是文明对话。多样化文明需要在有序、规范、和谐的国际秩序中共存。只有多样性是无法构成有序世界的,唯有通过彼此的开放和对话形成相互依存、相互影响和借鉴的关系,才能使多样性的世界保持和平与繁荣。交流互鉴有助于文明多样化

---

① 习近平.论坚持推动构建人类命运共同体[M].北京:中央文献出版社,2018:77.

的发展。世界文明的发展历史是不同国家、民族和地域之间的文明相互吸收与融合从而实现多样化发展的历史。全球化促成多样化文明之间的高度依赖和相关,导致更广泛的合作,也存在碰撞和冲突,为文明间的积极对话赋予了新的意义。从全球化进程和秩序构建角度来说,文明冲突论和文明优越论是二元对立思维的"对抗式话语",文明同质化是坚持西方文明的主体性和优越性,这些文明互动的方式是冲突的或是不平等的。

文明交流互鉴的进步史观基于文明多样性,通过交流、互鉴,实现文明的发展。跨文明对话有利于多样文明之间的互补、互尊、互信、互利,是多样文明持续、稳定与创新发展的根本路径。不同行为者之间的开放和对话,以及对相对弱势群体的价值和利益的考虑和包容,是建构共享认同和命运共同体的前提。

## 二、文明互动的和合共生

世界历史进入"后西方时代",世界上所有国家都面临着可持续发展的问题,而且他们大致拥有相同的知识和技术来应对问题。21世纪不一定会发生大规模的战争,但是世界秩序很容易蜕变成激烈的竞争模式。寻求新的世界体系,要具有共享和共同的世界观、价值观,以平等的文明进步观超越文明等级观,以文明互动的和谐观超越文明冲突论。中国融入世界体系的大前提也绝不可能是全面接受西方的主流意识形态——欧洲中心论的历史观和发展观。中国有改造和纠正欧洲中心论的重大国际责任。[①] 中国有责任、有能力推动大国关系,推动不同文明和合共生。

### (一)和合共生的基本内涵

"共生"的本质是"和合","和合"是中华文化和民族精神的精髓。"和合学"的创立者张立文先生认为"和合"是中国文化中被普遍接受的人文精神,是中国文化的整合,它浸润着中国文化思想的各个方面,比如人与自然、

---

① 相蓝欣. 传统与对外关系 [M] 北京:生活·读书·新知三联书店,2007:7.

社会、他人以及人与自身心灵关系等。① 和合是中国文化整体性的转生,不是某一文化(儒家文化或道家文化)的转生,是中华优秀传统文化的延续,既内在于中国传统文化人文精神的意蕴,又超越于中国传统文化人文精神的含义。

和合是一个看问题的方法论,也是一种哲学的本体论。和生万物,并非没有冲突。和合共生承认有矛盾,有冲突,讲相反相成。在中国哲学的观念中,不同的东西只有通过融合,才可以改变它本来的性质。事物的两端必须通过融合,才能生出一个和合体,即新生的东西。因此,和合有三个阶段:冲突、融合、新生。和合不是否定矛盾,它承认冲突,但这种冲突要经过融合才能新生,所以和合主体讲生生,即新生命的产生。和合不仅是逻辑的建构本身或理论的演绎结论,而且还关注价值的本体根据,使它进入生存世界的各个层面。②

和合共生的文明观是通过文明的方式,实现异质文化因素的整合,从而形成更强大和进步的文化力量,推动人类文明进步。文明的和合共生承认"异"是发展的基因,"和"是联结的纽带,"合"是创造的动力。在现代国际社会中,各文明、国家合作共赢,协同作战才能发挥最大效能。不同文明保持和发挥自身文化特征,在相互交流和对话中相互借鉴,从而和平共处,求同存异,兼容并蓄。文明的和合共生是不同文明之间相互"认同"的过程,而不是"同化"的过程。多种文明的"和合"交融中,寻求互鉴之处,从而推动各文明进步,是文明和合共生的意义和价值所在。冲突和融合是和合学中变化超越的真义。冲突是融合的因,融合是冲突的果。③ 和合包容了冲突与融合,是一种提升,使原来的冲突融合进入一个新领域或新境界。

文明交流互鉴观是与文明封闭、文明等级、文明优越相区别的理念,其和合性价值体现在认同普遍性,尊重特殊性。文明不是"有"和"无"的问题,是文明普遍性与特殊性的问题。文明是一个民族现象,每一个民族都在一片土地上繁衍生发自成一格的文明。普遍性并不等于无差异,因为每一个民族都必须依靠其自身内在的资源勇敢地面对人类共同的命运。每一种文明

---

① 张立文,包宵林. 和合学:新世纪的文化抉择 [J]. 开放时代,1997(1):67-72.
② 袁祖社. 马克思主义人学理论与社会发展探究 [M]. 北京:人民出版社,2016:74.
③ 张立文. 和合学概论:上卷 [M]. 北京:首都师范大学出版社,1996:77.

都有必须得到尊重和维护的尊严和价值。在文明交往中应当正确处理普遍性和特殊性的关系。文明存在民族性差异和时代性差异。当前，随着经济全球化、信息化的发展，文明交往日益广泛、频繁和深入，一些国家尤其是西方发达国家凭借其经济实力、科技优势以及政治推动，对其他国家进行文明渗透。交往过程中信息由高向低流动这一普遍规律使文明发展受到霸权主义挑战，其他文明在应对文化霸权主义的挑战时应振兴自身的民族文化，而不是排斥甚至拒绝交往。

### （二）"和而不同"的理念基础

"和合学"理论和"共生"理念所倡导的和谐，其本意是协调一致，这是社会公共生活正常进行的最基本条件。在中西文化交流的历史大舞台上，由东向西，自西向东，是双向的交流互动。中国文明的交流互鉴，早在张骞出使西域之前就已经展开了。从1500年到1800年，西方文明的东渐和中国文化的西传保持着大体上的互惠平等。除物质文化的交流之外，精神文明的互鉴始终是中西文化关系史的重要组成部分。所谓文明互鉴，不仅仅是物质层面的取长补短，更重要的是思想文化领域的借鉴和启迪。[①]中国文化是多元性和兼容性的，在与其他文化的融合中持续发展。

习近平曾在多个场合论证"和而不同"的重要性。"和而不同"地辩证看待文明交流，尊重世界文化多样性，接纳差异性，是中华民族开放包容文明观的体现。"和而不同"理念所阐释的主要观念是和谐的多元整合，即向与自己不同的"他者"开放，包括他人和世界，否则容易变为狭隘的个人、群体。"和"不单单是中国古代伦理思想的重要范畴，更是中国传统文化的重要特征和珍贵遗产，作为一种价值和德行，指和谐、统一。"同"是指相同、同一。"和而不同"的"和"是在两种不同文化中寻求交汇点，并在此基础上推动双方文化的发展。"和而不同"的"同"，不是一方消灭另一方，也不是一方同化另一方，不同的文化之间可以通过文化的交流和对话来取得某种共识。[②]"和而不同"是指在包容差异存在的基础上使事物得到发展。

---

① 张国刚.中西文化关系通史[M].北京：北京大学出版社，2019：9.
② 汤一介."和而不同"原则的价值资源[J].学术月刊，1997（10）：32-33.

"和而不同"是求和而不求相同。中国著名哲学家冯友兰指出"同"不能容"异","和"不但能容"异",而且必须有"异"才能称其为"和"。客观辩证法的两个对立面统一的局面,就是"和"。两个对立面矛盾斗争,当然不是"同",而是"异"却同处于一个统一体中,这又是"和"。①费孝通先生1988年提出了"中华民族多元一体格局"的理念。他指出:在新的国家建设当中,必须注意到民族与民族之间、文化与文化之间的那种"和而不同"的关系。②1990年,费孝通先生提出文化间关系的16字箴言:各美其美,美人之美,美美与共,天下大同。③"美美与共"实质上就是"和而不同"。1997年,费孝通先生提出了文化自觉理论,实则是从全球化的角度出发,关注和思考文明的共存。文化自觉一方面是对自己的文化有"自知之明",对他人的文化有"识人之明"。"中国人从本民族文化的历史发展中深切体会到,文化形态是多种多样的,不同文化之间可以相互沟通、相互交融。推而广之,世界各国的不同文化也应该相互尊重,相互沟通。"④

文明交流互鉴与"和而不同"理念一脉相承。文明交流互鉴主张通过尊重和维护各国各民族文明的多样性和差异性,推动人类文明的整体发展,并以相互尊重、正视和承认差别为前提在文化交流中包容互鉴。

## 三、文明进步的互鉴共生

文明交流互鉴是习近平对世界文明沟通方式的系统性思考,以唯物史观强调人类文明因多样才有交流互鉴的需求,尊重世界文明多样性,以文明交流、互鉴、共存,超越文明隔阂、冲突和优越。文明交流是回应文明要不要交往的问题,具有鲜明的促进人类文明交往的思想取向,回答世界文明交往

---

① 冯友兰.中国现代哲学史[M].广州:广东人民出版社,1999:253.
② 费孝通.百年中国社会变迁与全球化过程中的"文化自觉":在"21世纪人类生存与发展国际人类学学术研讨会"上的讲话[J].厦门大学学报(哲学社会科学版),2000(4):5-11.
③ 费孝通."美美与共"和人类文明[J].群言,2005(1):17-20.
④ 费孝通.中华文化在新世纪面临的挑战[M]//方克立,等.中华文化与二十一世纪:上卷.北京:中国社会科学出版社,2000:6.

应坚持的基本原则和价值问题。习近平以"桥"为喻提出不同文明间当共建交流的桥梁——"文明共荣之桥",而不是竖起阻碍交流的"城墙"。① 文明互鉴回应了世界文明交往应坚持的基本原则和价值问题。文明互鉴的前提是不同文明相互尊重、和谐共处,这与马克思对西方资本主义工业文明不平等性的批判和文明模式多样性的原则具有内在逻辑上的一致性。文明互鉴既是不同文明之间的相互关系,也是自身文明进步的动力。

### (一)文明形态的更替路径是世界文明多元共存

近代以来,西方文明扩张到全球,使人类社会进入现代文明社会。但由于种种原因,西方文明不仅没有解决好多元文明和平共处及共生共长的问题,还以各种方式推广其文明的"普世性"价值,加剧文明的矛盾甚至对立。中华文明因具有开放性和包容性而成为世界上唯一以文化形态延续的文明。当今世界具有世界影响力的东西文明之间是否形成交流互鉴关系,决定世界文明秩序走向。文明交流互鉴是习近平新时代提出的具有理论和实践价值的塑造文明新秩序的理念,是当前时空条件下对马克思文明理论的创新发展,即西方资本主义工业文明和中国特色社会主义新型文明如何共存和共生。

唯物史观下的文明进步和文明形态的历史更替具有历史必然性。马克思预见到文化交融最终导致"民族消亡"。民族消亡与以阶级为前提的国家消亡不同,是以民族文化融合为前提的。民族的消亡是指各个民族之间因为废除资本逻辑的冲突,随着文化的交融,达成民族之间的和解,从而民族之间没有矛盾和冲突。人类文明历史形态更替具有统一性。马克思指出,人们能否自由选择某一种社会形式呢?决不能。在生产、交换和消费发展的一定阶段上,就会有相应的社会制度、相应的家庭、等级或阶级组织,一句话,就会有相应的市民社会。有一定的市民社会,就会有不过是市民社会的正式表现的相应的政治国家。② 文明的自然发展进程就指文明历史形态的自然更替。

当下人类文明的多元共存已经突破历史和现实、理论和实践的鸿沟,成

---

① 习近平.习近平谈治国理政 [M]. 北京:外文出版社,2014:282-284.
② 中共中央马克思恩格斯列宁斯大林著作编译局.马克思恩格斯选集:第四卷 [M]. 北京:人民出版社,2012:408.

为人类生活的自然图景。文明的交流、互鉴以共存共生为目标，而不是文明替代。共存不是同质主义或者强调异质性的多元主义，文明演变的终点不是某一种文明以现代普世面貌对世界历史的终结，也不是以互不相干的特殊性忽视普遍性，而是表现为共性与特性、民族情感和世界主义的相通共进，在动态的文明交流互鉴中，推动人类文明的进步。文明交流互鉴体现文明空间层次的横向对话，也是历史时序的纵向传承，为文明的自我转向、重生、超越创造了契机。文明交流互鉴和交融共存思想，蕴含的是对转型发展中的国家所面临的文化发展与保护、传统和现代问题的答案。[①] 中西文明交流并不意味着以西方或东方为标准的同质化，东西方的文明差异也并不意味着相互威胁。中华文明始终坚持交流互鉴，中华文明的复兴就是在文明交流互鉴的基础上发展文明新形态，塑造互鉴共生的世界文明新秩序。中国特色社会主义新文明形态不是通过扩张而具有世界性的文明影响，而是通过交流互鉴、合作共赢。

### （二）文明交流互鉴揭示共存—融合—共生的文明演化逻辑

文明共存是一种客观状态，存在的多样性是文明生存的必要条件，会伴随着摩擦甚至冲突。共生的原义是主体之间由于功能性互补而产生的相互关联、共同栖息的互利关系。在自然界中，个体或群体处于优势地位的奥秘，在于他们在群体中的联合能力，而不是强者压倒一切的能力。共生的前提是整体性，人类实践是在一个整体中由不同关系模式构成的复合体，要遵守一定的规范约束。共生的基础是演化机制，是一种动态的相互作用。共生的内在含义是超越任何对立关系一方，又在根本上有利于全体的价值最大化。对每一个存在而言，最优状况是多样存在的相互配合、兼容、互惠、合作，否则是一种存在论灾难，所谓争则乱。[②] 资本主义文明造就的人类社会不是"共生体"，而是"冲突体"，存在结构的"共在"需要向价值结构的"共生"转化。[③] 资本主义文明的异化导致世界各种文明的非共生性，矛盾和冲突时有

---

① 吴海江. 新时代文明交流互鉴思想研究 [M]. 北京：人民出版社，2020：172-173.
② 赵汀阳. 共生存在论：人际与心际 [J]. 哲学研究，2009（8）：22-30.
③ 赵坤，刘同舫. 从"文明优越"到"文明共生"：破解"西方中心论" [J]. 探索与争鸣，2021（2）：100-108.

发生。文明交流互鉴观揭示文明关系的核心特征是形成相互依存、不可替代、相互尊重的自觉共生关系。

文明共存到共生的演化路径是融合，既包括文明相似国家或民族的合作融合，也包括文明异质国家或民族的竞争性融合。文明交流互鉴观是共生的事实逻辑判断和价值判断的结合。在事实逻辑层面，全球化使文明融合变为现实，各个文明在实现自身演进的同时与其他文明共生。在价值判断层面，文明之间的关系被政治和权力裹挟而产生复杂多元并充满矛盾的关系，主要表现为差异性文明共生关系演进状态，是不同文明之间矛盾关系某一个维度的呈现，尤其体现在西方推动的东西文明"二元对峙"。异质文明的融合演化是对文明互动中排除异端并促成一元化趋同倾向，或各自保持特殊性甚至导致文明封闭和隔阂的否定。文明差异性的融合倾向相比于文明同质性的融合对于文明发展与进步的重要性及意义更大。文明进化过程中共生是伴随竞争逐渐形成的倾向于合作的反应模式。文明互鉴共生关系既包括合作关系，也包括竞争关系，但是这种竞争不是恶性的，而是通过共同适应和发展获得文明共同演进并以"共赢"为目标的适度竞争，目的是实现人类文明生态的稳定和持续发展。文明互鉴共生的核心是回归相融的共同体，不是文明的同一化，而是相互独立，相互尊重与自己不同的、多样的其他文明，共同造就多样的关系性，强调不同文明之间相互依存、相互借鉴，实现共同进化，也强调不同文明相互独立的协同进化。

文明互鉴共生关系体现各个文明之间的合作或协同竞争，共生目标是文化层面的价值碰撞与结合现象演变为一种新生的状态，成为某种统一体，即命运共同体。以构建人类命运共同体为目标的文明交流互鉴保持了自身文化价值观的独立性，不同文明通过融合互鉴在更高层次推动人类文明多样性的演化，超越西方中心主义的霸权逻辑，以平等互鉴共生的视角、原则和理念形成文明主体的共在共生关系。

## 第三节　文明共生的学术话语建构

中国关于新秩序建构的文明共生话语来自中国的历史传统，也是对全球性问题的回应。习近平提出的文明交流互鉴和全球文明倡议源于当下文明互动现状，对当今世界文明交往过程中存在的文明冲突、文化霸权等错误立场进行批判，为世界文明新形态的形成提供共生的价值要素。国际关系研究最能体现全球意识、世界视野和人类命运的复杂性，文明共生的话语建构是国际关系理论中国学派的内容，具有全球国际关系理论的共性特征。文明共生为中国国际关系理论聚焦经实践验证的中国智慧和中国理念提供了新的契机。

### 一、基于共同价值的文明共生话语

如果需要说服自己或别人接受某种思维模式，并将自身的身份和利益与这种模式对接起来，就依赖话语建构。文明共生是具有中国特色和国际普遍共识的知识主体，在国际关系理论发展中具有知识优势和传播能动性。

#### （一）西方文明话语的权力——知识模式

源自语言学的话语概念尚无统一的界定，对于话语本质的认识存在学派差异。文明的话语研究属于思想概念史的范畴，文明不仅是一种社会文化实体，也是一种观念。诺贝特·埃利亚斯的《文明的进程》开始出现文明话语研究的端倪，后来在福柯和后现代思潮的影响下，文明话语逐渐成为一种文明研究的新视角，社会学界的柯林斯和国际政治学领域的杰克逊对文明话语研究进行了有益的尝试。20世纪80年代，国际关系学科出现语言转向，产生了一些围绕话语的研究成果。文明研究在世纪之交出现重属性或重话语的不同研究方式。亨廷顿的文明冲突论是典型的属性类研究，把文明视为内聚的可以行动的体系。杰克逊采用公共话语分析方法对"西方文明"这一术语进行研究，提出文明被视为政治实践活动，即话语实践活动，这种实践活动划定文明之间的边界，造就了文明内部具有凝聚力的叙事。文明的话语研究是将文明视为竞争的、冲突的、表现为话语的体系，文明行为体是通过话语创造和再创造而成的互主性形式。①

西方的话语秩序依赖于权力和知识关系。杰克逊对"西方文明"这一术语进行深入研究，认为西方文明已经存在两千年，可以追溯到古希腊时期，但西方文明在公共辩论领域只有两百年左右的历史，是从19世纪早期一些保守的德国学者的讨论开始的。二战后，美国在废墟上用话语建构起一个世界，西方文明成为一种话语资源，将美国、西欧和德国凝聚在一个跨国联盟之中。②从冷战的源头而言，公共话语建构并维持了一种文明冲突，造就、呈现并加强了世界一分为二的现象。现实主义和自由主义对国际政治再建构，使之成为具有预设身份和确定利益的行为体之间的博弈，基本掩盖了冷战政治中的文明向度。文明话语类研究从大西洋两岸的公共话语视角表明冷战从一开始就是文明之间的冲突。第二次世界大战结束后，大西洋两岸的做法是物化文明。西方这一话语具有明显的历史、宗教和政治属性，使文明具有像行为体一样的行动能力。公共话语和行为在东西方之间画出一条明显的文明分界线。

美国自称是西方文明的领袖和捍卫者，后来宣传自己是全球化（或者是一种新的全球文明）的领袖和捍卫者。第二次世界大战后，随着美国霸权的兴起，欧洲的"西方文明"概念逐渐被美式"西方文明"概念所取代。20世纪60年代，美式"西方文明"在美欧出现衰败，被重塑成"全球化"或"全球文明"的概念。美国精英们把其独特的"西方文明观"编织成意识形态、话语或辞令，即"话语特征"。美国军事、经济实力在西方世界中居于首位时，西方各国还能接受美式"西方文明"话语的论述。一旦美国权力出现衰败，各国便会改变认同。③美国的文明话语及全球化意识形态是依赖于权力和

---

① PATRICK THADDEUS JACKSON. Civilizations as actors : a transactional account[M]// MARTIN HALL，PATRICK THADDEUS JACKSON. Civilizational identity. New York：Palgrave，2007：33-49.

② PATRICK THADDEUS JACKSON. Civilizing the enemy : German reconstruction and the invention of the west[M]. Ann Arbor：University of Michigan Press，2006.

③ JAMES KURTH. Ameirca and the West: global triumph or western twight[J]. Oribs，2001(3)：333-341.

知识的综合建构的，遭到其他文明体的持续抵制。

## （二）文明共生话语的价值和知识模式

文明话语既不是西方的发明，也不仅仅局限于西方的社会建构。21世纪初，中国学者开始构建国际共生的学术话语，尤其重视共生观的价值层面研究。国际共生关系是社会共生关系的延伸与深化，基本要素是主体、资源和约束条件。国际共生关系的价值判断和主要约束条件是人权，是主体之间的资源交换型关系。① 共生在东亚尤其在中国有深厚的历史渊源，中国式世界主义内涵的"国际共生"的价值基础是多元价值。② 传统国际体系下的共生关系是弱肉强食的霸凌逻辑，新兴的共生关系则是一种相互包容、克制、互利共赢和共同发展的共生关系，共生性国际体系包含和平共处、和平共生、和谐共生三个阶段。③ "世界多元共生性"在国际关系中具有"逻辑和动力的原初性"。④ 习近平关于人类文明交流互鉴重要论述的理论逻辑是多样性、平等性、包容性和相互尊重的文明交往观念，把握人类文明传播和发展规律，倡导文明对话，创造性地用"文明共生论"回应西方的"文明冲突论"，以"中华新文明主义"的姿态走近世界舞台中央。⑤

文明共生的理论话语是国际关系中国学派的重要议题。如何回应基于现实主义国际关系理论关于"中国威胁论"的话语，不只是回应文化霸权的问题，更是阐述中国崛起的现实和理论问题。在这样的背景下，国家对"中国理论"和"中国话语"有了战略需求。学术层面，国际问题研究的"中国化

---

① 胡守钧. 国际共生论 [J]. 国际观察，2012（4）：35-42.
② 任晓. 论东亚"共生体系"原理：对外关系思想和制度研究之一 [J]. 世界经济与政治，2013（7）：4-22；任晓. 论中国的世界主义：对外关系思想和制度研究之二 [J]. 世界经济与政治，2014（8）：30-45；任晓. 论国际共生的价值基础：对外关系思想和制度研究之三 [J]. 世界经济与政治，2016（4）：4-28.
③ 黄平. 变迁、结构和话语：从全球治理角度看"国际社会共生论" [J]. 国际观察，2014（1）：63-70.
④ 金应忠. 试论人类命运共同体意识：兼论国际社会共生性 [J]. 国际观察，2014（1）：37-51；金应忠. 再论共生理论：关于当代国际关系的哲学思维 [J]. 国际观察，2019（1）：20-41.
⑤ 谢青果. 文明共生论：世界文明交往范式的"中国方案" [J]. 新疆师范大学学报（哲学社会科学版），2019（11）：72-83.

问题"在 20 世纪 80 年代被中国学者提出。中国学者有强烈的中国学派意识，从有无之争、名称之争到方法之争，出现多元化的中国学派理论：以中国先秦思想及天下思想发展的"天下体系"；以"关系""关系性"概念发展的关系理论；借鉴古代政治思想，使用科学研究法方法研究现实问题，以道义王权国家发展的"道义现实主义"；以整体关系主义发展的"和合共生主义"。

秦亚青以文化理论为论述依据，主张不同的文化会有不同的实践，西方以理性为实践性，中国以关系性为实践性。关系性的基本假定是实践性知识和表象性知识互为表里、内在统一。"元"关系是一体两面、相辅相成、互为生命的，和谐而非冲突才是社会的本原状态。秦亚青的"世界政治的国际关系理论"聚焦于社会理论的背景知识、实践群体及文化群体而成为文化理论。[1]秦亚青将其观点以英文著书出版，进而与西方国际关系学者进行对话，以关系性发展具有中国特色的世界政治关系理论。余潇枫提出和合主义的国际关系理论中国范式，和合主义的价值是人类命运共同体构建下的互鉴共存、价值共创与和合共享，中国开创的包容性、结伴性、对接性、镶嵌性和共享性外交为世界政治勾勒理想愿景，为国际关系民主化和各国树立全球治理观提供中国的实践路径。[2]国际关系中国学派的发展，使我们从被动的知识对象成为积极性的知识主体，用中国的社会、历史和文化知识转换国际关系的研究主题和视角。然而，以中华优秀传统文化为基础的国际关系理论面临影响力不强的困境。中国学派理论要更加适用于中国之外地区，能够解释外部从而具有普适性原则，在服务外交决策的同时增强学术意义，文明共生的国际关系理论话语建构无疑提供了这一契机。

文明共生是基于历史、全球视野的新模式和新理论，以多元性和相互联系性探索各文明的互动之道，审视价值、理念与规范在全球和本土之间的对话；探求文明之间交流互鉴的进步历史；以相互依赖及共同命运回应全球化议题。文明共生的话语是基于共生价值的知识，话语实践是包容性的。文明

---

[1] YAQING QIN. A relational theory of world politics[M]. Cambridge，MA：Cambridge University Press，2018：3-74.
[2] 余潇枫，章雅荻. 和合主义：国际关系理论的中国范式 [J]. 世界经济与政治，2019（7）：49-76.

共生是中国文明交流互鉴话语实践的价值基础,是化解价值冲突并走向价值融合的话语,不是非此即彼的取舍法,而是以和合法创造性地进行价值创造。和合可以创造性地解决中西文化的价值差异,实现传统文化的现代转生,使中国文化以崭新面貌走向世界,与全球文化接轨。[①]在知识层面,文明共生使我们从被动的知识客体变为共创知识的积极主体,开启后西方时代具有国际普遍意义的国际关系研究议程,走向全球国际关系理论视野,展现中西知识体系的相互构成,克服二元对立的认识论。

## 二、对文明等级和文明冲突话语的批判

文明共生话语是以平等、和谐价值对文明隔阂、文明冲突和文明优越话语的超越。最低限度上,超越性意味着超越此时此地的世界,一般包含对当下状态的批评,同时也包含一种来源于现实之外的权力和愿景,从而为替代既存安排和权力结构提供道德权威。[②]从全球化进程和秩序构建角度来说,文明互动的不同话语主要有文明冲突论、文明优越论和文明同质化,这些是二元对立思维的"对抗式话语",或是坚持西方文明的主体性和优越性,或是全球文化的同质化(即美国化),这些文明互动的对话是冲突的、不平等的。任何文明都离不开与其他文明的交流,但文明交流不意味着文明征服和文明同质化。文明共生话语的核心概念是"异"和"同"的关系。西方的文明话语和知识体系是以西方文明同化世界的"以异化同",将自身视为优越一方并具有普遍性,西方和非西方文明不再是类别之分,而是发展水平的差距,非西方文明必将向西方靠拢,西方对世界的同化变得理所当然。对西方文明话语的批判是文明共生话语建构的前提和基础。批判"欧洲中心论"与创建"中国学派"之间的关系,在本质上是"破"与"立"的关系,但要完成这一"破旧立新"的任务,最关键的是寻求和建构一种"中介",即对话和争论。[③]

---

① 张立文.中国和合文化导论[M].北京:中共中央党校出版社,2001:2.
② 杜赞奇.全球现代性的危机:亚洲传统和可持续性的未来[M].黄彦杰,译.北京:商务印书馆,2017:7-8.
③ 任东波."欧洲中心论"与世界史研究:兼论世界史研究的"中国学派"问题[J].史学理论研究,2006(1):41-52.

### （一）对文明等级的批判

从全球性和历史性考察文明论的话语世界是从客观的文明交流史变为基于文明等级观的西方文明优势的历史。历史演进视角文明的交流与实力是紧密相关的。新航路开辟后，西方国家凭借着经济优势，以文明与野蛮、西方与非西方的"二分"对立思维塑造文明交往的历史进程。西方话语中的国际社会以欧洲文明为核心，从欧洲向其他文明扩展，新兴国家要面对的是如何融入国际社会，如何与西方政治、发展的文明价值观相适应的问题。

文明与野蛮的分野是长期存在的观念意识，古代中国、古代罗马都曾有过"华夷之辩""文野之辩"。古典时期文明和野蛮的分野基本无所求，文明一方对于野蛮一方不会因文明而发生入侵、统治和剥夺的现象。中国用长城隔离、限制相互之间的往来。然而，新航路开辟之后，文明和野蛮的分野有着完全不同的内涵和结论。某种意义上，地理大发现也是一场"文明"大发现，是欧洲人自身文明的发现。西方国家开创了新型文明——野蛮理论，将人类文明的空间差异转变为时间（历史）差异，即文明进化程度的差异。[①] 欧洲人地理知识的增长，总是与文化观念或意识形态上的"人我之别"日趋精致复杂相伴随。[②]

西方文明的概念意味着区分"先进"和"落后"民族和政体的等级制度世界观的出现。西方人把世界各地的国家和民族发展道路划分为不同等级的文明发展模式，从野蛮、蒙昧不开化、半文明到文明开化，每一层都有特定的内涵和特指的国家、地区。欧洲文明不再被理解为诸文明类型中的一种，而是具有全球性。非欧洲文明不仅不排斥欧美人的文明等级论，还甘愿承认自己是半开化的民族，把加入文明国家的行列作为实现自身现代化的紧迫目标。西方的文明等级不仅是一种理论学说，还是一种思考世界的模式、一个强大的话语系统。文明等级论又伴随殖民主义的扩张流传至世界各地，成为一种带有普世性的知识和价值观念。

西方文明中的物质、体制和思想方面的一些不可否认的先进性令西方文

---

[①] 唐晓峰. 地理大发现、文明论、国家疆域[M]// 刘禾. 世界秩序与文明等级. 北京：生活·读书·新知三联书店，2018：20.
[②] 张国刚. 中西文化关系通史[M]. 北京：北京大学出版社，2019：10.

明产生了世界领导者的自我定位，也有了对野蛮进行干预、改造的合理借口，形成了复杂的文明优越感。在经济上，资本主义的工业文明成为世界史中进步的推动力和主导性规则。马克思恩格斯尖锐地指出："资产阶级，由于一切生产工具的迅速改进，由于交通的极其便利，把一切民族甚至最野蛮的民族都卷到文明中来了。……它迫使一切民族——如果它们不想灭亡的话——采用资产阶级的生产方式；它迫使它们在自己那里推行所谓文明，即变成资产者。一句话，它按照自己的面貌为自己创造出一个世界。"① 资产阶级的工业文明使所有的地方、所有的民族越来越相似。权力使工业文明和文明话语的结合成为可能。帝国主义的巨大地理疆界使世界的不同文明不得不卷入资本主义工业文明之中。西方国家通过殖民扩张、规则的建立，在思想观念上创造出"文明与野蛮"、西方文明优势的话语体系，为殖民统治、美国霸权确立了合法依据。

文明等级论是一个被西方文化现象所决定的观点，是以西方的文化现象为条件的世界文明观。文化的特殊性和人类理性的共同性之间的内在矛盾往往造成文化和经济的对立，而西方文明整合了文化与经济。汤因比是西方文明优势论的批判者，他认为对于文明统一性的误解可以追溯到三个来源：自我中心的错觉，东方不变的错觉，进步是直线运动的错觉。② 文明等级观把自身文化的特殊性和发展理性变为具有普遍性的价值，忽视了文化的特殊性，容易造成不同文明之间的对立。基于文明等级的西方文明价值有着深刻的西方文化的局限性，是西方文化的表达，不能诠释其他文化的事实。经济结构的动力与当地社会文化的特色相结合，共同形成该地的发展模式和经济现象。如麦当劳的运作方式被不同区域文化重新诠释与操作，世界各地的麦当劳食品虽然形式相同，却有口味上的差异。文化民族性中所体现的当地人观念、文化结构与意义体系对于西方资本主义的市场经济是有改造作用的。正是由于文化的这种积极角色，资本主义的市场经济在传播开来之后，不仅不会摧毁，反而会延续当地的经济、政治秩序。

---

① 中共中央马克思恩格斯列宁斯大林著作编译局. 马克思恩格斯选集：第一卷[M]. 北京：人民出版社，1972：255.
② 阿诺德·汤因比. 历史研究：上卷[M]. 郭小凌，等译. 上海：上海人民出版社，2016：39.

## （二）对文明冲突论的批判

近代以来，西方的文明等级观是塑造现代地缘政治的结构性力量。二战后，文明话语一度陷入沉寂。冷战结束后，两大阵营的对立和意识形态的对立消失后，"文明冲突"论被提出来。亨廷顿以全球文化的差异性导致权力冲突作为其分析全球局势变化的主轴，他明确指出，后冷战时期的国际冲突是以文化为导向的，文化相近的国家会结成集团，与不同文化传统的国家发生冲突。① 文明冲突的话语没有摆脱文明与野蛮的对立，只是从重视文明对野蛮的征服转变为文明与野蛮的冲突。亨廷顿认为其他文明是非理性的、原教旨主义和倾向暴力的，把西方看作唯一真正开化的文明。文明冲突话语的真正后果是把世界划分为文明的和野蛮的两个半球。②

亨廷顿的文明冲突论是基于文明差异的现实主义文明观。亨廷顿主张的基本假设是文化互动的唯一可能后果是冲突，核心观点是文明的分类、文明互动的冲突结果及西方优势。在政治与经济交往领域，文明差异产生文化冲突。不同集团之间的贸易依赖于文化统一的程度，"经济一体化在于文化的共通性"。文化不仅激化冲突，也被看作零和竞争的新领域。亨廷顿提出未来的地方政治将是族群政治，而全球政治则将是文明冲突。亨廷顿认为西方文明对非西方文明进行文化、经济和政治的干预，在非西方世界引起了可怕的撞击。他预言的中心议题是非西方文明正在进行没有西化的现代化，这体现了西方权势的衰落，最终威胁西方的认同、文化和强权。亨廷顿试图从宏观理论角度预见美国未来所遭遇到的国际抵抗，而这种抵抗的根源在于文明冲突。

文明交流不是全然独立的领域，而是隐含于其他领域之中。文明交流的开展无法摆脱其他领域的支持，也常常成为掩盖其他领域博弈及缺乏合作的借口。文明交流的状态和结果既反映政治、经济和社会的博弈，也是博弈的产物、媒介和目标。文明差异导致的矛盾和斗争往往是受到政治势力操弄而产生的人为冲突，其根源是政治。同属西方基督教文化的欧洲国家和美国在

---

① 塞缪尔·亨廷顿. 文明的冲突与世界秩序的重建[M]. 周琪，译. 北京：新华出版社，2010：161-163.
② 马克·B 索尔特. 国际关系中的野蛮与文明[M]. 肖欢容，陈刚，原丁，等译. 北京：新华出版社，2004：176-186.

全球议题或者地区议题上也存在严重的分歧。非西方国家对西方国家和美国的不满也并非纯粹是文化上的冲突。显然，亨廷顿将国际冲突的原因和结果本末倒置。如果简单地将权力政治的恶果强加于文化冲突之上，只会使得国际冲突更加复杂和难以处理。如何将文化冲突与权力冲突两者之间的关系加以厘清是关乎世界和平的重要议题。人类总体是趋向文明的，而文明总是在与不文明的斗争中达到的。"文明冲突"彰显了"文明和谐"的可贵。联合国教科文组织总部大楼门前的石碑上刻着这样的话：战争起源于人的思想，故务需于人的思想中筑起保卫和平的屏障。

## 三、以全球的理论和方法建构文明共生话语

国际社会的认知体系和实践体系仍然存在差距。文明交流互鉴和全球文明倡议所蕴含的文明共生价值及实践就是依据现有实践提出的新认知，是通过批判当下扭曲的认知形成的新理论。文明共生的话语建构是国际关系理论中国学派的关键内容，具有全球视野，其话语建构是对全球国际关系理论的丰富。全球文明倡议的提出及文明共生价值是中国为全球贡献的普遍性知识，也为中国国际关系理论参与全球性讨论提供新的机遇。中国国际关系理论发展需要以"全球国际关系理论"为大平台，展现非西方国际关系学界的原创性知识生产。[1] 以非西方世界的历史、社会及文化作为本土成长的国际关系理论，发展非西方国际关系理论的路径。非西方国际关系理论来源并不意味就会产生非西方的理论，本土知识受限于其地缘范围，外界难以理解此本土的哲学观点，也意味着存在地缘知识界限。本土成长的理论发展并获得全球国际关系学界接受的途径有三种方式：借由本土知识或哲学发展的"参考式"、转化西方观点反映本土特定社会而发展的"转化式"、发展原创概念普遍适用而发展的"真实式"。[2] 文明共生的话语建构作为中国国际关系理论的新议题，

---

[1] 秦亚青. 全球国际关系学与中国国际关系理论 [J]. 国际观察，2020（2）：27-45.
[2] ERESEL AYDINLI，GONCA BILTEKIN. A typology of homegrown theorizing[M]// ERESEL AYDINLI，GONCA BILTEKIN. Widening the world of international relations : homegrown theorizing.New York : Routledge，2018：15-40.

有必要借鉴全球国际关系理论视野发展具有中华文明特色的理论和概念。

## （一）文明共生话语全球性的本体建构

文明共生话语具有全球性，是尊重文明多样性、全球共同价值及认可文明主体性的文明话语及实践。文明共生话语是超越西方和非西方二元对立的共生模式，是去中心化的多元文明理论，与主张本土化和多元化倡议的全球国际关系理论具有共性。

国际关系理论是以欧洲为中心的理论，源于西方国际关系实践，是基于西方国家的历史社会发展和文化观念形成的。西方国际关系理论存在明显的偏见，以西方中心主义理论设计虚假的普遍主义，拒绝非西方社会的行为主体性，其知识与非西方世界实况脱节。国际关系理论从来没有实现"国际性"，并未反映世界上绝大多数文明和国家的经验、知识及贡献，并且使西方核心国家以外的国家被边缘化。[①] 发展非西方国际关系理论首先要消除西方欧洲中心主义的影响，以本土的历史、思想、文化及环境发展出当地的国际关系理论。阿查亚和布赞从推动非西方国际关系理论发展到推动"全球国际关系研究"，即国际关系研究的世界化和全球化，超越西方和非西方的意识形态争论，鼓励国际关系本土理论的成长，并以对话与合作发展全球国际社会各地相互关联的世界政治历史和经验。[②] 全球国际关系或国际关系的全球倡议是从多元观点而非二元对立观点出发，超越国际关系理论的争论，是理论和知识的对话。国际关系理论的世界化与全球化进程是理论多元化进程，通过对西方理论的再审视和批判，发展"去中心化的国际关系"。全球国际关系理论以文明为研究中心，聚焦非西方国家在欧洲主权国家文明出现之前的历史社会文明，关注多元的全球历史的行为主体及主体之间相互关联的历史。

文明共生话语是全球文明，其话语特征是"多样文明的世界"，是超越西方中心主义、西方与非西方文化差异的分析框架，承认并尊重多样文明真实

---

① AMITAV ACHARYA. Global international relations and regional worlds : a new agenda for international studies[J]. International studies quarterly，2014（4）：647-659.

② AMITAV ACHARYA，BARRY BUZAN. Why is there no non-western international relations theory? Ten years on[J]. International relations of the Asia-Pacific，2017（3）：341-370.

世界的存在，理解不同文明对共同价值内涵的不同认识。文明共生话语及实践是以全球文明史和各文明发展为基础的，文明之间的互动关系是和平与互鉴的。从本体论而言，文明共生话语是具有批判性、超越性和建构性的话语实践，批判西方文明优势论、文明冲突论，超越西方和非西方文明的二分论，建构国际关系理论中以文明为分析单位的全球观点，包括西方与非西方的关系、非西方与非西方的关系、西方与西方的关系，即"东西南北"的整体辩证关系。文明共生话语是打破人为设定的地理位置、地缘政治的本体区隔现象，缓解国际关系实践中不同文明互动的竞争和对抗关系，避免国际关系本土理论发展成为民族主义的工具，通过对话及和合共生的文明互动实现相互理解，并基于多元观点创生出全球多样性文明的共同知识。

### （二）文明共生话语的共同性和差异性的知识建构

文明共生话语作为全球性的文明话语及实践，其知识基础是各自文明的社会及历史思想、人类文明发展的共同知识，是文明的多样性、差异性，不同文明互动及演进的共同知识。

全球国际关系理论一方面批判西方国际关系理论的主体性，同时超越西方和非西方的二元对立思维，倡导多元普遍性的国际关系知识。从全球国际关系视角建构文明共生话语是一种新的认识论、分析架构及观点，是从世界历史发现各种新模式和新知识，以对世界历史和各区域历史探索为基础，纳入各文明的观点及文明化进程。文明共生话语体现国际关系的多元性与异质性，聚焦知识的互动、互补与共同演进，探索共同知识和各种不同的世界观。全球国际关系研究的核心目标是鼓励不同观点之间的辩论和对话。[①] 文明共生话语就是批判和超越西方和非西方的二分法，主张相互对话和学习。西方与非西方不是自主的，也不是分离的，而是相互镶嵌及共同组成的，两者持续不断地互动才能互鉴共生。

文明共生话语以世界文明多样性观点探讨全球转型。文明共生话语及实践是建构共同性和差异性的知识，方式是全球对话。文明共生是通过不同文

---

① AMITAV ACHARYA. Advancing global international relations：challenges，contentions，and contributions[J]. International studies review，2016（1）：4-15.

明之间的对话实现互鉴共生，承认世界的多样性，寻求共同基础，解决争端和冲突。文明共生寻求多元的观点和文明对话，寻求突破地理区域或文明隔阂而发展普遍性的理论，尤其是把不同观点纳入对话之中，展现知识的共同性和差异性。国际社会知识需要理解不同文明的观点，通过不同类型的对话，促使各文明的观点互鉴。文明共生的话语实践需要坚持多元知识论的观点，基于本土历史和社会文化发展的知识、本土化知识和全球社会的共同知识，实现知识的整合。

### （三）以全球史为方法建构文明共生话语

文明共生话语是全球性的，具有世界历史视野，其话语建构需要全球史的方法。20世纪下半叶，开始出现以宏观视野审视世界史的全球史观。全球史观是研究领域，也是研究视角和方法，核心理念是"互动说"，强调各文明的历史脉络，借由世界历史和文明分析法重构国际关系。依据国际体系的历史社会结构变迁，探讨全球国际社会在不同时空的变迁或相同时间不同空间的变迁，尤其是其社会结构不同层面的变迁，理解不同文明的历史社会变迁及相互影响的过程。[①]全球史观认为，各人类群体对合作与竞争理解最深入者，通常可以最大限度地获得生存繁衍的机会，与他人、他者、他方共处与交流的能力是人类整体进步的力量。世界历史发展归功于各文明、文化之间的相互交流。跨文化互动是全球史分析的核心概念，其观点是试图消除西方与非西方分类背后隐藏的意识形态差异和歧视。跨文化互动在本特利的全球史研究实践中，不仅是一个重要的研究主题，还具有方法论的意义。[②]全球史学家将各文明置于文明互动和跨文化互动的世界性网络中来理解，由此否定欧洲内在优越性是历史发展的动因。全球历史中的"多重现代性"和"各文明对话"观点超越当前以西方为中心的多极国际体系、世界秩序，借由文明对话和区域主义构成多元文化的整合过程，产生多元文明——多重世界秩序或全

---

[①] JOHN M HOBSON, STEPHEN HOBDEN. On the road toward an historicised world sociology[M]//STEPHEN HOBDEN, JOHN M HOBSON.Historical sociology of international relations. Cambridge：Cambridge University Press，2002：265-284.

[②] 刘文明. 全球史理论与文明互动研究[M]. 北京：中国社会科学出版社，2015：98.

球多元文化主义。① 国际关系的学术对话不只是研究范围的扩大，它以全球史的视角深化国际关系理论的深度。

文明共生是以世界历史和各文明发展历史为基础，建立文明化的国际关系实践，超越以权力为基础的实践。文明共生话语需要从世界史和全球文明史角度批判欧洲中心主义、西方与非西方意识形态二分观点及某种形式的民族主义，提出多重现代性和相互联系的文明互动观及以文明对话为主要路径的文明实践观。以全球史为方法构建文明共生话语需要整体观、互动观、批判西方中心论及跨学科的方法。文明共生话语的整体观是将研究对象置于全球演进和相互关系情境中去理解，不以民族国家或某个文明为界限，它以跨文明、跨地区、跨国家的文明发展历史和现状为研究对象。以文明互动构建文明共生话语是将不同文明置于互动网络体系中，从互动关系角度理解历史与现实。建构文明共生话语是从思想观念、研究视角、历史叙述等方面反思西方中心论，批判的核心议题是西方扩张下的西方和非西方的互动关系是不同文化主体之间的关系，而文明共生关系是平等主体之间的关系。以全球史为方法论，文明共生话语建构是一个跨学科问题，需要历史学、文化学、社会学、国际政治学、传播学等学科的知识贡献。历史学、社会学从本体论角度思考文明共生，国际政治学从话语和观念视角看待文明共生，文化学、传播学重视文明共生话语推动人类文明化进程中的作用及话语传播方式。

---

① FABIO PETITO. Dialogue of civilizations in a multipolar world: toward a multicivilizational-multiplex world order[J]. International studies review，2016（1）：78-91.

# 第四章　全球文明对话与合作的制度路径

全球化是一种改变世界的力量，深刻地改变了世界的政治和文化结构。全球化是世界文明进步的动力，也给各文明发展带来前所未有的挑战。人类命运共同体和文明交流互鉴意味着国家间、文明间的关系将建立在全新的基础上，推动不同文明的对话与合作是文明交流互鉴的主要路径。尊崇实力和推崇单边主义世界秩序的阻力会长期存在，人类文明交流互鉴的道路绝非坦途，但必为大道。

## 第一节　文明对话的全球化背景

在全球化过程中，各种多元而异质的文化进入一个不得不直面彼此的时代，文明互动状态是文明对话的全球背景。全球化场景中，以美国为主导的西方文明在实践中将自身的模式和各种术语强加给其他文明，而非西方文明发展中面临的核心问题是如何处理好自身与文明的关系，这是非西方国家提出文明对话的结构背景。全球化可能导致无个性的普遍主义，也有可能导致一种真诚的全球共同体意识，文明间的对话是可取的，也是必需的，是发展一种和平文化的最佳期望。[①] 全球化既可以成为一个宰制性的霸权，也可以创造一个人类生命共同体，唯一的办法就是通过对话。[②] 全球化时代是一个需要对话的时代。

---

① 杜维明，刘德斌. 文明对话的语境：全球化与多样性 [J]. 史学集刊，2002（1）：1-13.
② 杨学功. 全球化条件下的文明对话：杜维明教授访谈录 [J]. 哲学研究，2003（8）：5-10.

## 一、文化与全球化的本质联系

全球化与文化不是外在关系和独立存在，而是存在内在的本质联系。全球化不仅是一个经济、政治、社会或国际关系问题，还是一个文明和文化问题，即全球化同时属于文明和文化的范畴。全球化不能脱离文化，应当从文化的深蕴来理解和把握全球化。① 全球化各种问题的出现都不同程度地与文明、文化联系在一起。全球化过程中，政治、经济、科技、生态等都是相互联结的，内在渗透的是文化价值。文化是一种对社会各层面实践的深层意义诠释。文化全球化在政治、经济和传播科技全球化进程中，产生了一系列跨越时空的价值、理念的冲突与对话。不同层次的文化实践形成复杂交互渗透的网络，再经由意义、价值的对话与冲突的诠释过程，将政治、经济、科技等整合为一个相互影响的联结机制。全球问题的解决同样需要文化的介入，消弭文明的分歧和隔阂，是解决全球化问题的前提和必要条件。

全球化是一个政治命题，也是一个社会经济命题，还是一个思想文化命题。在全球化过程中，人们探究历史上全球政治经济体系形成和发展的过程，并在全球体系的架构下，处理文化和认同议题所产生的种种问题。全球化是一个没有边界的全球融合趋势，全球性文化的传播路径有种族和人口、技术、金融和意识形态迁移。② 意识形态的迁移主要通过文化产业的产品和服务来完成。文化是全球化产生复杂联结关系的内在方面。"全球化处于现代文化的中心地位，文化实践处于全球化的中心地位"，"我们这个时代所经历的、由全球化所描绘的转型式进程，除非从文化的概念性着手，否则就很难得到恰如其分的理解"。③ 传统意义上的文化传承在全球化的语境下不再是相互隔绝和自行发展，而是相互了解、学习和互动。

全球化中，文化在国家实力、国家之间关系及秩序构建中越来越具有强大的变革力量。全球化造就的世界市场不仅是激烈的经济竞争场所，还是多

---

① 丰子义. 当代文化发展研究的意义与使命 [J]. 中原文化研究，2018（6）：36-43.
② ARJUN APPADURAI. Disjuncture and difference in the global culture economy[J]. Theory, culture and society，1990（7）：295-310.
③ 约翰·汤姆森. 全球化与文化 [M]. 郭英剑，译. 南京：南京大学出版社，2002：6.

种价值观较量之地。"文化成为一个舞台,各种政治的、意识形态的力量都在这个舞台上较量。文化不但不是一个文雅平静的领地,它甚至可以成为一个战场,各种力量亮相并互相角逐。"① 在此背景下,文化的国际交流为各民族吸收世界先进文化、发展自己的文化提供了机遇,同时也使各民族文化面临挑战。

## 二、西方主导文化全球化的困境

文化全球化是各种不同的文化以多样的方式在全球范围内流动、碰撞和融合。从现象上看,文化全球化既是各民族文化在世界舞台上竞相展现的过程,又是一国文化不断向其他国家传播和推广的过程。相互联结是文化全球化的重要焦点,意味着渗透和对话,呈现全球性和本地文化的基本联结关系。全球化消除了文化和文明体系之间的许多障碍和隔阂,迫使它们频繁而密切地相互作用。全球化的联结与互动并不一定意味着冲突,是西方全球主义观念导致文明存在冲突的可能性。西方的全球观念试图强制实现世界的趋同,实现西方文化——文明世界观范式的普世化,却逐渐陷入困境。

### (一)西方主导的现代化进程的困境

世界文明在现代化的进程中,深受"资本主义之恶"的困扰。工业文明带来了生产力的进步,使人一定程度上摆脱了自然的束缚,却陷入了另一种生存困境。反思文明困境要认清工业文明的逻辑。从文明形态来讲,当前西方文明主导的现代化模式存在"欧洲中心论"的逻辑陷阱,经济上以自由主义市场经济为标准;政治上以选举为民主的标准;文化上强调个人主义;在国际关系层面,延续冷战时期的结盟政策,以国家利益为唯一标准。从西化到现代化的理论中,其观念预设是同质化和趋同。西方文明现代化模式本质上是一种资本主义工业文明的产物。由于现代世界的形成与西方的兴起是关联在一起的,在西方主导的现代化过程中,强调西方文化的优越性,把欧洲

---

① 爱德华·W 萨义德. 文化与帝国主义 [M]. 李琨,译. 北京:生活·读书·新知三联书店,2003:4.

视为世界历史的唯一创造者，进而得出西方文明优于其他文明的结论。2019年罗马俱乐部组织"掀起新文明倡议"的会议，认为西方文明在采用了近百年的竞争哲学之后已经走到了尽头，必须转向其他文明寻找解决方案，一个世界的"新文明"时刻已经来临。

基于现代性的文明全球化过程中存在普遍性和特殊性的矛盾。人类文明发展和现代文化重建要在世界历史的尺度上把握。15世纪以来，西方工业、科学技术等层面的重大变革带动了现代化进程，继而是现代国家、资本主义、市场经济等政治经济体制的迅速扩张。20世纪后期的传播信息科技革命，导致全球时间和空间的压缩及政治经济体系的相互依赖，出现了"地球村"概念。全球化似乎是一种"现代性的产物"。所谓"现代化"是指历史上西方社会组织机构已经扩散至全世界，并且主宰其他文化。同时指出全球化就是一个不平等的发展过程，是一种以西方为主体的新世界的相互依赖模式。[①] 现代性是天生的国际派，现代文化某种程度具有全球面向。马克思的世界理论认为，普遍交往机制的全球推广使得现代文化必然具有全球联系的普遍性特征。"各民族的精神产品成了公共的财产，民族的片面性和局限性日益成为不可能。"[②] 现代文化的全球性特征具有一定普遍性，但并非只有一种形态。全球化是现代性的持续伸展与扩张，正如现代化具有多样性，在全球化过程中也存在复杂的多元多样的问题。[③] 多元化的现代性势必使现代文化各有不同。基于现代性的文明兼具全球性和多元化特征。全球化是现代性的全球化，全球化必然反映具有普遍性的发展趋势，在观念领域体现为全球文明。全球化视野中文明进步的内在矛盾是西方的全球文明观和各文明主体性发展的矛盾。

### （二）文化同质化和西方普世价值的困境

全球化进程中，世界各地面临文化全球化的挑战而出现强烈的文化认同

---

[①] ANTHONY GIDDENS. The consequences of modernity[M]. California：Stanford University Press，1990：175.
[②] 中共中央马克思恩格斯列宁斯大林著作编译局. 马克思恩格斯文集：第二卷[M]. 北京：人民出版社，2009：35.
[③] 杜维明. 全球化与多元化中的文明对话[J]. 深圳大学学报（人文社会科学版），2005（3）：5-13.

危机。"全球互动的中心问题是文化同质化与异质化的紧张关系。"[①] 对于文化全球化问题的争论,存在西方文化主导、多元文化及世界文化三种不同观点。西方文化主导的观点认为美国大众文化或西方消费主义支持下的世界是同质性的世界。多元文化的观点重视不同文化的独立性,相对于民族文化,全球文化具有空洞性和暂时性,由于世界主要文明的地理政治隔阂,文化差异和文化冲突具有持续的重要性。世界文化的观点认为文化与人口的相互融合与交流将产生混合文化和新的全球文化网络。

长期以来,西方主导的全球化论述中隐含两个思维:文化全球化仅是政治、经济和科技现代化的附带产物,文化成为一种工具而丧失其主体性;文化全球化意味着同质化。随着现代化潮流从欧洲和美国向外扩散,其理念和价值体系成为全球文化的主流。在西方"工具理性"思维模式影响下,全球化中的文化成为政治、经济与科技现代化的附带产物,成为一种工具,丧失了其主体性。文化成为西方国家精英阶层为了实现目标所使用的工具,人文价值及文化传统成为被利用的资源或手段。政治经济利益目标成为筛选文化的标准,即在现代化或全球化过程中,政治、经济或社会资源的掌握者为了让自身的思维和行为具有合理性与正当性,会推广其特定的文化价值和传统,蓄意控制全球化进程中的文化特质。在文化市场层面,文化在全球化过程中的重要性体现在其可以发展为利润巨大的新兴产业——以文化创意产业为主的新文化经济;在意识形态层面,文化成为被操控的对象,符合特定政治、经济和社会的需求,在政治经济互动的过程中,丧失了自身的主体性和主动性。西方工具理性思维已经成为主导各地文化政策和产业的逻辑。

全球体系的复杂联结、全球意识的形成以及文化全球化的本地回应等论述的背后,隐含着全球文化同质化的论断。自16世纪以来,经历启蒙运动、工业及科技革命等现代化运动洗礼的欧美文化,依赖于强大的政治、经济、科技、军事乃至学术,在全球扩张运动中展现难以匹敌的优势。西方国家精英在全球体系的话语建构中,基于欧洲、美国中心论及现代化进程的推进,其理念和价值体系逐渐成为全球文化的主流,而其他非西方文化价值体系,

---

[①] 阿尔君·阿帕杜莱.全球文化经济中的断裂与差异[M]//汪晖,陈燕谷.文化与公共性.北京:生活·读书·新知三联书店,1998:540.

则仅能被动回应欧美主流文化挑战。西方文化主体和非西方文化客体的概念是西方构建的全球体系话语。美国学者弗雷德里克里·詹姆逊认为，从通信技术负载的文化和经济内涵看文化全球化或全球化过程中的文化具有多样性与同一性双重特性。世界市场将不同民族的文化纳入同一的市场之中，为世界文化的生产制定了同一的生产模式与标准。① 社会生活的标准化是最典型表现，文化生产、销售、消费等逐渐遵循共同的规则和方式，即遵循资本运行的逻辑。文化观察家提出所谓的全球化其实是"美国化"的过程，是一种变相的帝国主义。美国或西方为主体的全球单一场域或全球意识是全球化及非西方文明所面临的严峻挑战。

西方的"普世价值"是西方人创造的文明征服话语，随着资本主义的发展和扩张而扩散，集中体现资本主义工业文明所代表的资产阶级价值观和意识形态。西方的"普世价值"被包装成一种超越了阶级、超越了历史普遍适用的，甚至是永恒的价值观念，其实质是文明的不平等和文明扩张。西方"普世价值"的扩张性造成的灾难性后果使世界人民对于这种价值的虚伪性、危害性有了深刻的认识。西方的"普世价值"面临着内外的双重困境。② 以"普世价值"中的民主价值观为例，西方的民主具有双重标准：话语标准和政策标准。在话语表达上将自己塑造成"民主卫士"。但是，在政策实践中，执行的标准是依据自身的国家利益来决定的，美国推广的民主更多是基于现实政治的逻辑。西方民主价值观输出的一些实践不仅没有给相关国家和地区带来和平和繁荣，反而让这些地区都成为政治动荡、经济萧条、人道主义灾难频发的地区。世界各地民众开始质疑甚至反对美国所代表的价值观和美国领导自由世界的概念。

文化全球化或趋同化的论述，忽视了非西方文明的抵抗力和影响力，忽略了非西方文化的发展及相互交流，无视西方文化在被接受过程中遇到的本土化现象。文化的全球流动使原本相对稳定的本地文化变得更加多样化和复杂化，不同文化的交流不可避免地产生互动与沟通，增加了文化间的不稳定

---

① 王逢振. 詹姆逊文集：现代性、后现代性和全球化 [M]. 北京：中国人民大学出版社，2004：389.
② 陈积敏. 西方"普世价值"的逻辑与困境 [J]. 和平与发展，2021（2）：51-66.

成分和流动性思维。① 文化帝国主义和全球文化同质化的话语一直受到批判和抗拒。东西方学者采用非欧洲、非美国中心的思维论述，质疑和批判以西方为主体建构的全球体系途径及由此延伸的全球化话语，形成与西方中心思维分庭抗礼的全球史观及全球化论述。西方学者惯性的欧洲中心思维，使多数人忽略了其实中国才是15—19世纪世界经贸的中心。世界体系在欧洲兴起之前早已存在，而欧洲及随后的美国之所以能在近代超越中国，是通过其在美洲、非洲与亚洲的殖民掠夺。② 欧洲崛起其实只是历史偶然，现代化过程中所谓的三大变革——文艺复兴、宗教改革和科学革命都并非靠着欧洲独自的成就而达成。③ 近年来，文化全球化的论述也出现"异质化"的趋势，并积极探索本地文化在维系其殊异性和差异性的条件和能力。

## 三、文化多样化的国际理念共识

文化自觉和保护本土文化的措施往往与这些国家在政治上自主独立倾向相辅相成，构成了对文化同质化及国际格局向单极化发展的巨大牵制。全球化进程中，存在着非市场因素、非文化资本因素、非美国或西方力量，它们制约着全球文化的一元性，并使全球文化表现出多维度、多元性的特征。全球化进程的一个自相矛盾的后果——非但没有生产出同质性，反倒使我们对文化的多样性和各种地方文化有了更多的了解。④ 文化多元化是当代全球化中的重要标志和主要形态。⑤ 人类命运共同体和文明交流互鉴为避免文化竞争提

---

① MARWAN M KRAIDY. Hybridity in cultural globalizaition[J]. Communication theory, 2002（3）：316-339.
② ANDRE GUNDER FRANK. ReOrient：global economy in the Asian age[M]. California：University of California Press, 1998：356.
③ IAN INKSTER. Accidents and barriers：technology between Europe, China and Japan for 500 years[J]. Asia journal of international studies, 1998（1）：1-37.
④ MIKE FEATHERSTONE. Global culture：an introduction[M]//MIKE FEATHERSTONE. Global culture：nationalism, globalization and modernity. London：SAGE Publications, 1990：1-12.
⑤ 鲍宗豪. 文化全球化的价值意蕴：兼论文化全球化与民族文化的冲突与整合[J]. 马克思主义与现实, 2002（4）：36.

供治理理念和价值。在维护文化多样性方面,中国外交理念与联合国教科文组织有着高度共识。

联合国教科文组织是捍卫文化多元主义思潮的主要国际组织。自20世纪70年代中期开始,反对文化霸权成为该组织"最抢眼,最具优势的话语主题"[①]。联合国教科文组织对于文化多样性的肯定,实际上涉及肯定"普世价值"与不同文明"相对价值"两种观点之间的争论。[②] 文化多元意识的增强,促使人们更多地偏执于"特殊主义"或"地域主义"的文化价值立场,对人类普遍价值理想和道德规范的信心大大减弱。同时各民族试图寻求跨文化差异普遍共识的愿望愈发强烈。

联合国和联合国教科文组织推进文化多样性的国际共识有两个突出特征:跨越性和历时性。跨越性是文化多样性被认为是解决问题的重要根源,文化多样性与和平、安全、发展等方面息息相关。联合国教科文组织推动的理念共识是文化多样性是发展的动力源泉之一,这不仅体现在经济增长方面,也体现在它是引导人们在智力、情感、道德和精神方面过上更充实生活的一种手段。历时性体现在联合国从20世纪70年代开始重视文化多样性,先后制定多项文化公约,包括《保护世界文化和自然遗产公约》(1972)、《和平文化宣言》(1999)、《世界文化多样性宣言》(2000)、《不同文明对话全球议程》(2001)、《保护非物质文化遗产公约》(2003)、《保护和促进文化表现形式多样性公约》(2005)。这些公约为促进文化多样性奠定了坚实的基础,文化多样性也因此成为减贫和实现可持续发展的钥匙。

联合国教科文组织主要从人类普遍意义的发展层面来关注文化多样性的价值。联合国教科文组织在1998年世界文化报告中申述了坚持文化多样性的依据:文化多样性作为人类精神创造性的一种表达,它本身就具有价值;它为平等、人权和自决权原则所要求;类似于生物的多样性,文化多样性可以帮助人类适应世界有限的环境资源;文化多样性是反对政治与经济的依赖和

---

① 汤林森. 文化帝国主义 [M]. 冯建三, 译. 上海: 上海人民出版社, 1999: 32.
② 樊浩. 伦理精神的生态对话与生态发展: 中国伦理应对"全球化"的价值理念 [J]. 中国社会科学院研究生院学报, 2001 (6): 15-23.

压迫的需要。① 2001年11月，联合国教科文组织大会通过《世界文化多样性宣言》，认为："文化在各不相同的时空中会有各不相同的表现形式，便构成各人类群体所具有的独特性和多样性。文化的多样性是交流、革新和创作的源泉，对人类来说，保护它就像与保护生物多样性进而维持生物平衡一样必不可少。从这个意义上讲，文化多样性是人类的共同遗产，应从当代人和子孙后代的利益考虑予以承认和肯定。"2005年教科文组织大会通过《保护和促进文化表现形式多样性公约》，要求缔约方采取具体措施保护文化多样性，为各国在文化多样性保护方面开展合作提供了必要的法律框架。

联合国教科文组织一直关注文化发展的重要性和文化发展的路径。该组织策划了"世界文化发展十年"（1988—1997），并于1992年成立了世界文化与发展委员会。1995年该委员会推出了题为《我们创造的多样性》的报告，深入论述了文化在人类发展中极其重要的作用。发展包括过上充实的、满意的、有价值的和值得珍惜的共同生活，使整个人类的生活多姿多彩，文化作为发展的手段很重要。1998年，联合国教科文组织在斯德哥尔摩召开"文化政策促进发展"政府间会议，会议的主要目标是制定更清晰的文化政策和促进国际文化合作，与会代表一致认为在所有国家都在推动文化和文化产业发展的情况下，文化政策必须促进文化产品与服务的生产与销售，促进文化多样性的维护。会后发表《文化政策促进发展行动计划》，为许多国家在文化领域内的政府行动提供了行动框架和基准。这份计划指出将文化从"边缘"引入各国政策制定的中心已成为各国决策者的当务之急。联合国教科文组织2022年在墨西哥召开世界文化政策与可持续发展会议，150个国家的代表团参加，这是近40年来专门讨论文化的最大型世界会议，发布了联合声明，将文化视为"全球公共产品"。

---

① 联合国教科文组织. 世界文化报告：文化、创新与市场（1998）[M]. 关世杰，等译. 北京：北京大学出版社，2000：3.

## 第二节 国际文化治理的文明对话机制

全球的文化治理主体包括国际政府组织、私营企业、非营利团体等各种性质的机构和个人，涉及跨国、跨地区等不同地理和行政运作层面。文明对话是文化治理的重要内容，文化治理主体也是组织全球文明对话的主体。中国肩负推动全球化进程和文明进步的重大责任，面临提升国际地位与国际影响力、增强中国话语权的重要机遇。

### 一、国际文化治理概念

全球治理是关乎全人类命运的一个重要议题，是在具有约束力的国际制度和规范框架内，各种不同的行为者通过协商合作，共同应对全球性的经济、政治、环境、健康和安全等问题，以维持正常的全球利益和秩序。[1]治理是一种过程，一种多元行动者之间的协调；同时治理不是一种正式制度，而是一种持续互动。[2]"治理"就是为不同机构之间的相互合作提供更多便利条件，这种合作是在互动体系中实现的。全球治理概念伴随全球化加速兴起，不但被学者视为一种理解全球化变化以及变化中世界秩序的崭新视角或者分析途径，[3]更被国际社会逐渐视为一种问题解决的路径。[4]全球治理正陷入理想与现实、需求与供给之间的巨大张力之中。近年来，西方大国的孤立主义和单边主义倾向逐渐显露，以联合国和世界贸易组织等机构为基础的多边体系效能不足。以西方为中心的治理机制和治理手段局限性非常明显，已经不利于各

---

[1] 陈家刚. 全球治理：概念与理论 [M]. 北京：中央编译出版社，2017：19.

[2] The Commission on Global Governance. Our global neighborhood：the report of the commission on global governance[M].Oxford：Oxford University，1995：2.

[3] DAVID HELD，ANTHONY MCGREW. Governing globalization：power，authority and global Governance[M]. Cambridge，UK：Polity，2002：12-16；MICBAEL G SCHECHT. Our global neighborhood[M]//MARTIN HEWSON，TIMOTHY J SINCLAIR. Approach to global governance theory. New York：University of New York Press，1999：239-251.

[4] JOSEPH S NYE，JOHN D DONAHUE. Governance in a globalizing world[M]. Cambridge，Mass.：Vision of Governance for the 21st Century，2000：14.

国间的国际合作，更无法回答人类未来该向何处去这一重大问题。任何一个国家都没有独立解决全球问题的能力，同时各国的协商合作能够使全球治理更具合法化和执行力。国际社会需要新的增长观、合作观、竞争观、义利观，而这些都是以公平正义为前提条件，以互利共赢为价值目标。

国际的文化治理概念相比于其他领域的治理概念出现得比较晚，国际组织一直用文化政策的概念。联合国在成立50周年之际相继提出了"治理""文化治理"等命题，是对包括文化秩序的现有世界秩序进行的反思和完善。国际社会日益重视维护文化多样性、促进文化交流、完善文化治理。治理概念延伸到关于文化发展的讨论中始于1996年联合国世界文化与发展委员会发表题为《我们创造性的多样性》报告，提出以民族国家创建为目标的文化政策不断受到挑战，文化政策概念亟待扩展。联合国教科文组织2001年通过了《世界文化多样性宣言》，文化政策逐渐转向文化治理，强调参与主体的多元化。狭义角度的文化治理是为文化发展确定方向的公共部门、私营机构和非营利团体组成的复杂网络。[①] 参与治理过程的不同主体的动机或出发点并不相同，全球性国际组织致力于促进文明交流的价值推广、扩大交流活动的波及范围与合法化。以企业为主体的私营机构在担负更多社会责任的同时，强调"良好的合作治理"。非政府组织关注促进公益的非营利活动。国家行为体则侧重文化影响力的提升。双边、多边、地区或全球的国际文化合作都有其目的：传播知识、获得认同和丰富自身文化，发展各民族间的和平友好关系。

文化治理的概念是通过文化进行政治、经济和社会的调节。制度和场域的概念是基于各自文化的权力、知识和技术运作的场域，也是受各自文化特性影响行为互动模式的场所。在一定结构和互动关系网络中，不同行为体依据其在结构位置的能力、资源和利益而表现出不同的言行和意向，这是动态的斗争过程。全球的文化治理是国际范围的文化治理理念、结构、机制和过程及其构成要素的相互作用所形成的复杂体系，是主权国家、国际组织和跨国文化公司等国际行为主体基于文化国力和利益按照一定的原则和规范经过互动而形成的一个整体，包括倡导相互交流与合作的国际文化交往的规范和机制。

---

① 郭灵凤. 欧盟文化政策与文化治理 [J]. 欧洲研究，2007（2）：64-76.

全球的文化治理环境具有普遍性和特殊性。全球化和信息化促使文化交流和博弈具有跨国性和整体性。文化治理与国际政治和经济治理是相互联系的，表现为相互渗透、相互制约的关系。文化流动显示的是文化连续不断地传播、发展和变化的一种趋势和动态过程。[①] 美国推行外向型的文化扩张战略无疑强化了文化治理的不平等性。文化治理影响每个国家参与文化战略互动和竞争中的态势。从权力分配的角度而言，文化治理呈现权力的不平等、不均衡和分散化。权力并不总是能决定文化，文化也不必然要寻求权力的支持。[②] 围绕着强势文化和其他文化的抗争仍然很激烈，这是文化多样性和同一性的持续斗争，是以文化产业和文化贸易所显示的经济竞争，也是国家软实力的无形竞争，与这种竞争相伴随的是国际文化力量格局的转型和国际文化合作机制的强化。未来世界文化格局的性质变化将取决于东西两大文化的发展结果。[③] 在人类命运共同体理念下，参与和引领全球文化治理具有全球意义和战略意义，文明交流互鉴是治理和规范权力的策略性工具。

## 二、文明对话的国际制度基础

在世界范围内开展不同文明对话，强化文化多样性的共识，已经形成一股潮流。在国际政治中，国际制度或者国际规则是规范、条约、国际法等机制建立起来的正当性主体。国际组织作为跨国沟通的场合，是传播的平台；作为国际规范的集合，也是传播的结果。政府间和非政府间的文化交流与合作所形成的各种不同的国际组织、制度和规范是文化治理的构成部分。21世纪以来，文明已经嵌入和运作于全球治理架构中，文明对话的理论得到了实践，联合国的文明联盟、联合国教科文组织是文明对话的主要行动者，非政府组织中突出的文明对话实践是世界公众论坛的"文明对话"，这些对话模式构成国际网络，是现有文明对话的制度基础。

---

[①] 司马云杰. 文化社会学 [M]. 北京：中国社会科学出版社，2001：361-371.
[②] 入江昭. 全球共同体 [M]. 刘青，颜子龙，李静阁，译. 北京：社会科学文献出版社，2009：161.
[③] 浦启华. 当今世界文化战略态势浅谈 [J]. 毛泽东邓小平理论研究，2010（9）：69-73.

## （一）文明对话的发展历程

文明对话的首要功能是达成相互理解，超越思想的障碍和束缚，克服偏见和误解。理解和信任是合作的关键。文明对话在三个方面发挥桥梁作用：推动政府、国际组织、民间社会和非政府组织之间的合作，推动不同文化间的对话和交流；通过文明对话能够推动各国政府间就正确对待文化差异、弥合分歧而采取共同行动；通过文明对话有助于加强联合国体系作为一个整体在防止战争、推动和平方面的工作。

在地区、双边和非政府组织层次，很早就开始了跨文化间的合作，许多组织一直致力于各种交流项目。1893年在芝加哥召开的世界宗教会议，被公认为是现代文明对话正式开端的标志。第二次世界大战时期，文明交往方式主要是武力和强权。二战后期和战后，文明对话活动开始增多。1939年，夏威夷大学举办了"东西方哲学大会"，促进了东西方的了解和交流。1954年，欧洲国家签署了首个文化协定，旨在促进西欧国家之间以及西东欧国家之间的交流。1948年，联合国通过的《世界人权宣言》也是文明对话的产物。1999年，联合国教科文组织通过的《文化政策促进发展行动计划》指出："对今日世界来说，文化间的对话成为最主要的文化和政治挑战之一。"文明对话在宗教、人文学领域是比较软性的，在整个政治文化上是边缘的，但在亨廷顿提出文明冲突论之后，文明对话进入国际政治的核心议题领域。

联合国不仅是实践多边主义的最佳场所，而且是世界文明多样性的典型代表，在推动不同文明间对话方面有着不可替代的作用，是文明对话的倡导者、组织者和推动者。倡导文明对话与合作是联合国的价值基础和主要实践。联合国面临的任务是怎么能够使文明对话成为重组国际社会的新规范，虽然是理想主义，但也有深刻的现实意义。[①] 世纪之交，联合国越来越关注处理文明之间的关系。联合国有关"文明对话"的主张最早由伊朗总统哈塔米在1997年提出。1998年第53届联合国大会一致通过决议，宣布2001年为联合国不同文明对话年，以增进各种文明间的了解和沟通，减少不同文明间的冲

---

[①] 杜维明. 文明对话的发展及其世界意义[J]. 南京大学学报（哲学·人文科学·社会科学），2003（1）：34-44.

突。大会通过《不同文明对话全球议程》决议，决议认为不同文明所取得的成果是人类共同的文化遗产，为全人类提供了进步的源泉；决议承认文化多元化和人类创造活动的多样性，强调应当把对话作为实现理解、消除对和平的威胁、加强相互联系以及在不同文明之间加强交流的一种手段。

联合国"文明对话年"的呼吁有了全球性质。此后，不同文明之间的对话在全球范围开展。1999年5月，伊斯兰世界关于不同文明之间的对话研讨会在德黑兰召开，阐述不同文明之间对话的总原则：尊重所有人的尊严和平等，不论国家大小，无任何差别；接受文化多样性为人类社会的永恒特征，是人类进步和幸福的珍贵财产；相互尊重和宽容不同文化和文明的观念和价值；在文明之间和文明内部寻求共同基础，面临共同的全球挑战；合作和相互理解是推广共同的全球价值观、消除全球性威胁的良好机制；遵守公正、公平、和平、团结的原则，以及国际法和"联合国宪章"中的基本原则。[①]2002年联合国大会一致通过决议，宣布每年的5月21日为世界文化多样性促进对话和发展日，确保文化多样性的保护和不同文明之间对话大框架的密切联系。

### （二）联合国文明联盟的文明对话

文明联盟由联合国秘书长科菲·安南2005年发起创立，是世界最高层次的不同文明对话组织，目标是在不同文化和宗教认同的人们之间建立起相互尊重的关系，提出拒绝极端主义和拥抱多样性的愿望，建设一个包容与和平的社会。联合国文明联盟是全球治理的创新机制，将国际和区域组织、国家、公私合作部门、基金会和商业部门在内的全球合作伙伴网络等元素结合起来，组成一个信息网络，致力于应对极端主义、缓和西方与伊斯兰世界关系，致力于加强不同国家和社区之间的跨文化联系，支持一系列旨在为不同文化和共同体之间搭建桥梁的活动。联合国文明联盟代表国际秩序理解方式的变化，国际秩序变革不仅依赖于国家，还包括文明之间和文明内部发生的事情。

日益加剧的全球不稳定、恐怖主义和分裂主义表明有必要在多极世界中

---

[①] 蒋真."文明间"对话与和谐世界观[C]// 姚继德，白志所. 和平与和谐文明对话国际会议论文选集. 昆明：云南大学出版社，2015：86.

开展国家间对话。"文明对话"范式的真正形成,恰恰是对"文明冲突"理论的回应。针对"9·11"事件、全球反恐战争、"文明冲突论"以及世界范围内发生的一系列恐怖袭击,西班牙首相萨帕特罗在 2004 年第 59 届联大上发表演讲提议建立文明联盟。2005 年 6 月,土耳其总理埃尔多安响应这一倡议,呼吁加强全球不同文明、文化间的相互理解与交流,尤其关注西方国家与伊斯兰世界关系的改善。联合国认可萨帕特罗和埃尔多安的提议,因为它迫切需要弥补文化多样性管理方面的政策差距,这种差距受到社会差距扩大、暴力极端主义抬头和全球观念两极分化的影响,导致反复出现不宽容、仇外心理和种族主义。

联合国文明联盟构建了一个相互支持与合作的组织网络以推动文明对话,在文明联盟内部增加多样性的同时,建立了清晰的组织架构和工作机制。联合国文明联盟由高级代表领导,设有一个 16 人组成的秘书处,文明联盟高级代表和秘书处设在纽约。在秘书处主任的管理下支持高级代表的各项工作,筹备文明联盟期间成立的由 20 位国际知名人士组成的名人小组成员被任命为文明联盟大使,为活动的开展提供建议。中国上海社会科学院国际问题研究中心的潘光教授是文明联盟成立之初的名人小组成员。联合国秘书长还建立了一个志愿性质的信托基金,用于支持文明联盟的项目开展。截至 2017 年,联合国文明联盟小组共有 146 个成员,包括 119 个成员国,1 个非成员国,26 个国际组织,这些伙伴共同推进文明联盟在教育、青年、媒体和移民四大问题上的项目开展。文明联盟还有一个全球化的智能网络,包括诸多从事与文明联盟事务相关领域研究的研究机构,为联盟的项目开展提供智力支持。①

联合国文明联盟的全球论坛是联盟内最具影响力的活动,汇聚知名人士、现有和潜在合作伙伴以及来自不同部门的其他人。从 2008 年到 2022 年先后举办过 9 次全球论坛。2008 年西班牙马德里召开第一届不同文明联盟全球论坛,召集了政治领袖、国际和区域机构的代表、宗教领袖、青年、企业高管、民间社会团体和开放基金会,探讨减少国家间两极分化和发起联合倡议以促进全球跨文化理解的对话。2022 年,在摩洛哥菲斯举办联合国不同

---

① 张贵洪,杨濡嘉. 联合国文明联盟与文明对话 [M]// 尼山世界文明论坛组委会. 世界文明对话研究报告(2002—2012 年). 北京:人民出版社,2013:28-40.

文明联盟第九届全球论坛,主题是"迈向和平的联盟,同心生活"。不同文明联盟高级代表莫拉蒂诺斯指出国际冲突不可能单单是因为宗教、文化或文明问题所导致的,世界上不存在文明冲突,但存在因利益或无知而引起的冲突。文明联盟的历次全球论坛中都高度认可世界文明多样性的价值,并且认识到世界文明多样性不限于文化领域,可以拓展到政治、经济、安全、可持续发展等各领域。聚焦于处理西方和伊斯兰之间紧张关系的联合国文明联盟开始把中心移向亚洲。2012年11月联合国文明联盟在上海召开"亚洲及南太平洋地区磋商会议",正式宣布文明联盟在亚洲开展工作。儒家文明开始成为21世纪世界文明对话的主角。[1]

联合国文明联盟是联合国尝试创建和发展的一个新的全球治理机制,致力于处理文明与文明间的不和谐问题。联合国文明联盟维护着一个全球合作伙伴网络以改善不同国家和社区之间的跨文化关系,为跨文明对话与合作提供了一个组织完善、信誉良好的联合国平台。文明联盟作为联合国设立的实体组织,不是传统的国际组织。国际组织具有成员、目标和结构三个要素。文明联盟没有传统意义上的成员国,文明联盟与国家、国际机构只是合作的关系。从国际组织应发挥的作用角度分析,文明联盟并不是为特定国家利益服务的工具,也不是一个行为体,而是一项"行动计划",因而不能被视为传统国际组织。联合国文明联盟虽然不是联合国的分支机构,却与联合国的分支机构及其他政府间组织实现良好互补,逐步将自己塑造成一个以消除不同文明间敌视情绪加强对话的软实力工具。加拿大学者认为文明联盟是一种"实践共同体",一种促进全球公民社会的公众参与和文明对话的全球公共外交形态。[2]"实践共同体"是"具有相似思想的实践者采取共同实践的集合"。实践共同体的成员需要维持密切的相互接触,成员通过"相互接触"建立共同体,互动并制定规范,参与共同体事务并得到成员的信任是主要行为表现。文明联盟是为个人、群体、私人部门、政府和非政府行为体跨国合作提供平

---

[1] 高述群. 文明对话的动态与趋势[M]// 尼山世界文明论坛组委会. 世界文明对话研究报告. 北京:人民出版社,2013:85-89.

[2] PATRICIA M GOFF. Public diplomacy at the global level:the alliance of civilizations as a community of practice[J]. Cooperation and conflict,2015(3):402-407.

台，合作伙伴通过全球论坛和相关项目建立持久的相互接触。

### （三）联合国教科文组织推动文明多样化理念下的文明对话

联合国教科文组织是教育、科学和文化领域最为重要的政府间国际组织，在有关文化、文明关系的领域有相当大的发言权，在尊重共同价值观的基础上致力于为不同文明、文化和民族之间开展对话创造条件。文明对话是教科文组织的核心使命和活动，通过对话，世界才能实现可持续发展的全球愿景，包括尊重人权、相互尊重和减轻贫困。①冷战后，世界上89%的冲突发生在文化间对话较少的国家，为了建立有效合作、保持和平，加强文化间对话是当务之急。联合国教科文组织的目标是在肯定文化多样性基础上推动文明对话，促进文明和谐共存与共同繁荣。

联合国教科文组织在全球层面主办和组织相关国家的文明对话活动，其中独立和兴起的第三世界国家是主要支撑力量。它们获得政治独立后，有自身文化和传统得到承认、尊重和保护的诉求。2002年，联合国大会宣布将5月21日设立为"世界文化多样性促进对话和发展日"。在联合国教科文组织的推动下，联合国宣布2013—2022年为"国际文化和睦十年"，这是联合国首次以文明间对话为主题设立的长时段国际多边合作议程，并指定联合国教科文组织为牵头协调机构。"和睦"一词表达的是文明和平共存的愿景，强调建立文化多样性和普遍性的新联结。②"国际文化和睦十年"的议程旨在促进文化多样性的意义，认可文明间对话的重要性。③

联合国教科文组织通过召集会议、搜集资料和发布报告等方式关注和捍卫文化的多样性，认为所有的文化都具有平等的合法性，只有承认了每一种文化的合理性和真实性，才能进行跨文化的交流与合作。联合国教科文组织

---

① UNESCO：what is it? What does it do? [EB/OL].[2023-02-15].http://unesdoc.unesco.org/images/0014/001473/147330c.pdf.

② UNESCO. Action plan for 2013-2022 international decade for the rapprochement of cultures[EB/OL]. [2023-02-15]https://unesdoc.unesco.org/ark：/48223/pf0000226664_eng.

③ Report of the secretary-general on promotion of a culture of peace and interreligious and intercultural dialogue，understanding and cooperation for peace[EB/OL]. [2023-02-15]. https://digitallibrary.un.org/record/1649157.

阐述国际文化合作的基本原则：每种文化都有值得尊重与保留的尊严和价值，每一个人、民族和国家都有权力保护和发展自己的文化，文化合作的目的是通过传播知识并丰富文化，促使人们之间相互理解，和平发展。[①] 2009年第35届联合国教科文组织大会文件明确推动文明对话和文化多样性的行动纲领，在不同文明、文化之间对话方面，教科文组织将继续采取具体和切实可行的行动，其中包括重点关注土著人民和不同宗教间对话、各地区对话，形成一套共同的价值观和原则。

联合国教科文组织在全球层面的文明对话活动主要通过宣言、签订公约和组织活动等方式，倡导文化多样性，利用最新和最先进的信息通信系统，提供信息和进行交流。全球范围的信息并不等于来自一种文化的信息，或来自一个国际组织总部的信息，而是指把来自世界上每一种文化的信息传递给所有其他文化，这就可以构成真正意义上的文化对话。联合国教科文组织从1999年开始不定期举行国际会议，来自世界各国的文化部长和代表围绕不同的主题开展讨论。如2000年的圆桌会议主题为"文化多样性：市场的挑战"，提出各国文化产业的发展既要适应市场经济的发展，利用全球广阔的市场空间，又要着重保护文化多样性，避免对经济利益的追逐侵蚀文化的多样性。从2000年开始，联合国教科文组织开始举办"国际母语日"活动，旨在促进语言和文化的多样性以及多语种化。2001年，联合国教科文组织在立陶宛召开"文明间对话的国际会议"，共同探讨当今世界中文明和文化的重要复杂问题，以人类团结和共同的价值观为出发点，承认世界文化多样性及各文明、文化和个人间的平等与尊严，这一对话会议为2001年11月第31届联合国教科文组织大会的《世界文化多样性宣言》打下了基础。第31届联合国教科文组织大会决议发起"全球文化多样性联盟"，这是一个建立在伙伴关系基础上的倡议。

联合国教科文组织还积极推动推动不同国家、地区之间的文明对话，主要围绕文化多样化主题，致力于促进不同文明之间的和谐共处和相互学习。

---

① UNESCO. Declaration of principles of international cultural co-operation[EB/OL].（1966-11-04）[2023-01-15]. http://portal.unesco.org/en/ev.php-URL_ID=13147&URL_DO=DO_TOPIC&URL_SECTION=201.html.

如曾举行东南欧地区八国的文明对话论坛，确定该地区国家在教育、文化遗产和科学合作等方面开展合作的措施，成为以解决区域间或区域内问题为目标而开展对话的先例。联合国教科文组织曾在也门举办"文化与文明间对话"的专题讨论会，来自阿拉伯世界和其他地区的约50名代表参与，强调应追求共同价值观，争取文化多样性。教科文组织在越南举办亚太地区"和平与持续发展"文化与文明对话大会，30多个国家的部长级官员参会并达成《河内宣言》，致力于为不同文化和文明间对话的机构和个人提供展开直接、公开对话的平台，以便探讨在不同层面和交叉部门开展的政治行动的方向、战略和措施。2015年，联合国教科文组织在中国、德国、哈萨克斯坦等国的资助下建立了丝绸之路在线平台，这是集中展示相关活动、分享知识和资源的网络平台。2017年启动"一带一路"青年创意与遗产论坛，为青年提供全方位探索文化力量的机会，2021年发起"丝绸之路青年研究基金"倡议。联合国教科文组织通过组织文明间对话议程与行动，使文明对话正在成为一项主流的全球议程。文明对话成为多元行为体协同推进的主题性多边合作计划。①

**（四）非政府组织文明对话的突出代表——世界公众论坛**

文明对话背景下的世界公众论坛成立于2002年，主要发起者和主席是弗拉基米尔·亚库宁。世界公众论坛有较强的俄罗斯背景，每次年会，俄罗斯参会人数最多，在莫斯科和日内瓦有常设机构，与联合国教科文组织、阿拉伯联盟教科文组织、欧洲基金会、国际跨文化教育协会等许多国际组织有密切合作关系。世界公众论坛的基本宗旨是聚集国际上各方面致力于团结与合作的力量，保护人类精神和文化价值，为世界各主要文明创造积极对话平台，促进各文明的相互合作与理解，共同面对和应对人类所面临的种种危机和挑战。从2003年起，每年在希腊罗德岛举办一次年会，参会的有世界各国和地区的学者、宗教界领袖、国际组织代表、政府官员和媒体。除年会外，不定期就各种专题在世界各地召集文明对话会议。2010年开始，开设罗德岛青年论坛。世界公众论坛是在全球公民社会层次运作，是公民层面的机制，参与

---

① 刘铁娃，宗华伟. 多边主义的文明政治维度：联合国教科文组织文明间对话议程评述[J]. 外交评论，2022（5）：110-129.

者是独立的个人,代表各个文明,而不是代表政府和政治团体。世界公众论坛是在道德和伦理层面关注全球公众事务,对话的目标不是仅仅为了讨论而讨论,而是有所为或者至少接近正义的和平。①

联合国、联合国教科文组织和各国民间团体的努力,对不同文明间对话、提倡文化多样性产生了巨大的效应,人们越来越不认同把某一种价值观确定为普世的,西方国家不得不承认文明之间应该对话,文化多样性应该得到保护。

## 三、国际组织推动文明对话有效性的困境

由联合国、联合国教科文组织为主导的政府间国际组织和非政府国际组织推动的文明对话促进了文明间的融合发展,培育了共同解决新挑战和威胁的意愿。然而,国际组织推动的文明对话有局限性,效果有限,具体的项目实施主要在文化交流融合层面。国际组织推动的文明对话目标对于不同文明之间的相互认可和理解都难以实现,更遑论在解决种族和宗教冲突中发挥作用。国际组织是在全球和国际伦理范式内推动文明对话,没有与国家政策相结合,难以有较大影响力。国际组织是文化治理机制,文化治理的困境也是文明对话效果有限的原因,西方主导的对话模式对现有文明对话形成结构性压力。国际文化治理的有效性不足。全球文化治理有效性主要指对治理机制的预期功能在多大程度上得到发挥及治理在哪些方面实现了预期目标。有效的国际机制将引起观念共识及互动关系的变化,从而使国家认同其价值并影响国家的行为实践。国际机制有效性是塑造和影响国家行为的尺度。②

联合国文明联盟的实践面临有效性的困境。联合国文明联盟是一个善意的、由精英赞助的倡议,目的是努力实现改善文明间交流的目标,尤其是西方与穆斯林世界的关系。文明联盟想成为不同于军事和经济影响力的一种

---

① FRED DALLMAYR. Who are we? What is the world public forum : dialogue of civilizations?[C]// VLADIMIR YAKUNIN,JIAHONG CHEN,ADRIAN PABST. World public forum-dialogue of civilizations anthology. Berlin : Dialogue of Civilizations Research Institute,2019 : 159-162.

② 奥兰·扬. 国际制度的有效性:棘手案例与关键因素 [M]// 詹姆斯·N 罗西瑙. 没有政府的治理. 张胜军,刘小林,译. 南昌:江西人民出版社,2001 : 187.

"软力量",努力寻找反对暴力极端主义和恐怖主义的共同文明间基础。但即使来自基督教和伊斯兰世界的"代表"可以达成共识,却难以影响国家的外交行为。文明联盟汇集各国政府、国际组织和民间社会组织的目标已经实现,但受到财务、组织及与政策相关性较弱等因素的影响,文明对话的有效性较低。联合国文明联盟经过近20年的发展,在有目的和有效地进行跨文化对话方面还存在一系列障碍因素:缺乏更具有影响力的领导者,经费不足和不稳定,联合国其他组织的支持与合作相对缺乏。"9·11"事件后,寻求改善文明间关系的努力从伊斯兰世界和西方文明的关系正转变为更多元的话题,例如修复全球经济、调解地区危机、结束破坏性的地区战争等。西班牙和土耳其作为文明联盟的倡导者,难以投入更多的金钱和外交影响力以确保联盟不会重蹈其他失败的联合国倡议者的覆辙。

文明联盟有助于开辟交流空间,但它未能有效采用对话方法进行文明之间的全面对话。文明联盟的影响范围有限,虽然参与的伙伴成员逐渐增多,但开展文明对话聚焦于推动伊斯兰世界与西方之间的对话与和解,宗教间对话是文明对话的重要内容,文明对话的地域和领域难以达到全球的视野和高度。联合国文明联盟在推动文明对话方面得到各方支持,然而西方国家与非西方国家之间的对话和沟通有限,分歧和矛盾仍然存在。如关于世界文明多样性主体的问题,发展中国家倾向于从主权国家的角度出发强调各文明的多样性和平等性,而发达国家则更重视国家内部的多元性和包容性问题。

联合国教科文组织推动的文明对话受限于文化治理的困境。国际组织推动的文明对话效果有限在于美国及联合国教科文组织内部缺乏共同关切、共同利益以及共识。二战后的全球文化治理是由欧美主导,欧美从国际社会层面加强自由主义的文化战略。美国是联合国教科文组织最初的37个创始国之一。美国的治理本质上服务于其国家利益而不是全球共同利益,方式是冲突性的。美国多次指责联合国教科文组织,参议院起草报告谴责联合国教科文组织的"政治化"。1984年美国政府宣布退出该组织。1986年英国也效仿美国退出。2002年布什政府宣布重新加入该组织,2018年特朗普政府时期再次宣布退出该组织。美国频繁退出联合国教科文组织的根源还在于文明对话的价值观差异。近代西方文明与其他文明的交往,以其优势的科学技术力量拉近世界各文明的地理距离，从而使世界文明之间的交往具有外在压迫性。冷战结束之后，在美式全球文明意识形态推动下，世界各文明交往中开始流行一种所谓的"普世价值—文明转型"的对话模式，这种交往和对话模式是教化式的、冲突式的单向渗透。在西方文明优势语境中，发展中国家有意识或无意识地接受一种观点，即西方模式就是现代化模式，"普世价值"是世界文明发展的共同方向，各文明应该按照"普世价值"进行改造，并效仿西方现代化模式实现自我转型，而有的发展中国家在外力下被迫转型。"普世价值"和西方现代化模式背景下的文明交往模式，使国际组织推动的基于文明多样性的文明对话陷入困境。

全球性的文化治理中，治理主体的能力不对称影响治理效果。治理能力指标有履行治理的能力、治理的合法性、创造议题的功能。履行治理的能力指的是制定众多参与者愿意接受的一套规则与规范，同时拥有惩罚或制裁违背者的能力。治理的合法性是指权力来源或权力的合法性，也就是在全球问题处理过程中，将国际协议或条件，经由国内的立法程序落实成为政策行动的权威。创造议题的功能是指应对全球问题的多元性，创造和形成全球公共舆论的功能。由于国家能够通过主权行使权力，使其他国家和非国家行为者接受其主张，并且能够经由立法程序，将国际合作的行动落实成为国内政策和法律，因此只有主权国家的积极参与和主导才能够确保全球治理的影响力。反之，非国家行为者拥有的政策工具十分有限，缺乏国际制裁和国内政策落实的能力，难以要求其他行为者遵守规定。然而，非政府组织的成员构成相当多元，在创造和形成全球公共舆论的能力方面要比国家行为者更为活跃，不但治理范围更大，而且创造议题的功能比国家行为者强。主权国家履行治理的能力比非政府组织强，在治理的合法性方面也比非政府组织高，但创造议题和拓展治理范围的能力则不如非政府组织。

全球的文化治理有效性不足还在于国际合作的困境。文化治理是国际社会为了解决全球文化领域问题共同采取的政策和行动，国际合作对全球治理的重要性反映在全球文化治理必须通过国际合作的方式完成。无论国际合作在国际社会是共识还是例外，它都是确保可持续发展的关键。影响国际合作的结构性因素是权力不对称和集体行动的困境。主权国家是最重要的治理主体，但并非每个国家都拥有相同和平等的地位。国家实力的不平衡是国际政治的常态，也是驱动国际关系的动力。全球文化治理的实践和成果取决于不同实力国家在特定治理议题的利益冲突和合作。大国实力和影响力明显优于小国，有能力决定文化合作的目标以及国际机制的原则、准则和规则。国际机制的基本原则要符合大国的价值标准、利益目标及国家意志，才可能顺利运作。治理目标的实现，取决于大国意志和参与程度、小国的支持及非政府组织的配合。联合国教科文组织的价值与美国为首的西方的文明观差异明显，在治理有效性方面受到西方大国的牵制。文化治理的合作困境源于共同文化利益共识凝聚力不足。联合国教科文组织的主要职能是提出新的文化发展理念和文化之间处理关系的价值共识，但是面临难以使理性行为者落实理念、改变政策的困境。

## 第三节　全球文明倡议下推动文明对话的制度路径

文明对话成为全球化进程中的核心议题。现存文明在全球化中需要接受文明相互渗透的冲击，又要保持文明自主性，以现存文明为前提的文明对话是世界性议题，这种文明对话不仅是国际组织层面推动的价值传播，而且难以脱离现存"文明"的政治目的。中国全球文明倡议中所倡导的全球文明对话体现的是全球文明观念，包含各文明形态的共同价值和各文明的独特价值。全球文明倡议的全球文明观批判和超越的是世界文明同质化、封闭化、等级化观念，倡导通过对话形成共同价值的共识，保持各文明的独特价值，实现文明之间的相互认可、理解及和睦共处。文明的多样性是以观念的多样性和差异性为前提的，各文明只有通过对话才能理解彼此。

### 一、全球化语境中的文明对话思潮和价值

从广义而言，不同文明之间有接触，就开始交往，交往活动就是某种形式的文明对话。政治词汇中，对话的意思是为解决某个问题或化解争端而进行的会谈、协商和谈判。国际关系领域，狭义的对话是用政治、非军事手段

解决问题而进行的各种形式会谈的过程,广义的对话指不同国家、联盟、文明之间的和平合作。

### (一)文明对话思潮

客观的文明交往是在世界历史范畴下发生的。文明对话主张是在特定的国际政治和各国国内政治背景下,由各种带着不同价值观、利益和目的的国内和国际行动者推动下出现的。文明对话是镶嵌在结构背景下的实践。[1]文明对话思潮是包括北美和亚洲在内的学术界和政治精英们对全球化过程中西方世界长期主宰世界文化霸权的否定,以及对"文明冲突论"的一种回应。

文明交往是一种广义的文明对话观。马克思的交往理论是世界历史视野的,不局限于语言交往,而是重视社会生产和交往在塑造社会结构、制度、关系、社会意识和生活中的决定性作用。"世界历史性"表达的是"全球化",其本质特征是"以生产力的普遍发展和与此相联系的世界交往为前提的"[2],交往在人类文明生成和演进中起决定性作用。"在某一个地方创造出来的生产力,在往后的发展中是否失传,完全取决于交往扩展情况",而"只有当交往成为世界交往并且以大工业为基础的时候,只有当一切民族都卷入竞争斗争的时候,保存已创造出来的生产力才有了保障"[3]。文明交往论是一种历史观。不同文明之间和相同文明之内的复杂交往,是普遍历史现象的规律性表现。只有维护人类文明的多样性,本着平等、民主、宽容精神,通过各种文明之间的互动合作、和平共处、互利互信、互学互补、共同发展,才能使人类走入丰富多彩的历史深处。[4]文明交往论是伴随着世界历史的发展而出现的,是促进世界和平、全球和谐及社会进步的文明史观。

狭义的文明对话论出现在世纪之交,东西方文明对话论的代表人物是美籍华人杜维明和德国哲学家哈贝马斯,分别从儒家伦理和交往伦理谈论文明

---

[1] 赵鼎新.文明对话的社会学[M]// 吴根友.我们的文明观.上海:东方出版中心,2021:5.
[2] 中共中央马克思恩格斯列宁斯大林著作编译局.马克思恩格斯全集:第一卷[M].北京:人民出版社,1995:86-87.
[3] 中共中央马克思恩格斯列宁斯大林著作编译局.马克思恩格斯全集:第一卷[M].北京:人民出版社,1995:107-108.
[4] 彭树智.文明交往和文明对话[J].西北大学学报(哲学社会科学版),2006(1):5-9.

对话。哈贝马斯从 20 世纪 70 年代开始倡导对话伦理学。1993 年亨廷顿提出"文明冲突论"之后，哈贝马斯进行了尖锐批评，并把交往伦理学与文明对话论结合起来，试图着重解决文明对话能够平等开展的哲学前提和基础问题。以杜维明为代表的当代新儒家群体，认为"文明对话"是全球化时代的人类将何去何从这一重大问题的解决方案。与亨廷顿"文明冲突论"基于美国国家利益阐发不同，杜维明的"文明对话"论是基于历史文化哲学类型的"文明学"视野，从中华优秀传统文化中发掘出新的国际和平思想资源，将儒家的人际伦理发展成为国际关系伦理。儒家"以天下万物为一体"的仁道可以为轴心时代文明对话提供宇宙论和人生观的精神资源。[1] 文明对话是当今国际政治中国家之间正常交往的"王道"原则。[2] 杜维明的文明对话观成为联合国 2001 年《文明对话宣言》的部分内容。全球化已经使世界成为一个联系紧密的地球村，可是种种问题造成人类困境。现代化等于西方化和美国化的僵化观念，无法解决当今世界面临的复杂问题，走出困境的根本途径是开展文明对话。文明对话预设了人类文明的多元性，也承认平等和差别。为了更好地开展文明对话，需要全球伦理与哲学智慧，多元文明之间要相互尊重、相互欣赏。没有平等，对话就缺乏共同的基础；没有差别，对话就没有必要。如果说平等确立了跨文明对话的基础，差别便使对话更加值得和富有意义。

苏联思想家巴赫金的"大对话"哲学揭示了文明对话所包含的互动、互补、互证的双向和多向交往特征：主体之间的相互尊重，他人与自己完全平等并互相依存，放弃对话霸权和唯我独尊。巴赫金用"自我"和"他者"、"自我认同"和"相互认同"来确定文明对话的关系，提出了"一种理想的人类交往模式"[3]。犹太宗教"对话"哲学家马丁·布伯提出社会本体交往论，以主体间接性、直接性和交互性揭示互为前提与互相依存的人类互动交往的本质联系，为当代人类文明交往伦理与政治秩序建设提供了有益的理论思考。价值呈现于关系，呈现于"我"与宇宙中他者的关系。[4] 布伯的交往理论反映

---

[1] 杜维明. 杜维明文集：第一卷 [M]. 武汉：武汉出版社, 2002: 13.
[2] 吴根友. 从"文明对话"到"对话文明" [M] // 吴根友. 我们的文明观. 上海：东方出版中心, 2021: 31-37.
[3] 彭树智. 松榆斋百记 [M]. 西安：西北大学出版社, 2005: 63, 288.
[4] 马丁·布伯. 我与你 [M]. 陈维纲, 译. 北京：生活·读书·新知三联书店, 1986: 13.

了中东和平进程中人类文明交往水平的提高和理性因素的增强。伊朗前总统哈塔米对文明对话的呼吁主要源自亨廷顿"文明冲突论"向阿拉伯世界发出的危险信号。哈塔米痛斥那些试图在伊斯兰世界激起敌对西方情绪的人,以及在西方煽动敌视伊斯兰世界情绪的人,并宣称"我们必须全力阻止文明之间的、宗教之间的冲突以及仇恨的传播"①。总体而言,呼吁文明对话的政客和学者想要将自身的"文明"向西方开放,同时巩固自身文化传统。

文明对话不仅是实现文明间开放和理解的途径,而且具有秩序塑造的角色。世界需要以文明间关系的平衡重塑国家和民族之间的关系,文明间的关系正在上升为重要的双边或多边关系,文明对话正在成为国际关系的新兴范式。对话是消除全球危机和世界政治冲突的主要途径。不同文化和文明的和平共处、拒绝对抗和一些复杂问题解决的可能性是通过文化对话实现的。全球文明既可以突破文明冲突,又可以超越对话。②关于文明对话和国际秩序,联合国教科文组织的"走向和平文化"计划审查了基于文明对话的新世界秩序的主要思想,但是一直无力推动,因此选择把文明对话目标确定为强化世界文明多样性的伦理共识及加强文明之间、国家之间的互信和了解。从21世纪之初开始的文明对话,在新的国际局势中具有更广泛的含义,它不仅是不同民族形成的文化价值观的对话,也是整个人类文明达成共同价值共识和相互理解的对话。新兴大国的出现和文明对话的思想变革密切相关。"与新兴大国相关的新多极化趋势与文明对话理念之间的关系意味着,文明对话与区域主义之间的联系可能是全球和平未来的一个关键问题。"③

## (二)文明对话的核心价值

文明对话论超越文化单质论、文明冲突论,为全球化时代的人类文化走向提供了一种新的选择和路径。无论是文明对话思潮还是国际组织推动的文明对话实践,在各文明平等、文明互动的合作与和平、文明自主性等核心价

---

① ELAINE SCIOLINO. Iran chief rejects bin laden message[N]. New York Times,2001-11-10(3).
② 布鲁斯·马兹利什. 文明及其内涵[M]. 汪辉,译. 北京:商务印书馆,2017:131.
③ FABIO PETITO. Dialogue of civilizations in a multipolar world: toward a multicivilizational-multiplex world order[J]. International studies review,2016(1):78-91.

值层面达成共识。

源于20世纪末的文明对话概念的本质是人类文明自觉意识的普遍觉醒。文明对话的勃兴标志全球性文明自觉时代的来临，也意味着人类文明进程发生深刻转折。文明对话这一事件本身就意味着强势文明的霸权性和主导性历史的转折，因为对话是平等的对视。文明对话承认文明之间存在平等关系；对话意味着文明之间相互尊重的关系；对话是双向沟通，不是单向传输，意味着西方数百年来在全世界的文明霸权地位衰落，代之而起的是多种文明平等的新文明时代。西方与非西方文明之间的竞争和争端，并不是由文明的差异引起的，而是源于文明之间过去不平等的关系。文明对话论的前提是承认多元文化的平等、共存。多元文明的平等性是跨文化对话的基础，差异性使对话富有价值。

同政治对话相比，文明对话这一概念超越和平接触、和平相互作用的所有形式，是各种文明之间的合作的最高体现，是不同文明之间各种形式、各种程度的相互作用与合作。文明对话在不同文明之间的关系中发挥基本作用。文明对话的价值彰显文明共生世界的政治特点，意味着新的政治范式，因为这是一个共存共生的问题。[①] 近现代的世界历史，不同文明之间的相互作用和对话在关系中并没有发挥交往范式转变的作用，而且这种相互作用和对话基本是单向的，表现为西方文明随着工业资本主义的发展向其他文明迅速扩张。亨廷顿也认为，20世纪文明之间的关系从一个文明对所有其他文明单方向影响支配的阶段，走向所有文明之间强烈的、持续的和多方向的相互作用的阶段。非西方社会远不止西方创造的历史的客体，而是日益成为它们的历史和西方历史的推动者和塑造者。[②] 不同文明之间的对话不仅是沟通、交流，而且意味着合作，和平解决争端。对话的目标是合作，但对话的意义比合作更广泛，不仅展示了合作的途径，还探寻互利合作的原则和具体办法。文明、国家之间存在利益、观念等分歧，争端甚至冲突不会消失，但是应该探寻互利

---

① 亚历山大·利洛夫.文明的对话：世界地缘政治大趋势[M].马细谱，葛至强，余志和，等译.北京：社会科学文献出版社，2007：86-108.
② 塞缪尔·亨廷顿.文明的冲突与世界秩序的重建[M].周琪，等译.北京：新华出版社，2002：39.

的解决办法。

人类的文明交往源自最深沉的"共通性",文明对话是省察人类文明交往过程中"自我"和"他人"的理性态度,是人类文明自觉的体现。我国学者从历史、理论和当代实践角度提出文明对话的"核心价值—文明自觉"模式[1],提出五条基本对话原则:尊重文明的平等话语权;推动诸文明在对话中深入认识自己的核心价值;在平等对话和文明自觉这两条原则的基础上,各文明在政治上应该采纳互不干涉对方内政,并鼓励各国实行符合本国民众心理结构的政治制度;走向全球融合的经济关系;推动搭建宗教对话平台。"核心价值—文明自觉"对话模式是从诸文明的自觉意识出发回应文明冲突问题,建立文明对话平台,突出各文明的平等尊严,彼此帮助消除对方的视角盲点,推动并深化各文明对自身核心价值的认识,导向一种和而不同的诸文明共存的和谐世界。以"核心价值—文明自觉—共同价值"的文明对话模式实现文明自觉,同时构建基于多元多维文明共存的、和平的世界秩序。[2] 全球化语境中,文明对话的基本理据是共生与共荣、自省与自信、价值重估与重构,文明对话的逻辑进路是互美与互成、平等与宽容、守正与创新,实践图景是同一与差异的平衡、自我与他者的共容、传统与现代的融通。[3] 宽容差异,注重彼此沟通,着力相互整合,是文明自觉者所担当的历史责任。

## 二、文明对话合作的中国实践

中国一直积极参与国际文化机制建设,通过参与国际文化规范、规则的制定和修改来反映中国的文化主张,为世界文化的繁荣和不同民族间的互信与理解作出自己的贡献。

---

[1] 谢文郁.回顾与展望:世界文明对话的动力和原则[M]//尼山世界文明论坛组委会.世界文明对话研究报告.北京:人民出版社,2013:1-12.
[2] 杨悦.文化外交的学理分析与实践路径:"文明对话论"的视角[J].兰州大学学报(社会科学版),2021(5):74-82.
[3] 胡军良,王晓埂.全球化语境中的"文明对话":基本理据、逻辑进路与实践图景[J].福建论坛(人文社会科学版),2022(7):16-27.

### （一）中国积极参与联合国框架下的多边文明对话

1972年，恢复在教科文组织的活动后，中国与联合国教科文组织的互动呈递进式增长，先后经历了20世纪70年代的适应阶段、80年代的全面学习阶段及1999年后的全面参与阶段。中国在理念、政策和制度建设等方面学习和接受了联合国教科文组织的先进理念和经验。长期以来，在中国与联合国教科文组织关系的演变中，更多是单向和被动的学习与吸收过程。目前中国是该组织的第一大会费国。中国比较明确参与和推动文明对话是在联合国文明对话年以后开始的。2001年9月，为响应联合国"不同文明对话年"，我国邀请国内外知名人士和专家学者，就不同文明对话问题进行多方面的交流。应安南秘书长邀请，中国全国政协副主席宋健担任"文明对话知名人士小组"的19名成员之一。2007年6月，中国加入联合国文明联盟。联合国文明联盟逐渐把文明对话重心转向东方，2010年联合国文明联盟在世博会联合国馆举办全球文明对话论坛，吸引民众参与跨文化、政治障碍的对话和交流。2012年11月，中国联合国协会与联合国文明联盟在上海联合举办了亚洲和南太平洋地区磋商会议，主题是"通过对话和多样性促进和谐"，这是文明联盟首次在中国举办地区性会议。之后，联合国文明联盟多次派代表参加太湖世界文化论坛和尼山世界文明论坛，实现文化学者的直接交流与合作。

### （二）积极推动区域合作中的文明对话议程

中国积极倡导在亚欧会议框架下开展文化与文明对话交流，在2003年主办亚欧会议进程中第一届文化与文明会议。2004年第五届亚欧首脑会议通过由中法两国共同发起的《亚欧会议文化与文明对话宣言》，强调加强文明对话和保护文化多样性对维护世界和平、促进共同发展具有重要意义，提出亚欧各方应在联合国及其教科文组织内加强协调，支持联合国不同文明对话活动。2007年，亚欧会议不同信仰间对话会议在南京举行。2018年第十二届亚欧首脑会议的主题是"欧洲和亚洲：全球伙伴应对全球挑战"。

2005年起，中国每两年举办一届"中阿关系暨中阿文明对话研讨会"。2021年9月，中国-阿拉伯国家合作论坛第九届中阿关系暨中阿文明对话研讨会以视频连线形式举行。中国政府中东问题特使和阿盟助理秘书长共同出席会议并致辞。来自中国外交部、文化和旅游部、国家广电总局、全国对外友协和知名学术研究机构，与21个阿拉伯国家和阿盟秘书处共约40名代表和专家学者出席。研讨会聚焦"共建中阿命运共同体背景下的中阿文明交流"主题，围绕"倡导包容团结，尊重各国独特文明和社会制度"，"加强中阿两大古老文明对话"，"深化文明交流互鉴，促进'一带一路'民心相通"的议题进行了深入对话和讨论。

2017年第一届"中拉文明对话"研讨会召开，主题是"中华文明与拉美文明：交融与互鉴"。来自中国和拉美10国的政府官员、外交官、专家学者、记者以及多家文化传播机构的代表参加会议。2022年9月，中国外文局所属当代中国与世界研究院、中国社会科学院拉丁美洲研究所等机构共同举办第五届中拉文明对话论坛。来自中拉政、产、学、研等各界代表围绕"构建中拉高质量发展伙伴关系""中拉伙伴关系构建发展知识网络""中拉发展经验互鉴与媒体责任""中拉发展合作和华人华侨角色"4个分议题展开了深入的交流研讨，就加强文明交流互鉴、共享合作发展机遇、以全球发展倡议推动构建中拉命运共同体等达成广泛共识。中拉文明对话论坛目前已连续举办5届，成为中国和拉美地区之间最具影响力的公共对话平台之一。

2016年中宣部、外交部在博鳌亚洲论坛共同举办"亚洲文明对话会"，以"多彩文明与亚洲新活力"为主题，来自中国、巴基斯坦、伊朗、新加坡和联合国教科文组织的嘉宾展开对话。2019年5月在北京召开的亚洲文明对话大会，发布了推动亚洲文明交流互鉴的共识文件，发起涉及文化遗产保护、经典著作互译、影视交流合作、旅游促进计划的多边和双边合作倡议，签署青年学者资助计划、广播电视合作、智库伙伴关系、美食文化联盟等多边和双边合作文件。亚洲文明对话为亚洲与世界各国分享文明成果、促进亚洲文明乃至世界文明的发展创造了良好契机，为不同文明对话、交流与互鉴搭建了国际平台。亚洲文明对话大会的召开，体现了中国对促进文明发展的责任和担当，也是中国及其他亚洲国家坚定支持多边主义的又一次具体实践。[①]

---

① 马利哈·洛迪，钱珊铭.亚洲文明对话大会促进亚洲及世界和谐发展[J].国际传播，2019（3）：1-2.

### （三）国际文化合作与对话的新模式

21世纪以来，中国创建了更灵活和多样的大会或论坛式的合作、对话模式，以此为平台切实推进文明交流互鉴。对话合作的模式主要有国际性非政府组织的学术对话和交流，如国际儒学联合会和太湖世界文化论坛，依托"一带一路"倡议的丝绸之路国际文化论坛，以尼山世界文明论坛和世界中国学论坛为代表的国际学术对话网络（见表1）。此外，各种形式的文明对话学术交流活动频繁。如2022年9月由中国外文局所属当代中国与世界研究院、亚太传播中心联合大连外国语大学共同举办的2022中日文明对话："一带一路"人文交流青年领袖大连论坛以线上方式举行，为推动中日关系发展凝聚智慧力量；中国国际公共关系协会举办"2022中欧民间文明对话"等。

表1 中国主导的国际文化合作与对话的代表性新实践

| 名称 | 属性 | 成立时间 | 主题 |
| --- | --- | --- | --- |
| 太湖世界文化论坛 | 非政府组织，以论坛为组织名称的文化品牌 | 2008年 | 为世界文明对话以及区域文明合作搭建一个永久、开放、多元、包容的高层对话平台 |
| 国际儒学联合会 | 国际性学术文化联合组织 | 1994年 | 推动儒学文化、亚洲文明与世界其他不同文化文明的互学互鉴，促进世界和平和各国共同发展 |
| 丝绸之路国际文化论坛 | 依托外交倡议的国际性会议 | 2014年 | 共创丝绸之路文化带；发展伙伴关系，共商文化合作；开创一带一路多边合作新时代 |
| 尼山世界文明论坛 | 国际学术对话网络 | 2010年 | 以开展世界不同文明对话为主题，学术性与民间性、国际性与开放性相结合为特色的国际文化学术交流活动 |
| 世界中国学论坛 | 国际学术对话网络 | 2004年 | 相互沟通、相互理解、共谋发展 |

始于2010年的尼山世界文明论坛，以开展世界不同文明对话为主题，促成各个文明的对话。尼山世界文明论坛是在许嘉璐倡导下创办的，是民间文明对话的平台，是一个思想、哲学、艺术论坛。尼山世界文明论坛以开展世界不同文明对话为主题，以弘扬中华优秀传统文化、促进中外文化交流、推动建设和谐世界为目的，开展以学术性与民间性、国际性与开放性相结合的

国际文化学术交流活动。首届尼山世界文明论坛在 2010 年 9 月举办，主题是"和而不同与和谐世界"；2011 年，尼山世界文明论坛在联合国教科文组织总部举办以"儒家思想和全球化世界中的新人文主义"为主题的巴黎尼山世界文明论坛；2012 年 11 月在联合国总部纽约召开尼山世界文明论坛，主题为"超越国度，不同信仰，共同价值：儒家与基督文明对话"，就哲学价值、宗教文化、世界和谐等话题展开讨论；2021 年第七届尼山世界文明论坛的主题是"文明对话与全球合作"，契合当前动荡不宁而又充满风险挑战的世界局势，具有深刻的现实意义和长远意义。

各种形式的文化对话合作形成多元化的参与主体，有中央相关文化单位、地方政府、社科院和相关大学、学术团体、企业等。现有国际文化合作中已经形成多元的对话议程，对话主题有人类命运共同体的国际秩序构建层面、文化对话合作与交流、中国现代化进程的学术讨论等。中国以大会或论坛式合作途径构建国际文化合作与对话新模式，务实推进全球文明合作对话。文明对话大会与文明论坛式对话模式的形式，成功搭建了文明互鉴、共同发展的平台，旨在增强自信、促进互信、凝聚共识、激发创新活力，为亚洲命运共同体和人类命运共同体建设提供了精神支撑。建设性的讨论本质上是理智交融和理性对话，对话大会、论坛式合作的对话模式可以在不同文化之间架起桥梁。在交流中倾听，说服别人也被别人说服，最终结果是同远甚于异。在某种意义上，论坛的参与者来自不同国家，有不同的文化背景和利益诉求，但他们都愿意探求差异、寻求共同发展的原则和政策。

## 三、文明对话的制度建构路径

文明对话是构建人类命运共同体的途径，是推动文明交流互鉴和全球文明倡议的主要实践体现。全球文明倡议下的文明对话是全球性的，从对话的高度、深度和广度拓展现有文明对话理念和实践，给文明对话的性质和方式带来新的变化。中国有能力和意愿在全球文明对话中发挥引领作用。中国具有世界最古老的文明，人口规模大，正在走向中华民族伟大复兴，理应通过文明对话在世界舞台上表达自己的声音，让全球人民了解中国优秀的传统文化、中国式现代化道路及中国对人类文明的未来憧憬。中国缺席的世界不同文明对话,很难具有世界性或全球性。中国推动文明对话合作制度路径的依据是全球共生的价值内涵,包括多元共生、和合共生及互鉴共生的价值,主要体现的是对全球共同价值的认可、理解,尊重文明差异的和合互动,传统文化创新发展的文明自主性觉醒。文明对话合作制度路径应以秩序建构为高度,关注文明对话的议题创设、文明对话的多边外交创新及文明对话合作网络的建设。

## (一)以文明对话制度推动国际秩序建构

制度具有规范性和秩序性功能,现有文化对话制度更多是从规范层面进行对话并达成共识。联合国的文明联盟重视文明互动的平等规范,关注文明间的相互理解和包容,进而达成和睦共处关系,尤其关注伊斯兰世界和西方文明之间的互动规范。联合国教科文组织开展的文明对话是基于对文化多样性的认可和共识,更重视文明对话的规范性功能。中国依托地区制度、非政府组织机制的文明对话,开始重视文明对话和构建人类命运共同体这一主题,但还没有充分发挥现有对话制度的秩序建构功能。

以文明对话推动国际秩序建构基于制度话语论。话语制度主义关注行为体通过观念战略动员行使权力的方式、观念如何被概念化为对行为体的约束,以及动员其对政策目标的支持。[①] 制度性话语权是指国际制度赋予国家的话语权,包括行为体的发言影响力、话语传播的能力和规则制定的能力。中国以文明对话推动国际秩序建构是在参与文明对话过程中通过议题创设、观念传播和话语博弈对文明对话机制产生影响。中国参与文明对话机制,通过相应的主体对话、媒介渠道和话语阐述表达秩序观,以推动人类命运共同体构建为目标,提升话语能力,变革传播秩序,进而以文明交流互鉴的文明观取代国际秩序建构的权力观。

全球文明倡议的文明对话是文明的全球思维和理论视野,具有较大的理

---

① CHRISTINA BOSWELL, JAMES HAMPSHIRE. Ideas and agency in immigration policy: a discursive institutionalist approach[J]. European journal of political research, 2017 (1): 133.

论阐释和实践空间。以构建人类命运共同体为目标的文明对话实践，具有全球性，目的是在全球意义上推动文明进步，确立新的国际关系秩序。在秩序建构层面，用"文明对话"范式取代"文明冲突"范式并成为多极世界的基础。文明交流互鉴下的文明对话概念，从一种不同文明之间（尤其西方文明和伊斯兰文明、东方文明之间）平等导向的对话模式演变为一种主张重新思考国际秩序架构的当代世界政治模式。通过跨文明对话，建构存在差别性和多样性、平等性和包容性，且彼此互利和支持的文明系统和国际秩序，其必将是更富有生机和活力的多元文明的人类命运共同体。国际秩序建构不仅取决于物质基础或权力结构，还受到观念和认识的影响，因而需要文明对话制度的推动。

**（二）以多边外交推动文明对话制度实践**

文明对话这一概念自出现以来，经历了学术化的推动和制度化的实施，而全球文明倡议下的文明对话需要战略化的实践。全球文明倡议的文明对话是由国家主导，在国家层面进行的。在这个意义上的文明对话不仅仅是文明之间相互了解的问题，更是一个外交战略问题。因此将文明对话纳入国家的外交实践中才能提升其有效性。

文明对话价值和理论诉求虽然代表了人类文明发展的方向，但是并不具有现实政治的约束力。如果各国政治精英把文明对话的价值观念置于具体的社会政治、经济等政策之中，文明对话就会给人类文明发展带来美好的前景，各文明也将在对话中不断丰富和发展。相反，各国政治精英采用文明冲突甚至对抗的方式，其结果必然造成全面的矛盾和摩擦，最终也不得不回到对话的轨道。文明对话应该可以成为国家对外政策尤其是多边外交的基础。文明对话融入各国外交之中，会扩大文明对话的地域范围。文明对话能够在外交政策和多边外交中发挥积极作用，因为文明因素在全球一体化进程中发挥着重要作用。此外，文化和人道主义渠道，包括个人、群体以及宗教组织，可以在解决冲突中发挥宝贵作用，它们将有助于实现国家间的相互理解、调整立场，以及建立基于信任的、国家间开放的、建设性互动的世界新秩序。

以多边外交推动文明对话首先需要联合国外交的创新，这意味着中国不仅要积极参与以国际组织为载体的文化治理，而且要以中国方案和中国智慧推动文化治理的变革，提升文化治理的有效性。中国特色大国外交意味着中国有能力和意愿对国际组织施加影响和进行修正，在文化治理的制度设计层面提出中国的主张和构想，完善现有国际组织的架构和功能。以全球文明倡议提升国际文化治理有效性的实践模式体现在价值和制度层面，前者涉及对意义、理念和价值的认同，后者是指组织、机制、政策等。全球文明倡议的制度路径是通过现有机制推进、建立专门性的文明倡议机构及多元主体参与的跨国倡议合作网络。中国要致力于推动联合国教科文组织的机制变革，强化其决策效能，使其基于不同问题设立不同的运作体制，适当提供合作程序，从价值和理念层面推广、推动文明对话，进一步拓展为建立全球文明对话合作网络及推动国际文化合作。

### （三）以对话议题多元化推动文明对话制度实践

文明对话在现代的兴起是对各种全球性问题的回应。全球文明倡议提出一种新的文明对话模式，兼顾全球共同价值和文明自主性。文明对话是以独特的文化价值延续和发展为前提的，对话的目的不是促成"普世价值"的实现，而是引导各文明形成共同价值，在对话中彼此欣赏各自的独特价值，并通过互鉴方式实现自我更新。文明对话模式要深度拓展现有文明对话议题，把文明对话置于构建人类命运共同体的秩序构建框架内思考，扩大其主题和问题领域，包括多极化趋势的文化和文明因素、现代化模式的交流互鉴、全球议题的协作与合作，通过文明对话，形成一种比较西方和非西方政治制度的文化政治话语。

文明对话是人类文明交往的理性形式，是全球化条件下不同文明之间自觉而理智的生活状态。① 文明对话要想达到人民相知相亲的效果，要加强对文明间对话内容的研究，这是不同文明拥有的重要思想资源。文明对话有新意，要相互尊重并以平和心态面对各种文明自身的歧义性与丰富性，还要深入发掘隐含的深层思想理念。文明对话在理想与实践之间是存在着矛盾和差距的。不同文明之间的理念和价值观与经济、政治、社会利益密切相关。对话有时会将差异变为冲突，表现为各说各话、自说自话的单向独白。实现文明对话

---

① 彭树智. 文明交往和文明对话 [J]. 西北大学学报（哲学社会科学版），2006（7）：5-9.

需要一个长期智慧积累和交往力逐渐成熟的过程，也需要一个理想与现实的互换和文明化程度逐步提高的过程。宽容差异、相互尊重和交流互鉴是文明自觉者和自信者所担当的历史责任。

文明对话议题的设置是推动世界的"中国学"和中国的"世界学"的过程，可以引发更多学者了解和研究中国的兴趣。全球文明倡议的观点具有中国文明观特色又具有全球思维。文明对话议程设置中引入对现代化模式的讨论。随着现代性在世界范围内的蔓延，西方现代性本身暴露出重重危机。寻求不同文明之间的对话与共识，是对现代性危机的一个回应。从整个人类文明演进的长时段分析，全球文明倡议是真正站在全球文明高度并与"现代性文明模式"进行对话。中国式现代化不仅仅是经济意义、政治意义、道德意义、知识意义及广义文化—价值论意义上的，还是存在论意义上的。中国式现代化是中华文明与世界整体性复杂博弈的过程。中国式现代化是经受了人类文明进步考验并在文化内部结构（包括器物、组织、制度和精神等因素）及功能等方面具有相对稳定性的文明发展模式。中国式现代化是"世界的中国化"和"中国的世界化"文化实践同构与价值理性重构的过程。从人类文明演进的长时段来看，全球文明倡议是中国式现代化承载的文化价值及对世界文明转型和发展的责任。

联合国文明联盟、联合国教科文组织的既有机制和相关活动为中国推动全球文明倡议提供了平台。联合国文明联盟是中国文明对话的合作伙伴，同时通过中国的主动作为拓展了联合国文明联盟文明对话的地域范围和对话领域，使联合国文明联盟进一步转向东方，在议题创设层面增加了东方文明与全球文明及与西方文明的关系，探讨全球共同价值，讨论包括中国式现代化在内的各国自主的现代化模式。联合国教科文组织是全球文化治理的支柱，把来自世界上每一种文化的信息传递给其他文化，但因制度僵化无法面对复杂现实，相关国家对治理机制的不当干预也使文明倡议无法落实。全球文化治理视野下，中国要持续强化与联合国教科文组织的合作，基于议题设立不同的运作体制，以国际公约和宣言等方式强化文明多样化和文明交流互鉴的国际共识，通过国际公约方式推动达成全球文明倡议的价值共识，建立全球文明发展网络等专门机构。

### （四）以文明对话合作网络的建立推动文明对话的制度实践

全球文明倡议下，文明对话框架内活动的主要目的是，在网络化的对话共同体中让民间社会的代表就如何解决全球发展的重大问题提出建议，用文明对话解决经济、政治、文化等利益交织的全球化进程中的各文明和平共存的问题。文明对话制度建设的实践目标是促成全球文明对话合作网络的形成。

随着文化全球化的发展，文明在全球化进程中的核心作用越来越突出，全球文明对话合作网络是由政界或学界精英组成的跨国联盟。全球文明对话合作网络的目标是通过对话减少文明间的隔阂和误解，加深理解。对话合作网络将不同国家、身份和背景的团体联结在一起，有助于促进互鉴与合作。文明对话网络的建设在于提供和创造一个具有文明差异的群体，让差异文明相互对话、沟通并表达差异，对于冲突的观点达成共识，并进行实践。网络是沟通的结构，是不同文化的行动者共同从事一个议题。网络可以理解为一种政治空间，各种行动者在这个空间内正式或非正式的商讨和对话，形成一个网络的社会、文化和政治意涵。① 全球化下的文明对话合作角色是由国际组织、国家和民间部分形成的网络推动，借助信息科技和网络，结合不同地区和文明的群体，强化文明的多样性及差异性，并借此对于争议议题形成共识，创造新的对话局面。对话合作主体通过跨国性的对话方式，传播文明对话价值和知识。网络不仅仅可以结合各种社会资源，同时也利用每个行动者的不同资源，弥补文化落差，为全球治理和文明对话合作提供空间和契机。

全球文明倡议实践的理想状态是价值层面和制度机制的贯通，路径是构建文明对话合作网络。合作是在一个互动体系中实现的，首先是建立交流、合作的常规机制，然后逐步在特定领域中开展正式合作，渐渐地这种合作会在新扩展的治理体系中达到相互依存的阶段。"文化合作应该有助于各民族之间建立稳固和持久的关系，避免在国际关系中可能产生的紧张"，"文化合作是加强各社会之间相互容忍和理解并最终确保世界和平的理想工具"。② 文明

---

① MARGARETE E KECK，KATHRYN SIKKINK. Activists beyond borders: advocate networks in international politics[M]. New York: Cornell University Press，1998：3.

② 欧文·拉兹洛. 多种文化的星球：联合国教科文组织国际专家小组的报告[M]. 戴侃，辛未，译. 北京：社会科学文献出版社，2001：48.

对话合作网络是通过整合治理主体以提升效力,整合国际组织、国家、社会和学界,实现差异对话并达成共识。文明对话合作网络提供跨国经验和观点的交换空间,促进参与者之间的沟通,促进文明议题的跨国公共对话。

全球文明对话合作网络的主要实践是联合国层面的制度对接,以价值共识建设跨国倡议网络。联合国层面的制度对接是指充分利用联合国框架的现有制度资源,建立和加强制度资源的相互联系。跨国倡议网络是由行为体向国际组织和其他国家进行游说,利用媒体或具有影响力的个人,使其将关心的重要议题放在全球决策议程的重要位置,并提升对于某项议题的警觉性。跨国倡议网络是全球治理的重要层次,是国际组织与合作对话机制、国家、知识分子等行为体联合互动的结构,通过议题影响政策,确立和传播国际规范。跨国倡议网络的动力是价值观念,不仅影响政策,还存在推动国际互动伦理基础发生改变的可能性。跨国倡议网络形成的基础是共享价值取代对利益或权力的追求。倡议运动的理念一定会涉及价值判断,参与者因价值的共识及信息和服务的密集交流而结合在一起。议题的共鸣、倡议网络参与者的强度和密度是倡议活动成功的关键条件。中国以倡议方式提出全球文明互动价值,价值体系发挥影响力的过程是实现国际社会的共识及价值内化的过程。全球文明倡议蕴含的价值体系与现有联合国层面的国际规范嵌合度高使其具有实践性,易于获得普遍接受和认可。全球文明倡议的实践需要在文明议题上结成跨越国界的网络,进行策略性联结,通过网络联结强化共识,调动全球公众对文明倡议议题的关注和重视,通过积极宣传和动员形成全球性公众支持的网络,通过信息和资源共享追求全球文明倡议的价值共识。

## 第四节 全球教育的对话及教育治理的价值重塑

全球教育源自对全球化进程中世界性议题和相互联结关系的回应,已经成为许多国家的主要政策议题和实践方向,目标是培养具有国际视野的世界公民,并提升公民的跨文化适应能力。大部分国家和地区把全球教育与世界公民的培养纳入各层次教育课程体系之中,确立高等教育国际化目标,培养具有跨文化知识和经验、具有国际视野、关注全球议题的人才。[①] 全球教育是持续发展的教育理念和实践，在不断演进过程中，从全球教育实践转变为全球教育治理的制度需求。全球教育治理要求各国形成全球意识以共同解决全球性问题，要求各国加强合作交流，相互学习与借鉴。参与全球教育治理也是各个国家行使全球话语权的客观要求。[②] 全球教育治理各行为主体培养全球素养、全球意识和能力，增进跨国沟通和理解的目标相似，但教育目的却有所不同。全球教育治理涉及国内政治与国际政治的相互作用，更依赖于实施主体如何认知和回应世界需求。全球教育治理中各种意识形态多元化，不是所有的全球教育都是从积极视角思考如何应对全球问题和全球相互联系的关系模式。人类命运共同体理念和文明交流互鉴对于推动全球教育对话及全球教育治理体系价值重塑有重要的意义。

### 一、全球教育治理结构的复杂性

全球教育治理是一个尚待明确并缺乏共识的概念。有学者将其定义为各种社会主体共同参与教育发展进程、推进全球教育发展的现象，[③] 或各利益相关方以多种方式参与全球教育事务的管理，以维持或确立合理国际秩序的活动。[④] 全球教育治理的复杂性源于对全球教育概念的多元解读。美国学者罗伯特·汉威提出在相互依赖的世界中要从实质性层面和知觉层面应对挑战。实质性层面指世界各种功能及这些功能如何运作的知识，是超越地域的相互联结的知识；知觉层面是学生能脱离自我中心，学习全球系统中的议题并理解他人的观点和需求。全球教育就是培育全球化意识、全球现状认知、跨文

---

[①] 万明钢. 多元文化背景中的全球教育与世界公民培养 [J]. 西北师大学报（社会科学版），2005（6）：99-100.

[②] 欧阳光华，胡艺玲. 全球命运与国家立场：全球教育治理中的美国高校智库探析 [J]. 高教探索，2019（8）：94-99.

[③] 杜越. 联合国教科文组织与全球教育治理：理念与实践探究 [M]. 北京：教育科学出版社，2016：6.

[④] 孙进，燕环. 全球教育治理：概念·主体·机制 [J]. 比较教育研究，2020（2）：39-46.

化认知、全球动态认知和人类选择认知。①罗伯特·汉威对全球教育的解读是开创性的，理解他人的观点和需求成为全球教育实践的主要目标。联合国教科文组织指出国际教育存在的目的与发展方向在于发挥教育的功能和影响力，用以追求国际理解、合作、和平、人权、基本自由等价值。

全球教育与国际教育有共同之处，常常被交替使用。教育国际化战略实践包括将国际内容纳入本国学生课程，增加本国学生出国留学的参与度，增加国际学生的招募和交流，建立强有力和有效的国际伙伴关系和网络，对国际学生在海外开展教育国际化活动。②国际教育的行为体主要是国家，全球教育的行为体还包括以联合国、世界银行、世界贸易组织、欧盟等为主的全球和地区性的政府间国际组织，国际非政府组织，跨国公司和智库等积极参与全球教育的其他机构。不同行为主体以不同方式产生影响，在行动、结构和主体层次中存在互动。全球教育治理中不同行为体的互动方式相互影响和干扰，互动方式的影响因素取决于意识形态和资源优势。

全球教育是规范性概念，也具有实践性意义，实践方式及目的依赖于主体的意识形态。意识形态提供了哲学框架或取向，可用于指导教育决策并解释其后果。意识形态通过学校潜在课程、正式课程及教学过程渗透到生活经验和观念之中，成为看似中立，实则为特定经济与意识形态服务的价值规范框架。③联合国教科文组织主导的全球教育，关注的议题范畴广泛，思想取向是通过跨国学习和跨文化交流，促进国与国之间的相互理解、发展与和平。联合国教科文组织的思想取向被其他行为体视为推行全球教育的合法权利来源。非政府组织接受政府资助，其行为受国家特性和政策影响，也为国家的全球教育提供发展规划和教学资源。非政府组织有自身意识形态取向，推动了对人权、民主、多元文化、环境、对抗贫困等特定议题的关注。在国家脉络下，国际教育被赋予实践性和工具性意义，所关注的议题和国家利益相关，

---

① ROBERT G HANVEY. An attainable global perspective[M]. New York：Center for Global Perspectives，1976：4-31.
② KAVITA PANDIT. Leading internationalization[J]. Annals of the association of American geographers，2009（4）：645-656.
③ MICHAEL W APPLE. Ideology and Curriculum[M]. 4th edition. New York：Routledge，2019：1-25.

与外交、国家安全或经济成长相关。美国在全球教育中扮演主要角色，积极对外输出美国模式的全球化价值观，在国内把国际教育作为国家安全计划，在经济层面维持和提升国家竞争力，在军事层面以了解他国语言和文化作为加强国家战备力量的关键措施。

全球教育治理实施主体之间的关系持续存在于国际互动结构中，呈现网络或层级结构。联合国教科文组织因具有制度优势而成为领导者，通过举行国际研讨会，提供技术支援、借款，提出规划等方式推广全球教育理念，会员国及接受资金计划的国家对其倡导的"全球观"比较认同。1953年联合国教科文组织成立"联系学校项目"网络，这是目前最重要、最广泛的全球教育跨国网络，已有180多个国家1万多所学校加入。非政府组织构建全球教育网络，持续关注的议题主要是经济发展问题、环境及可持续发展问题。全球教育实施主体的层级结构依赖于实力和教育资源差距。实力强、资源优势明显的行为体有能力和意愿开展全球教育，传播其意识形态。对于国家行为体而言，强国有能力和意愿把国际教育作为维护国家安全、实现国家利益的工具。西方发达国家是全球教育的主要角色，因为他们大多是教育实力强国、外国留学生主要接纳国及教育对外援助主要出资国，教育类非政府组织数量多，发展时间长。西方国家及其非政府组织在全球教育实践中更具有外向性，通过国际教育合作、网络伙伴关系计划、教育援助等方式传播西方的教育价值和教育规范。① 西方国家的全球教育目标是促进不同文明之间的对话与沟通，但也隐含着对第三世界国家的文化霸权。新兴国家经济体也日益重视教育合作，2014年金砖国家首脑会议强调教育对各国可持续发展和稳定经济增长的重要性，以及在各自大学之间开展合作和建立教育网络的必要性。2015年五国教育部代表在莫斯科签署了《关于建立金砖国家网络大学的谅解备忘录》。金砖国家教育合作的主要思想是培养具有批判思维技能，找到各种经济和社会问题的非标准解决方案的新一代专业人员。金砖国家教育合作被视为从"人才外流"到"思想循环"过渡的关键措施，从而逐步缩小与发达国家的智

---

① 杨启光. 全民教育政策转移中的国际非政府组织：以全球教育运动联盟为个案 [J]. 外国教育研究，2011（11）：1-6.

力差距。①

受国家文化，国内外政治、经济和社会情境的影响，全球教育是多种模式全球取向的国家教育。② 各行为主体特有的意识形态及独特的实践经验，使其对全球教育的含义有不同理解。欧美国家一直重视发展、环境、人权、多元文化、和平教育等议题，全球教育在推行过程中无疑会与这些议题重合。西方国家在教育目标中重视"国际面向"及"跨文化能力"，在课程中具有探究国际议题的习惯，已经建立的制度和资源会影响全球教育的发展方向。如德国国内长期重视环境教育，有成熟的机制和充足的经费，与环境教育相关的全球教育比较容易实施。全球教育这一概念在德国出现是 1995 年以后，是对发展教育的重新审视。这与德国实施第三世界教育实践经验相关。③ 加拿大把国际教育作为外交政策工具，联邦政府通过"海外发展援助"和"国际文化关系"两项高等教育国际化活动达成外交目的。国际教育在外交领域是一项软实力。国家行为体的内政外交事务是影响国家全球教育方式和目标的重要因素。欧洲国家外来移民的增多使文化理解和公平正义成为迫切议题。经济上受到全球竞争压力的国家，重视符合国内期望的全球竞争教育，与教育国际化相似，重视国际理解和外国语言的学习，鼓励高等教育的教师和学者与外国开展学术合作、交流，大力开展国际留学生教育，如新加坡的教育改革是以国家竞争与生存为目标的。④

全球教育治理具有复杂的多元化结构，存在多元力量的复杂互动（见图4）。行为主体的意识形态是教育目的多元化的决定因素。主体的实力和制度优势差距使全球教育治理呈现网络化和层级结构。不同主体对于全球教育的态度，有接纳也有矛盾甚至冲突，只是这些关于文化价值及权力利益问题在

---

① IGOR KOVALEV, ALINA SHCHERBAKOVA. BRICS Cooperation in science and education[J]. Strategic analysis, 2019（6）: 532-542.
② GRAHAM PIKE. Global education and national identity: in pursuit of meaning[J]. Theory into practice, 2000（2）: 64-73.
③ ANNETTE SCHEUNPFLUG, BARBARA ASBRAND. Global education and education for sustainability[J]. Environmental education research, 2006（1）: 33-46.
④ GAVIN SANDERSON. International education developments in singapore[J]. International education journal, 2002（2）: 85-103.

全球教育治理中经常被权力强的行为体所掩盖，或被权力弱的行为体所忽视。

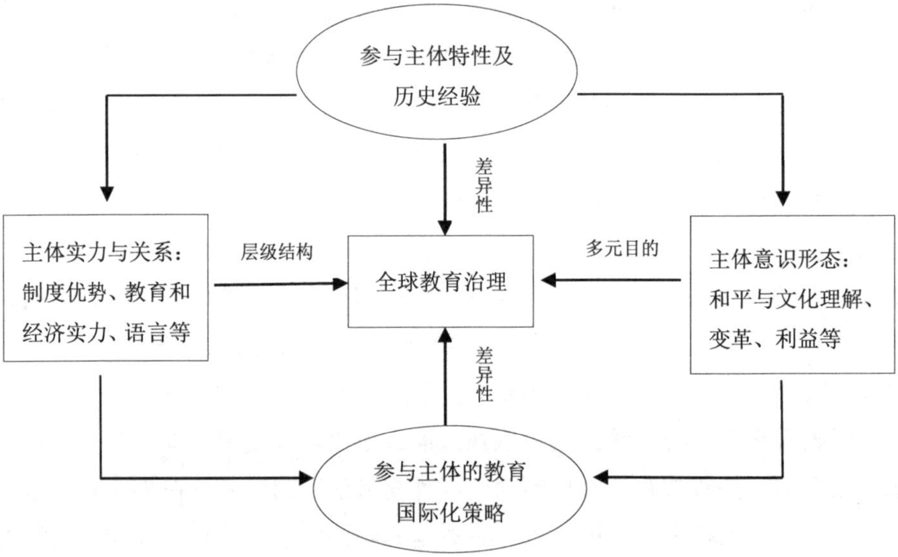

**图4 参与主体视角的全球教育治理的复杂结构**

## 二、全球教育治理主体价值的多元性

联合国教科文组织是全球教育治理价值的引导者，基于国际主义思想取向推广尊重多元文化的跨文化教育，目的在于促进和平共处。然而，全球教育治理是多元价值力量所推动的过程和活动，包容、参与和沟通产生的影响是有限度的。全球教育治理主体的价值取向主要有自由、激进和保守取向。

### （一）自由取向

自由主义是强调个人自由与理性思考的政治哲学。古典自由主义有经济和政治层面，前者对经济进步的基本假设是市场流动是个人和社会进步最有效的途径，后者关注民主和人权。[①] 新自由主义的假设是一切都可以被"市场化"，

---

① HOLGER DAUN. Globalisation, hegemony and education[M]//JOSEPH ZAJDA. Second international handbook on globalisation, education and policy research. Now York: Springer, 2015: 36.

市场是最终仲裁者，效能及成本利润的考虑是社会与教育转变的动力。① 20 世纪 80 年代美国里根政府和英国撒切尔政府大力倡导新自由主义思维。美欧国家却无法单独支配全球化经济体系，创造主流价值才能驱动社会成员的行为。

自由价值取向的全球教育注重对其他国家文化的理解，促进合作和相互依赖，尊重差异，赋予学生应对复杂性、多样性和变革的能力。国家角色从提供者变为协助者、促进者和仲裁者，教育私有和商业化模式得到发展。高等教育方面，自由主义思想取向促进跨国合作，合作方式和领域包括入学标准、学分认定、文凭与证书的国际化、跨国分校的建立等。高等教育成为国际贸易消费品，招生市场的竞争成为大学国际化战略的一部分。经合组织推行全球教育的核心价值观是发展，教育价值取向体现西方将世界划分为发达国家和发展中国家的等级理解，通过各种合作、组织、机构、技术、话语和物质促进对教育的一维感知，产生全球影响。②如英国在国际教育政策文件中，界定伙伴关系包括欧盟和发展中国家两个层面，目的是建立"核心国家生产教育""边缘国家购买教育"的国际市场分工。③

## （二）激进取向

激进主义主张对现行政治、经济、社会等状况进行根本改变。激进取向的全球教育致力于推动某种议题达到改造社会的目标，教育实践及结果具有特殊性，依赖于行为主体的价值取向、议题和变革方式。环境、发展、社会或政治等议题的激进取向所达成的目的不同，变革方式也存在程度差异，有革命性的彻底变革，有温和的变革。温和的变革通过参与过程，解决发展和社会正义问题。激进取向全球教育的基本假设是学校、教师和学生是社会的

---

① MICHAEL W APPLE. Between neoliberalism and neoconservatism：education and conservatism in a global context[M]//N C BURBULES，C A TORRES. Globalization and education：critical perspectives. Now York：Routledge，2000：57-78.
② CHRISTIAN YDESEN. The OECD'S historical rise in education[M]. Cham，Switzerland：Palgrave Macmillan，2019：295.
③ Putting the world into world-class education[EB/OL].（2004-13-15）[2020-03-08].https://dera.ioe.ac.uk/5201/7/Putting%20The%20World%20Into%20World-Class%20Education_Redacted.pdf.

积极成员，他们通过对社会的批判反思和行动，可以摆脱现有状况，创造一个更公平的世界。"批判思维"是激进取向全球教育实践的主要内容，使受教育者能够超越现有的社会政治现实，审视知识、政治和文化方面的不平等和不公正。全球教育目的是取消国家疆界，培养具有全球意识的世界公民。

全球教育知名学者理查森指出议题、背景、价值和行动是一体的。他认为如果所学的全球知识和技能最后不能以行动来影响现实世界是没有价值的，有必要培养学生政治技能，在不同层级上影响政治决定的过程及结果。④理查森在1973—1980年主持的世界研究计划关注贫穷、压迫、冲突和环境议题，教学上强调参与能力的培育，强调培育可以参与社会改革行动的全球公民。受理查森教育理念影响，英国的非政府组织Oxfam致力于本土及其他国家和地区的全球教育，重视社会改革的激进思想。该机构认为全球公民应知道世界如何运作，特别重视培养学生使用开放及批判的态度获得不同观点并且能选择合适的行动来改变现状。⑤激进取向的教育主体中，值得关注的是以改变其他国家政治议程为目标的美国非政府组织。如索罗斯1979年成立的开放社会基金会，其使命是打开封闭社会，搜寻可能的"民主萌芽"，然后采取各种手段扶植它发展壮大，通过和平的、缓慢的和渐进的进程，最终让这些国家诞生民主。2020年索罗斯在达沃斯论坛上宣布提供10亿美元创建开放社会大学网络，建立全球性的教育机构网络，挖掘包括自由表达和信仰多样性的开放社会价值，通过培养批判性思维和强调学术自由来增强个人自主权。开放社会大学网络建立的动机是政治的，承诺的"教育"是向学生传授开放社会的意识形态，把教育作为思想传播和政治变革的工具。

### （三）保守取向

保守主义是相信维持社会既定价值与机制的政治哲学。全球教育的保守取向主要是国家行为体所选择的，从经济和爱国角度出发，以国家或个人利

---

④ ROBIN RICHARDSON. Learning for change in world society：reflections，activities and resources[M]. London：World Studies Project，1976：7.
⑤ OXFAM. Education for global citizenship[EB/OL]. [2020-04-15].https://www.oxfam.org.uk/~/media/Files/Education/Global%20Citizenship/Global_Citizenship_Schools_WEB.ashx.

益为基础，以应对国际竞争为目标。保守取向全球教育的基本假定是在全球化进程中了解其他国家文化，进而有利于国家合作的开展。教育议程主要是其他地区文化及国际议题尤其是语言的学习，兼顾爱国主义教育，避免自身文化和认同的丧失。保守取向的全球教育在大多数国家依然是主流。国家依赖学校开展国家忠诚教育，同时也认同广义的全球教育，尤其是对全球环境议题的关注。受联合国教科文组织影响，日本实施包括国际理解、全球竞争教育、发展教育、和平与多元文化教育等议题的全球教育，但多元文化教育并未受重视，日本全球教育固守保守取向。[1]日本推行的全球教育是"符合国内期望的全球竞争教育"，更重视国际理解和外国语言文化的学习。

全球教育实践中，各行为主体所表现的价值取向并不清晰和明确，会融合不同价值取向，会因议题、时空与情境的变化而变化。全球教育实施源自"促进世界和平"为目标的国际主义价值取向，然而在实践过程中，参与主体的价值取向有差异，通过课程影响学生的认知和价值，最终目的有所不同（见表2）。保守取向的全球教育以生存竞争为主轴，以国家利益为基础。国家行为体受到全球市场挑战，把源于维护世界和平的自由主义理念变成一种工具理念，保守倾向逐渐增强。自由取向的全球教育，用全球视角思考争议性议题，了解全球彼此的关联，具有尊重、包容、开放的态度，呈现市场化和西方化。国际学校从价值取向驱动逐渐走向市场型，全球教育国际化和商业化融合发展。在世界政治格局中，国际教育正在成为各国储备未来竞争实力与争夺国际教育市场的竞技场。[2]激进取向的全球教育培育批判思维，注重社会行动能力的培养，对于不公正的全球现象能够因了解而付诸行动、改变现况，国家疆界不再成为思想和行动的障碍。分析全球教育价值取向差异有助于了解全球教育目标、方式及结果的复杂性，能够客观全面理解和选择全球教育模式，也有助于在不平等的国际关系中辨明各种从事全球教育者的真正意图。

---

[1] YURI ISHII.Teaching about international responsibilities：a comparative analysis of the political construction of development education in schools[J]. Comparative education，2001（3）：329-344.

[2] 王熙，陈晓晓.国际教育的全球化陷阱[J].教育学报，2015（10）：19-25.

表 2  全球教育治理主体的价值取向差异

| 目标 | 价值取向 | 目的 | 具体体现 |
| --- | --- | --- | --- |
| 国际视野、全球意识、沟通能力 | 自由主义 | 传播价值观、提升竞争力 | 国际意识、全球视野、跨文化沟通、教育为经济服务 |
| | 激进主义 | 为改变不公正的现象采取社会行动 | 世界公民、国家权力的世界政治转型、社会转型 |
| | 保守主义 | 强化国际意识，争取国家利益 | 国家意识、爱国热情、国家安全、国家利益、外交软实力 |

## 三、文明交流互鉴理念重塑全球教育价值取向

全球教育不仅仅是联合国教科文组织引导的规范性概念，它是复杂和有争议的领域，其功利主义的内在价值观在有关全球教育的讨论中常常被忽视。全球教育目标应该是促进跨国理解，由于价值取向的差异，教育实践的目的和结果未必符合全球教育治理的规范性目标和价值。非政府组织既可以成为全球高等教育发展和青年群体培育的积极推动力量，同时也可能成为消极障碍因素。全球教育中行为主体的复杂互动和系统层次的分化与混乱强化了全球教育治理需求。人类命运共同体和文明交流互鉴为全球教育治理提供了超越西方价值取向的全球主义教育理念，有利于培育全球共同价值，尊重文化和文明差异，包容不同观点。通过全球教育对话形成新的全球教育模式，尊重并在一定程度上解释差异，这一模式既可以涵盖不同行为主体的特殊性，又具有跨文化和民族国家的共通性。

第一，以相互尊重理念凝聚治理多元主体的价值共识。自由主义和激进主义的全球教育价值取向旨在通过教育消除文化的客观差异性，实现西方文化对全球教育乃至全球性价值形态的同质统一，这否定了文化与文明间的差异性，否定了多元治理主体对文化差异性的诉求。文明交流互鉴理念坚持平等和相互尊重，对各文化发展道路的尊重是核心内容之一，对文化差异性和文化发展道路的尊重是国际社会的共同价值，易于获得全球教育治理多元主体的接受和认可，从而凝聚价值共识。

第二，以文明共生的和平观减少激进主义教育取向的消极影响。在激进

主义意识形态的全球教育理念中，有些议题尤其是政治议题是对世界和平的威胁。全球教育的主要对象是青年，在青年群体中塑造激进的意识形态，会产生分裂和冲突的价值观，这是对世界和平与稳定的直接威胁。和平超越单纯反对战争的消极定义，"和合"是中华民族人文精神的精髓，文明多元、和合、互鉴共生是联合国主导的国际治理机制及世界各民族文化的共同价值。全球教育治理体系重塑的重要价值支撑就是"文明共生"理念，教育应成为人类的"共同利益"，为共同解决人类面临的问题和挑战作出应有的贡献，而不是制造风险。

第三，以人类共同命运提升多元治理主体的整体意识。保守的全球教育价值取向源于所在国家、民族文化的独特性和不可替代性，在全球教育中坚持文化的民族性无可厚非，却缺少应对人类社会共同命运的全球意识。全球教育是真正意义上的全球教育，不仅关心自身的命运，还关心全球的命运。人类命运共同体和文明交流互鉴理念下的全球教育，是对自身文化有自觉、自信，同时对不同文化方式抱有欣赏和肯定，更要有全球共同命运的整体观，培养具有全球关怀的人才。全球教育治理主体的价值取向需要重新审视以"民族"或"国家"为唯一依据的狭隘意识，重塑关注人类共同命运的全球教育治理价值取向，凝聚国际社会共识，正视人类休戚与共的客观事实。

# 第五章　中美"竞合共生"关系的文化差异与管理策略

大国竞争是世界格局演变中的主导性议题。作为最大的发达国家和最大的发展中国家，中美之间的结构性矛盾、利益分歧、文化差异、竞争关系是现实存在的。中美之间的竞争注定是大国竞争，其规模和影响不同于一般国家之间的竞争，其竞争实质和议题的判定直接关系到中美关系和全球局势的演变，也关系到中西文明的共生问题。中美两国都延续并代表与对方迥异的文明。美国精英认为美国代表整个西方的价值观、基督教文明、民主制度，引领世界发展方向。中国是东方文明的表率、发展中国家利益的维护者，中国的发展道路在引领世界的未来。中美之间的竞争已经远远超越实力对比变化、制度差异和意识形态分歧，而具有中西文明互动的印记。中美大国竞争将推动中西文明互动进入新阶段，唯有在中西文化的思想鸿沟之间架构桥梁，才能实现平等共生。从文明和文化视角审视中美"竞合共生"关系的中美政策差异、美国竞争战略的文化根源、中美相互尊重的理念差异，应对的是现实层面关系管理的问题和未来层面中美关系前景的问题。

## 第一节　"竞合共生"关系下的中美分歧

中美关系已经发生复杂而深刻的变化，两国所形成的合作关系正在被高烈度、多领域和多形态的全面长期竞争博弈所取代，中美关系处于重构的关键阶段。中美全面长期战略博弈或将成为未来十年中美关系的主要特征。①
2018年美国确定对华竞争政策以来，中美两国对于竞争、合作、共生之间的关系有不同的期待和目标。竞争关系本身的定位涵盖了对手与朋友之间的复合性质，但由于美国零和的竞争思维使中美竞争关系依然处于消极的"竞合共生"状态。

## 一、国际关系语境中的竞争

在词源意义上，"竞争"是中性词，指实践活动中的行为争胜，也包括思想领域的争辩和争鸣。"竞争"一词在中国最早见于《庄子·齐物论》："有竞有争。"郭象注："并逐曰竞，对辩曰争。"广义的竞争是相互争胜的意思，特指商品生产者为争取有利的产销条件而进行的相互斗争。韦氏词典关于竞争的解释是在相对公平的规则和环境下为共同的目标双方都寻求获益的行为；对手或敌手之间为了优势、奖项、荣誉、领导地位等有目的的竞赛或对抗状态；同类或者异类组织之间为食物、空间或其他生活必需品而进行的斗争。②
竞争的范围不仅限于行为、利益，还有思想、观念和价值。竞争是存在于自然界和人类社会的普遍现象。相比于自然界，人类社会的竞争具有广泛性和深刻性，因在一定社会关系中进行而变得更加复杂。竞争概念本义无褒贬性，竞争首先是自利行为，有输有赢，也存在共赢的可能性。没有规则、制度的无序竞争，缺乏公平的竞争环境，竞争的范围就容易扩大，边界容易模糊，其消极作用尤其是滑向冲突和对抗的风险是客观存在的。

竞争是理解国际政治的重要视角。在国家关系中，竞争不同于合作，也不同于冲突，介于冲突与合作之间，也与合作、冲突有共存关系。竞争关系中一般包含着合作与冲突。与竞争不同，合作的目的是获得共同收益。国家间合作涉及一国根据别国政策的调整而相应地调整政策或预期，使双方都获

---

① 王鸿刚. 新阶段的中美战略博弈与中国对美战略 [J]. 现代国际关系，2019（3）：7-19.
② PHILIP BABCOCK GOVE, MERRIAM-WEBSTER EDITORIAL STAFF. Webster's third new international dictionary of the english language unabridged[M]. Springfield, Massachusetts: Merriam-Webster Inc. 1993: 464.

益。合作是交换的过程，交换是相互适应对方的政策。①竞争也有政策的协调，相对于合作更难以达成妥协。冲突是对抗，以力量及包括利益、观念、意愿对立为主要特征的行为模式，也是一种不相容的内在需求引发的不确定、紧张及恐惧为特征的情感的状态；冲突是武力形式的斗争。②

　　国际关系语境中的竞争是两个或两个以上的国家行为体或集团，为了实现自身生存、发展或者威望的利益需求及欲求，争夺共同需要的有限资源和空间的行为和言辞的斗争。竞争是国家战略，也是国家间关系的状态。竞争是大国互动的一种关系模式，也是针对特定大国公开确定的政策。竞争政策往往是特定时期国际环境变迁、实力消长、利益失衡、认知转变、决策者变动等综合性因素影响下既有政策的转变，并引发大国互动模式的方向性变化。竞争关系或战略都要有对象，或作为实施主体，或作为实施客体，有时并不以某一个国家的主观意愿而决定。行为主体实施竞争行为则会引发行为体之间关系模式的竞争性。竞争关系是行为导致的主观结果，也是客观存在的状态。竞争关系需要实力和战略两个前提条件，首先要具有一定程度的实力匹配度，没有现实或前景实力的大致相当，无法谈及竞争关系。即便实力相当，如果一方并不把对方视为竞争对象，竞争关系也无法形成。国与国之间能够形成竞争的互动模式依赖于大体相匹配的战略能力和意愿。

　　竞争战略是实现国家战略的一种手段，本身是一种工具而非追求的目标。美国战略学者提出国家竞争战略是一种国家经济战略而不是国家军事或外交战略。③竞争战略是和平时期运用包括发展、获取、部署和展示的潜在军事力量塑造竞争者的选择，使其采取有利于战略目标的行为方式。④从国家经济战略视角来看，对某国的战略定位是竞争战略选择的根本原因。对于美国这样

---

① 海伦·米尔纳.利益、制度与信息：国内政治与国际关系[M].2版.曲博，译.上海：上海世纪出版集团，2015：6.
② PHILIP BABCOCK GOVE，MERRIAM-WEBSTER EDITORIAL STAFF. Webster's third new international dictionary of the english language unabridged[M]. Springfield, Massachusetts：Merriam-Webster Inc. 1993：476-477.
③ 罗伯特·阿特.美国大战略[M].郭树勇，译.北京：北京大学出版社，2006：84.
④ THOMAS G MAHNKEN. Competitive strategies for the 21st Century：theory，history and practice[M]//THOMAS G MAHNKEN. Thinking about competitive strategies. Stanford, CA：Stanford Security Studies-Stanford University Press，2012：7.

的霸权国而言，其认定的挑战者是核心利益冲突大、缺乏共同的价值观和战略互信的国家。只要中国坚持崛起的发展战略目标，就必然与美国形成竞争关系，这是中国经济地位决定的。[①] 竞争战略有主动先发制人和被动反应两种不同形式。主动性竞争战略是在具有竞争潜力的行为主体行动之前采取行动，政策的有效性经常受到质疑，但行为更具有效力和威慑力；反应性竞争战略是针对他者竞争政策的回应，阻止、减缓或限制行动造成的伤害。

竞争战略的有效性在于能否实现本国发展、竞争对象与第三方的平衡。对竞争对手实施以牙还牙的战略或许可行，却是消极的。在众多形式的竞争中，直接内向型竞争即国家实力竞争是其他一切竞争形式的根本，具有稳定性。各国竞争战略的本质是增强自身的竞争力，而非相反。凡是不以有利于增强本国实力为目标的对外战略，过分重视竞争甚至对抗关系的塑造，或试图通过塑造竞争态势影响他国实力增长的竞争战略，从长远而言，战略效果都难以达成。政策行为、对威胁的认知和思维定式，在竞争关系确立、竞争方式采取及竞争关系演变过程中发挥重要作用。对于具有竞争关系的大国而言，无论主动发起竞争者还是被动回应方，都要客观而审慎地应对竞争，主动引导竞争领域的议程和竞争关系的发展趋向。

大国竞争战略和竞争关系是常态，具有战略性，冲突和对抗色彩更强，是影响国际秩序演变的关键变量，只是在不同国家秩序下，大国竞争的性质、目标、方式手段及结果会有所不同。在国际关系演变的历史进程中，实力接近、制度文化不同的大国之间容易形成竞争关系。战略对抗是高度竞争的关系，与相互认定的良性冲突不同。[②] 19 世纪末 20 世纪初的英美、英德之间，20 世纪下半叶的美苏之间都存在程度、领域及模式不同的竞争战略和竞争关系。大国竞争关系具有复杂性，其影响力大，波及范围广，引发的竞争结果往往超出了大国本身，因竞争导致的地缘政治对抗更突出。冷战后，尤其是21 世纪以来，大国在经济、金融、技术、环境及安全领域相互依存，外部环

---

① 何琼隽. 国家利益冲突、多极化和联盟博弈：新型大国关系的基本逻辑 [M]// 张建新. 国际体系变革与新型大国关系. 上海：上海人民出版社，2013：85-89.

② MICHAEL COLARESI，WILLIAM R THOMPSON.Strategic rivalries，protracted conflict，and crisis escalation[J]. Journal of peace research，2002（3）：263-287.

境规定并影响大国竞争关系的特点和限度，制约大国竞争关系的发展方向和大国各自竞争战略效果的达成。当前是相互竞争依存的时代，国家之间既相互竞争，也相互连接。①21世纪的大国处于"连接性战争"关系模式中，②各国间竞争随着相互依存的增强逐渐规避零和博弈模式，向双赢共赢的合作模式发展。竞争中的合作可以弱化竞争中的对立成分。国家或地区之间的实力竞争主要是以经济的方式体现的多元竞争，而非冷战时期以单一军事竞争为主的模式。军事力量在战略对抗中越来越成为制衡力量。大国竞争的常态是战略空间的相互挤压，往往是长时期维持着低烈度的冲突状态。

## 二、中美"竞合共生"关系的现实性

国际关系领域的竞争、合作与共生受限于国际体系及结构，依赖于国家的政策、行动和结果。

### （一）"竞合共生"关系解析

从国家间关系属性角度来说，竞合与合作往往强调对立性和替代性，形成"非竞争即合作"的简单化认知。竞争与合作是具有辩证关系的对立力量，国与国之间的关系难以单独选择竞争或合作一种策略，而是存在竞争与需要保持合作关系的矛盾之中，这受制于驱动和抑制力量两种状态之间的张力。具有文化差异的国家之间或许会强化或激化竞争，但都需要达到一个符合自身战略文化及利益需求的平衡。竞争与合作不一定是静态的关系状态，而是会在关系互动中随着各方紧张局势的不同而发生变化。

战略竞争是根本利益受到对方威胁的国家之间的竞争，涉及决策精英认为对其国家生存至关重要的国家利益正在受到威胁。两个国家的利益并不必

---

① THOMAS J WRIGHT. All measures short of war : the contest for the twenty-first century and the future of American power[M]. New Haven & New York : Yale University Press，2017：130.

② MARK LEONARD. Connectivity wars : why migration, finance and trade are the Geo-economic battle grounds，European council on foreign relations[EB/OL].（2016-01-20）[2023-01-12]. http://www.ecfr.eu/europeanpower/geoeconomics.

然发生冲突,可以单独或通过合作来追求这些利益。只有当双方的利益发生冲突、威胁对方的成就或双方无法共享利益时,才会存在竞争关系。两个在全球相互联结的大国将存在一些利益重叠和冲突的领域,有的分歧可能上升到国家利益受到威胁并发展战略竞争状态的程度。然而,在许多问题上可能存在某种程度的合作,特别是在两国不希望发生战争或公开冲突的情况下。相互依赖的关系中会有许多利益一致和合作的空间。

大国竞争时代,共生理论的意义重大。竞争是与共生联系的基本因素,源于对有限资源的相互争夺。一方面,国际社会与国家之家相互依赖生存,存在共生体系和共生关系;另一方面,这个共生体系又存在竞争,这也是无政府状态下国际社会行为体生存和社会发展的必要条件。共生中的竞争和竞争中的共生是国际秩序演变和国家间关系的特征。秩序的本质是在竞争中通过调整,达到一定的平衡状态,这种平衡是国际秩序内和国家间共生维持的条件,体现了共生性质。秩序和关系的平衡是共生系统运行的基本目标,随着环境条件的变化,平衡将被打破,形成新的不平衡。随后竞争带来相互关系及内部的调整,共生系统又将形成新的平衡。在竞争共生新关系平衡形成的过程中,共生思维很重要,因为共生思维指导下的行为实践会关注共同利益的拓展。即使短期内存在竞争,在共生思维的框架下,行为体各方在互动中也倾向于通过合作实现共赢。

### (二)中美"竞合共生"关系的现实因素

美国最终确定对华的竞争战略是在特朗普执政时期,而对中国的忧虑始于2010年,两国之间包括权力、利益、希望与恐惧在内所有的平衡逐渐被打破,这是美国对华政策转变及中美关系变局的缘起。

中国快速崛起和美国对中国"威胁"的判断强化是导致美国实施对华竞争战略并打破中美原有关系平衡结构的原因。以 GDP 总量衡量,中美实力还有差距,但差距缩小的趋势使美国的危机感增强。根据世界银行的数据,1990 年至 2016 年,占全球 GDP 总量的比例,中国从 3.68% 增长到 17.7%,美国从 19.63% 下降到 15.34%。中国在 2013 年就超过了美国。中国的 GDP 规模相当于美国的比例:1980 年是 6.6%,1990 年是 6%,2000 年是 11.8%,

2010 年是 40%，2017 年是 63%。大多数美国人只看到了中国的崛起，而没有意识到中国人口数是美国人口数的 4.5 倍，因此面临各种问题。中美利益交织，也越来越不平衡。据美方统计，2017 年中美贸易逆差的总额为 3 754 亿美元，占美国全部贸易逆差的 66%，比 2010 年的贸易逆差增加了 1 000 亿美元。贸易逆差导致的利益失衡无疑是美国对华贸易政策的理由。中国实力的快速增长让美国军界、商界、学界精英对中国崛起和中美关系的客观现状的评估发生了变化，对中国外交和中美关系更焦虑和敏感，质疑美国对华接触政策的效果。最终，情绪驱动的舆论共识与特朗普总统个性互动成为对华实施竞争战略的导火索。

评估一种关系是合作关系还是竞争关系的第一步，是确定所涉及的利益。特朗普政府 2017 年《国家安全战略报告》确定的国家利益是：保护美国人民、国土和美国生活方式；促进美国的繁荣；以实力维护和平；提升美国的影响力。[①] 2011 年《中国的和平发展》白皮书中界定的中国的核心利益是：国家主权，国家安全，领土完整，国家统一，中国宪法确立的国家政治制度和社会大局稳定，经济社会可持续发展的基本保障。[②] 国家利益概念之间的关系是理解竞争与合作问题的基础。当国家在特定情况下关于核心利益原则达成一致时，可以寻求双方都同意的解决方案。然而，当它们的基本原则不一致时，尤其是将国家安全置于危险之中时，妥协是不可能的。国家之间能否避免竞争，能否合作，最终取决于国家利益以及国家领导人如何界定、解释这些利益。要全面评估中美之间在哪些问题上可以合作，首先必须探讨两国如何看待自己的利益以及与对方的关系。

中美关系的本质是零和博弈的想法在美国社会精英中根深蒂固，同中国的竞争甚至对抗在美国不仅有牢固的思想基础，还有军工利益集团为代表的物质利益基础。在利益、文化价值和思维方式层面，中美竞争的结构性动力具有深刻的复杂性和不可避免性。随着中美实力趋于平衡，中美在某些领域

---

① THE WHITE HOUSE. National Security Strategy of the United States of America[EB/OL]. (2017-12-04) [2023-01-13]. https://www.whitehouse.gov/wp-content/uploads/2017/12/NSS-Final-12-18-2017-0905.pdf.

② 中华人民共和国国务院新闻办公室. 中国的和平发展 [M]. 北京：人民出版社，2011：18.

的利益冲突越来越突出。不同国家之间的差异和矛盾，并不意味着就必然发生冲突与对抗，并不是所有的矛盾都表现为冲突与对抗，冲突与对抗只是对抗性矛盾所表现出来的一种特殊形式，而不是矛盾表现的普遍形式。什么领域具有冲突性质是需要进一步解决的问题，也是一个需要具体情况具体分析的问题。需要具体分辨中美竞争关系的冲突性因素与非冲突性因素，并对其中的原因进行合理性的阐释，避免盲人摸象式地片面抓住某一个方面并加以夸大与绝对化，影响中美关系的长远发展。

战略竞争是中美关系发展到一定阶段的产物，有其历史必然性，对两国竞争加剧的现实要有清醒的认识。中美竞争具有新的时代特征，与历史上的大国竞争有联系也有区别。中美竞争的本质是经济实力和社会治理能力之争，使竞争的冲突性与对抗性明显低于过往以政治和军事为主题的大国竞争，但中美竞争的全面性又隐含多重风险，并给认识和管理竞争带来更多复杂性。[1]中美两国在国际体系中具有重要地位和影响力，两国的战略竞争不仅会影响两国关系，还会对国际体系的走向产生重大影响。中美竞争不可避免，但竞争形态和演变取决于两国的竞争行为，竞争后果不是预先注定的。中美双方都要积极管控竞争，使竞争的破坏性最小化。

## 三、"竞合共生"关系的中美政策差异

中美之竞争与合作关系不是对立的二分观点，而是包含竞争、合作与共生的复杂关系，存在两种不同意向：强协调合作下的竞争，弱协调竞争下的合作。中国的基本立场是强协调合作下的竞争，重合作轻竞争，遵循以合作化解竞争的原则，期望通过频度高的协调实现合作，以共同利益化解部分领域的利益分歧和矛盾，对中美关系前景预判是积极的"竞合共生"关系。美国的立场是弱协调竞争下的合作，重竞争轻合作，是以竞争为主的有限合作，通过各领域利益绑定放大分歧，缩小合作空间，协调频率低，形成中美关系消极"竞合共生"的现实状态。对中美关系竞争性质的不同认知是中美分歧之一，也由于这种认知差距，中美在诸多议题上难以形成共识。

---

[1] 吴心伯. 论中美战略竞争 [J]. 世界经济与政治, 2020 (5): 96-130.

对于竞争、合作与共生，经历特朗普总统时期对华高烈度竞争政策之后，拜登政府延续竞争战略主轴，但在策略上有所调整，认为中美应谋求"竞争性共存"之道。拜登政府强调中美竞争的同时，基于长期竞争的预期，试图超越"战略竞争"的语言，重视管控分歧。国家安全顾问杰克·沙利文和国家安全委员会印太协调员库尔特·坎贝尔在 2019 年发文指出，中美"接触"时代已经结束，但特朗普政府对"战略竞争"的关注无济于事，美国应以有利于美国利益和价值观的条件与中国清醒地共存。美国必须准备好"全程竞争"，只在真正有效设定竞争条件后才合作。以"战略"为名的竞争所带来的结果和意义将具有"不确定性"。① 与特朗普政府不同的是，拜登政府的对华政策中存在共存与合作的空间，但仍将中国视为头号竞争对手，进行全方位的竞争和遏制。

拜登政府外交团队的高级官员经常强调三个"C"：竞争（competition）、合作（cooperation）和对抗（confrontation）。国务卿布林肯在 2021 年 3 月首次外交政策演讲中曾表示，中美关系是 21 世纪最大的地缘政治挑战，也是拜登政府外交战略的动力，美国与中国的关系应该是竞争性的，可以是合作性的，必须是对抗性的。② 拜登政府重申在符合美国利益的领域与中国合作的愿望，这与特朗普政府对华"全方位脱钩"政策形成了鲜明对比。但拜登总统在首次正式新闻发布会上指出与中国的竞争远远超出贸易、关税和技术实力，还涉及制度的根本差异，是与中国的激烈竞争。对于竞争与合作的关系，美国总统国家安全事务助理沙利文在智库演讲中提出，对华政策不是冷战，是激烈竞争、防控危机、有限合作、长期压制。③

2022 年 5 月，国务卿布林肯正式发布拜登政府首次对华政策演讲，将此前美国对华政策的"竞争、对抗与合作"言论修订为"投资、结盟和竞争"，即进一步投资美国国内建设，巩固盟友和合作伙伴网络协同，并基于投资和

---

① KURT M CAMPBELL，JAKE SULLIVAN. Competition without catastrophe：how America can both challenge and coexist with China[J]. Foreign affairs，2019（4）：109.
② LAURA KELLY. Blinken calls US-China relations biggest challenge of century in major speech[EB/OL].（2021-03-03）[2023-01-13]. https://thehill.com/policy/international/541426-blinken-calls-us-china-relations-biggest-challenge-of-century-in-major/.
③ JAKE SULLIVAN. 2021 Lowy lecture[EB/OL].（2021-11-11）[2023-01-13]. https://www.lowyinstitute.org/publications/2021-lowy-lecture-jake-sullivan.

同盟与中国竞争以捍卫美国的利益。[①]2022年拜登政府颁布的国家安全战略报告反映美国对华政策的焦虑感和危机感。美国将中国视为"唯一一个既有重塑国际秩序意图的竞争者，也逐渐拥有经济、外交、军事和科技力量推进这一目标"的国家，并且提出"未来十年是美国与中国竞争的决定性十年"，把中国视为"最大的地缘政治挑战"。[②]美国认为中美在地区冲突、贸易等问题上存在竞争和分歧。同时声称美国不打算与中国爆发直接的军事冲突，而是开展"负责任的竞争"，即强化自身技术和"民主"优势，与亚太盟友在技术、经济、军事和全球治理领域围堵中国。美国对华战略的基调本质上是消极的"竞合共存"，虽然提出在可能的领域和问题上需要合作，但重点放在对华战略竞争上，尤其强调中美是激烈的竞争关系，竞争性远远大于合作性。

中美竞争政策话语的差异较大。中国主张合作性的、积极的"竞合共生"关系。中方不同意美方对中美竞争关系的基本认知，反对用"竞争"定义中美关系，认为虽然双方存在竞争，但竞争不是全部，也不应该是对抗、冲突的零和竞争。中美之间存在诸多非竞争性甚至可以合作，也必须合作的领域和议题，中美之间应该建立合作共赢的大国关系。用竞争定位中美关系的根源在于美国对中国的错误认知。对于竞争与合作的关系，美方强调竞争下的合作，中国期望聚焦合作，管控分歧，推动中美关系重回健康稳定的发展轨道。中国外交政策框架及对中美未来关系的期盼是合作大于竞争，对美国的"激烈竞争"政策予以批判和斗争。中共二十大报告中提到恃强凌弱、巧取豪夺、零和博弈等霸权霸道霸凌行径危害深重，反对"筑墙设垒""脱钩断链"，反对单边制裁、极限施压。中国的目标是"促进大国协调和良性互动，推动构建和平共处、总体稳定、均衡发展的大国关系格局"[③]。

---

① ANTONY J BLINKEN. The administration's approach to the people's republic of China[EB/OL].（2022-05-26）[2023-01-13]. https://www.state.gov/theadministrations-approach-to-the-peoples-republic-of-China.
② The White House. National Security Strategy[EB/OL]. [2023-01-13]. https://www.whitehouse.gov/wp-content/uploads/2022/10/Biden-Harris-Administrations-National-Security-Strategy-10.2022.pdf.
③ 习近平.高举中国特色社会主义伟大旗帜 为全面建设社会主义现代化国家而团结奋斗[M]. 北京：人民出版社，2022：60-62.

中美关系的原有平衡已经打破，需要构建新的平衡。美国对抗性、冲突性的竞争战略将随着中美互动关系及中国的应对而发生变化，中美以"竞合共生"关系为发展前景目标符合两国的利益。中美两国都要基于自身的力量和意愿实现自身目标，同时也要在不同程度上考虑对方的意愿和力量。中美关系实现积极"竞合共生"关系的条件需要对矛盾双方给予同等重视。中美关系可预见的武力对抗可能性虽然不大，但正视冲突、避免战争成为中美在军事、政治和外交领域的一项战略议题。中美之间的冲突不会发生或者必然发生这两种观点都不是对双边关系现状和发展态势的客观评估，也不利于双边关系的发展。中美两国应实施负责任的竞争战略。负责任一词限制竞争的程度和范围，中美依然要在共同利益的领域内合作。中美两国关于竞争关系的立场、理念和态度存在较大差异，其根源在于两国冲突与和谐为主要特色的战略文化，战略思维影响中美在竞争型互动模式中的立场和政策偏好，从而使两国的战略设计逻辑有着根本的不同。

中美两国的地位、角色不同，影响中美竞争关系。美国作为传统大国，为维护其优势地位，对新兴国家的竞争战略是主动的遏制性竞争，使新兴国家不具有挑战其实力和地位的能力、意图。中国是寻求发展利益的竞争，具有合作性；美国是维护霸权国际地位的竞争，具有排他性。美国的竞争模式和理念往往是"非友即敌"的选择，是零和游戏，以打败竞争者的方式赢得竞争，维护其优势地位。中国以一种新方法思考和实施战略，不以打败竞争者为目标。奥巴马政府时期，美国以强化盟友关系、以军事方式扩大新战略伙伴的方式强化竞争，增加霸权维护成本。特朗普政府时期以美国优先思维对待国际多边机制，以对中国实施"贸易战"为主要方式破坏经济相互依赖关系，直接侵蚀其在国际规则、秩序中的优势领导地位。如果说美国和中国的地缘竞争不可避免，但这也并不意味着竞争导致冲突的结果是预定的。中国不是寻求替代美国，而是提供更多选择。

## 第二节　美国竞争行为的文化分析

竞争词语本身就是文化现象，具有文化含义，即对于关系所表现出来的认知、观念、心态和偏见等。大国关系的互动模式对于大国而言是一种"资产"，即"关系资本"，大国对于何种互动模式更有利这一判断的深层次动因是文化因素。美国对华竞争战略以冲突性和对抗性为主，试图塑造"敌对共生"的关系模式，追求自身利益最大化，是中美积极共生关系形成的现实障碍。美国热衷大国竞争政策的结构性原因是对非西方历史、文化及权利的漠视，其文化根源主要体现在美国霸权文化对外部威胁的夸大和塑造敌人的决策文化。

### 一、美国对华竞争的文化视角

无论中美关系如何变化，其相互矛盾的两面性是一贯特征。中美之间的分歧和不信任除意识形态差异和国家利益冲突因素之外，还有在诸多问题上的认知差异。认知差异更多是双方文化差异所产生的分歧。中美在一些关键议题上的认知差异很大程度上植根于两国的历史和文化中。文化是国家战略行为的根源，美国在各个领域的对华竞争及中国的回应是东西方文化差异所呈现的文化事件。文化和外交政策相关性的研究被广泛应用于外交政策制定和分析中。文化常被认为是民族国家外交政策的延续。文化变量被认为有助于解释其他"政治"因素无法解释的东西，是解释的最后手段。[1] 文化和权力分析本质上不是相互孤立的，权力如何被建构、应用及回应都与文化因素相关。

中美竞争关系的文化视角在某种程度上被否定和忽视。美国试图以文明冲突的话语升级竞争在美国国内没有获得认同，受到中国的极力抵制。2019年，美国国务院政策规划负责人斯金纳在一次公开活动中提出与中国的斗争是"一场与真正不同的文明和不同意识形态的斗争"。用文明冲突话语定位中美竞争关系不仅得到中方的否定和批判，也没有得到美国决策者和学界精英的认可。从文明冲突视角看待中美竞争关系，在美国引发学者和分析人士的

---

[1] LUCIAN W PYE. Political culture revisited[J]. Political psychology, 1991（3）: 487-508.

批评。文明冲突不是构筑中美竞争的方式，文明是中美竞争的错误框架，不符合美国在亚洲的利益。不加批判地接受与中国的文明冲突不能也不应成为美国外交政策的基础。① 中国在批判美国用文明冲突界定中美竞争关系的同时，也在建构具有中国文化特色的文明观。2019年5月16日，习近平主席在亚洲文明对话大会开幕式上倡导"文明和谐论"，否定"文明冲突论"，指出该观点将文化和宗教身份视为引发冲突的主要动力。

文化是美国对华竞争的内容之一，尤其表现在人文交流被政治化和安全化而不断受阻。2018年以来，美国渲染中国对美人文交流所造成的安全冲击和现实威胁，以法律、行政命令和舆论操纵等方式限制中美人文交流。② 自特朗普政府时期开始，美国限制中国公民赴美签证。美国司法部采取的将重点放在特定群体的措施，被称为"中国倡议"，将一些与中国有关的案件定义为学术间谍。特朗普执政时期，取消中国的和平队计划，发布行政命令终止中国大陆和中国香港的富布莱特计划，暂停被认为与中国人民解放军"军民融合战略"有关的1 000多名中国研究生和研究人员入境。2020年2月，美国把5家中方媒体机构（中国新华社、中国国际广播电台、中国环球电视网以及中国日报和人民日报）列为外国使团，需向美国国务院报告所有人员，纳入1982年颁布的"外国使团法"管理范围。2020年6月起，美国暂停和限制"与中国军方有关联"的中国留学生和研究人员持F和J签证进入美国。美国政府限制在美大学主修STEM（科学、技术、工程和数学）的中国研究生人数，并禁止中国学者进行敏感研究。孔子学院在美国的数量迅速减少，据孔子学院的无党派研究机构美国国家学者协会统计，2017年4月美国有103所孔子学院，截止到2022年1月，全美仅有27所孔子学院处于正常运营状态。③

---

① ANKIT PANDA. A civilizational clash isn't the way to frame U.S. competition with China[EB/OL].（2019-05-20）[2023-01-13]. https://thediplomat.com/2019/05/a-civilizational-clash-isnt-the-way-to-frame-competition-with-china/.
② 毛维准，王钦林. 大变局下的中美人文交流安全化逻辑[J]. 国际展望，2021（6）：34，35，146-147.
③ RACHELLE PETERSON. Outsourced to China : Confucius institutes and soft power in American higher education[EB/OL].[2023-01-13]. https://files.eric.ed.gov/fulltext/ED580866.pdf.

中美人文交流的受阻暴露两国人文交流单向度特征和交流主体、渠道及影响力、受益方面不对等的结构性困境。① 美国行为是针对中国的政治操作，不是单纯地限制文化交流，既有象征性意义，也具有实质的对抗性质，是采用冷战思维方式和意识形态与中国对抗的体现。

文化价值成为拜登政府实施大国竞争战略的工具。拜登政府时期突出价值观外交，以价值观联盟作为对外战略的重要组成部分，对华竞争中突出价值观因素。价值观外交成为拜登政府构建"民主国家联盟"的工具，在后冷战时代营造意识形态对立氛围和叙述方式的平台。② 美国在 2021 年和 2023 年策划召开"世界领导人民主峰会"，使其成为输出西方价值观的重要平台，企图形成意识形态合力与中国竞争。拜登政府以西式价值观为手段，建立小团体式的"多边主义"，扩展联盟体系，争取更多盟友参与与中国的战略竞争，提升美国软实力。美国扩大和整合现有联盟网络，试图将韩国、澳大利亚和印度纳入 G7 系统中，形成所谓的"民主十国集团"；扩大现有联盟体系内的合作力度，试图将美日印澳四国机制打造成一个多领域的合作机制。拜登政府以价值观作为工具，多管齐下，甚至不惜借助道德号召力和污名化对手，将自己打造成一个维护"基于规则的国际秩序"和民主价值观的正义形象，巩固美国的领导地位，获取西方阵营内部民众与政府的支持。③ 美国将价值观与网络安全、供应链和新兴技术等安全议题结合，联合具有共同利益和共同价值观的国家，在具体领域形成以美式价值观为主导规则的价值观联盟，与中国开展竞争和对抗。拜登政府更加突出美国与中国在价值观上的对立，把中美竞争称为"21 世纪民主国家与威权国家之间的斗争"，把同中国的竞争当作与"威权主义"作斗争的一部分。④

---

① 刘早荣，陈苑. 中美人文交流的结构性困境与应对 [J]. 江汉大学学报（社会科学版），2022（2）：15-26，125.
② 张茜. 拜登政府价值观同盟问题评析 [J]. 国际研究参考，2021（10）：1-7.
③ 叶成城，王浩. 拜登政府价值观联盟战略初探 [J]. 现代国际关系，2021（9）：11-17.
④ 周琪. 拜登政府对华政策显现全貌 [J]. 当代美国评论，2022（4）：52-78.

## 二、冲突性竞争的霸权文化和霸权心理

美国竞争战略的根源性问题不是文化差异,而是利益和权力,是领导地位争夺、国家利益冲突及地缘政治竞争,但竞争战略背后的文化根源(即意识形态对立和文化认知差异)和竞争战略设计的文化因素不容忽视。美国依据西方文化和历史经验,警惕潜在崛起大国的威胁,固守基于西方历史零和博弈的"修昔底德陷阱"思维。美国的国家安全政策以竞争理念为导向,相似的话语是大国竞争和战略竞争,竞争是美国对华认知及对华战略的核心概念。美国把中美之间的一切交往,以及与中国有关的事件都从大国竞争的视角重新审视,强势应对中国已经成为两党的共识和"政治正确"。

文化价值观在美国对外政策中发挥主导性作用,竞争是美国跨越党派的对外言论与行为,而这源于"美国例外论"思想和自由主义的价值。美国例外论的本质是道德优越感,肩负把自由扩大到整个世界的使命。基于美国例外论的道德优越感产生的主要后果有:只有美国才有资格充当国际规则的制定者和世界的领导者;美国处在国际体系之上,而不是在国际体系之内;美国的制度和发展模式是优越的,应成为整个世界效仿的榜样。[1] 美国的外交政策植根于自由主义传统,自由主义传统跨越党派分歧,影响美国政治生活和外交政策。只有将利益、权力和所信仰的价值相结合才能解释外交政策结果,其观念作为路线图限制对现实其他解释的选择,政策不同是观念影响下的不同选择所导致的。[2] "美国例外论"和自由主义是深植于美国人思想和行为中的价值,在美国的外交行为中具有复杂而深刻的影响。美国用自身的价值观和思维方式重塑世界的理想难如美国所愿。全球化进程是推动多元文化交流和相互借鉴的过程。各文明的人民都在寻求和扩大与其他文明共有的价值观、制度和实践。多种文明相互影响、竞争共处是不可阻挡的趋势和潮流。美国不能独立面对和处理全球问题,然而,美国依然没有摆脱"美国例外论"思想和行为的樊笼。在战略利益及文化价值因素的综合影响下,美国改变原有

---

[1] 王立新.美国例外论与美国外交政策[J].南开学报(哲学社会科学版),2006(1):10-17.
[2] JUDITH GOLDSTEIN, ROBERT O KEOHANE. Ideas and foreign policy: beliefs, institutions, and political change[M]. Ithaca and London: Cornell University Press, 1993: 13.

的合作性接触政策,以竞争性对抗和对峙的方式应对中国。

一个国家的战略与其文化特质密切相关。文化和权力都是美国霸权的动机。美国每一任总统对于国际局势与美国核心利益的解读和定义都有差异,但美国的战略风格具有显著特点,即倾向于对现状作出敌我分明的判断,并且经常采取攻势立场与手段,这些特点深受美国固有的世界观与政治文化的影响。冲突的来源是"所有强国普遍都有扩张倾向,包括经济、文化和政治的扩张"[1]。"从古希腊以来,富裕生活和商业贸易、海外殖民、军事扩张、争夺制海权、强权称霸在欧洲文明史的发展过程中密不可分,强大与称霸可以说是同义语。"[2] 在"理解异文化"上,西方国际关系理论学者和决策精英更倾向于把西方社会中根深蒂固的范畴和道德标准强加于、投射于其他行为体。西方国际关系研究者根据美国社会科学的行为主义和经验主义,"尝试理解非西方'他者'的心态和世界观的研究至今几乎不存在"[3]。美国长久积累的霸权心理状态以及对历史遗产的继承塑造成的战略文化,导致其具有最大化的绝对安全顾虑。美国作为超级大国,在竞争中有主动性,以自身思维方式、利益和战略环境判断决定竞争的对象,并具有引导竞争领域和方向的能力。美国为维护其优势地位,对挑战其实力的国家采取竞争战略,这种竞争是主动的遏制性竞争,所谋求的结果是零和的。美国的世界观具有明确的敌我意识,判断敌我的根据在于美国所认定的标准,并以此标准进行普世性的检验。

对中国"威胁"判定的螺旋式上升达到一定程度便引发政策转型,权力的客观变化导致不确定因素的增加,同时美国权力导致对自身行为结果乐观的判定和对威胁快速界定的结果,是权力演变和使用过程中霸权国家心态变化的结果。美国的霸权文化在判定威胁时具有极强的稳定性。美国作为霸权国对自身实力和外部环境的错误认知,导致其外交政策行为的非合理性。美国的傲慢、自我迷恋、夸大威胁、对自身实力的幻象都源于美国实力第一并持续要保持优势的霸权文化。美国不安全的原因与其说是能力问题,不如说

---

[1] 肯尼思·W 汤普森. 国际思想大师 [M]. 耿协峰,译. 北京:北京大学出版社,2003:61.
[2] 倪乐雄. 寻找敌人:战争文化与国际军事问题透视 [M]. 北京:经济管理出版社,2003:8.
[3] STEVE SMITH. Singing our world into existence:international relations theory and september 11[J]. International studies quarterly,2004(3):507.

是霸权文化和心理问题，错误知觉和界定敌人的倾向是突出表现。美国既是超级大国，又是21世纪感觉最不安全的国家。在非对称权力关系中，拥有优势权力的一方更难以形成理解他人的同理心，从而更倾向于误解和错误。权力与影响甚至控制事态发展的能力密切相关，权力带来自信和乐观，因此更容易导致错误认知。威胁是能力乘以意图。实力的变化并不意味着必然引起意图的变化。冷战时期，鉴于苏联的意图是明确的，威胁等同于能力，而冷战后，美国之外的国家意图不明确，对于美国而言威胁等同于意图。美国想用最小的代价获得更大的安全理应有更多自由选择的空间、更好的政策。安全感增加源自理性、客观的评估威胁，而美国恰恰缺少战略克制。

### 三、寻求威胁的决策文化

美国大国竞争战略中文化因素的作用机制是决策层、专家学者和民众之间的多元互动和共振模式，其战略实施影响不局限于美国，而是西方世界。西方语境下的国际战略目标设计是判断威胁和寻求敌人，没有目标，竞争战略无法实施。夸大威胁远比低估威胁在国际政治历史与现实中更具有普遍性，也是引发国际冲突的重要原因。决策者会清晰界定外部威胁的对象，军事和外交政策都会采取行动阻止对手获得优势。美国的政策不是基于中国做什么、是什么，而是基于美国总统、政策团队和决策精英阶层长期对中国的态度。中美权力的平衡导致美国心理的失衡。在美国政策制定者群体中，充斥着对中国"威胁"的判断，尤其体现于国防部、情报部门和白宫对中国挑战者和敌手的战略定位。美国政界、学界总是从中国的政策和行为中获取所需要的负面信息，并逐渐聚集为政策改变的舆论风暴。"中国威胁""中国崩溃""接触政策失败"等对中国行为判断的言论，在精英阶层形成了舆论共振。美国的大国竞争政策主要是美国内部对威胁的"再认识"，对权力优势丧失的恐惧和决策者因素导致的美国对威胁的主观放大。

决策往往不是基于事实，而是基于认知，尤其是决策精英的认知。夸大威胁是不可避免的，是不充分信息和不透明意图情形下应对不确定性的结果。① 国家安全威胁判断中误判的根源是普遍存在的认知偏见，其限制了理性分析威胁的能力。② 文明的成长及文明间互动的状态与社会精英的决策有直接密切的关系。"精英集团之间以及普通大众之间存在攻击性不满情绪是一个重要且不可或缺的条件，正是这种不满使人类历史上不断战争，然而这本身并不足以构成导致战争的充分条件。"③ 文明的碰撞不一定形成文明的冲突，文明可以通过交流进行融合。但当政治决策者将文明与扩张政策相结合，使战争因素增加，冲突似乎就不可避免，这种冲突是以文明冲突之名的利益冲突。

美国战略视野中的大国竞争概念，缘起于国防部对苏联的军事竞争思维和战略，始于20世纪70年代，80年代有所强化。冷战时期美国对苏联的竞争战略不是模糊无组织的，而是基于精心设计并有清晰的竞争计划、理念。国防部内的净评估办公室在与苏联的竞争中提供智力支持。该机构主任安德鲁·马歇尔是竞争思想的热衷者和竞争战略的推动者，自1949年长期在兰德公司工作，1973年11月担任净评估办公室主任，任职42年之久（1973—2015年），辅佐8届总统、14任国防部长。在军事竞争中领先潜在对手的战略才能赢得下一场战争，如何科学界定冷战中的竞争是国防部智库——净评估办公室及该机构主任安德鲁·马歇尔毕生的任务。马歇尔作为主要角色创建了净评估的竞争分析框架。净评估办公室的主要任务之一就是如何通过竞争的方式赢得对苏联的胜利，核心问题是现有霸权国如何应对崛起国家而维持其地位。净评估的一个基本假定是国家互动的本质是竞争，而非合作，竞争战略的动力是关注战略平衡与互动。净评估的核心任务是以优势、劣势界定军事平衡，关键词是军事平衡、互动、趋势。④ 竞争战略最重要的问题是成为有效的竞争者，即抓住美国的持久优势，掌握苏联的持久弱势和脆弱

---

① SHIPING TANG. Fear in the international politics : two positions[J]. International studied review, 2008（3）: 451-471.
② ROBERT JEVIS. Understanding beliefs[J]. Political psychology, 2006（5）: 641-663.
③ 倪乐雄. 寻找敌人：战争文化与国际军事问题透视[M]. 北京：经济管理出版社, 2003: 7.
④ STEPHEN PETER ROSEN. Net assessment as an analytical concept[M]//ANDREW W MARSHALL, J J MARTIN, HENRY ROWEN. On not confusing ourselves. Boulder : Westview Press, 1991 : 290.

性。① 竞争战略的功能具有外向性和内向性，外部引导对手发展长期对其不利的领域或限制对手发展；内部配置国防部资源以更有利的方式维护美国利益。竞争战略的获胜在于引导对手以非有效方式分配资源，本质上不是共赢，而是零合。净评估办公室和马歇尔的研究成果及思想方式不仅影响国防部对苏联的战略，也深刻影响自尼克松总统尤其是里根政府对苏联竞争战略及美国对苏联的舆论导向，是竞争战略思维和行为的智力根基。美国在面对逐渐崛起且影响力日增的中国，受限于自身经验与思维模式，倾向于假设中国也是采取积极攻势的大战略风格。美国对华竞争战略的目标设定依然沿用其历史逻辑。

美国自确定对华竞争战略以来，在政策决策体系内相继成立了针对中国的部门或相关计划。2018年11月，总统特朗普任内，美国司法部启动了"中国行动计划"，为了应对外国安全和技术威胁的行动，2022年3月这一计划结束。《麻省理工学院科技评论》的数据调查发现，在已知的"中国行动计划"案例中，近90%的被告有中国血统。美国国家安全事务的助理司法部部长马修·奥尔森承认该项目助长了不宽容和偏见的言论。司法部以不同的方式对待中国人或华裔，在调查和起诉与中国有关的犯罪行为时采用了较低的标准。② 众议院在2020年5月成立"中国工作组"，主要任务就是"反华"和制造"舆论战"。美国国土安全部2020年7月成立中国工作组，为了全面阐明、优先考虑和协调应对"中国对美国本土构成的不断演变的威胁"。2021年3月美国国防部宣布成立"国防部中国战略工作小组"，反对中国的"努力"是小组工作的重点。2021年10月美国中央情报局设立"中国任务中心"，专注于收集有关中国的情报，并打击所谓的"中国针对美国进行的间谍活动"。2022年12月美国国务院成立"中国事务协调办公室"，被非正式地称为"中国组"，

---

① ANDREW W MARSHALL. Long-Term competition with the soviets : a framework for strategic analysis[EB/OL].[2023-01-13]. https://www.rand.org/content/dam/rand/pubs/reports/2014/R862.pdf.

② Office of Public Affairs U.S. Department of Justice. Assistant Attorney General Matthew Olsen Delivers Remarks on Countering Nation-State Threats[EB/OL].（2022-02-23）[2023-01-13]. https://www.justice.gov/opa/speech/assistant-attorney-general-matthew-olsen-delivers-remarks-countering-nation-state-threats.

用于专门应对来自中国的地缘政治挑战。该机构将扩大关注中国的外交官人数，还将来自其他部门的美国政府人员在"中国组"轮流工作，使之成为一项跨部门的行动。2023年1月，美国国会众议院批准成立"中美战略竞争特别委员会"，专门负责"中美竞争"事务，众议院议长将指定一名成员作为委员会主席。委员会不具备立法管辖权，也无权对任何法案或决议采取立法行动，只负责调查，并针对中国的经济、技术和安全发展及其与美国的竞争情况提交政策建议。美国各部门的中国工作小组都存在组织和协调功能，在不同时期美国政府的偏好不一，进而会产生不同的组织偏好，但都不可避免地会涉及安全事务，指向中美安全关系、地缘政治冲突的酝酿和控制。美国政府部门各种中国工作小组所形成的对华竞争决策文化，体现了加强对涉中国情报决策的集中统一领导，政府决策体系整合应对和管理复杂性的中国挑战。"全政府模式"和专门机构应对中国挑战的行为模式显示美国行政权力的扩张趋势和美国国内对华竞争舆论的固化。

美国的对华战略目标是固守领导地位，不愿正视实力消长的现实。国家的行为和决策都包含成本和收益，实现某一目标的收益不可避免包含对其他期望目标达成的成本。美国选择与中国的对抗性竞争使其面临目标与手段不平衡的挑战。中美和平性共存不仅取决于中国的行为，还取决于美国能否和平接受其相对实力下降的实情并建立包容性秩序。当下的权力变革不仅存在于中美之间，还存在于东西方之间。中美的责任不仅在于推动和平，还要建立限制战争的新规则和机制，引导冲突的发展方向，而非重复历史。对和平的战略责任而非战略对抗理应成为中美关系新的战略基础。

## 第三节 "竞合共生"关系基础——相互尊重的外交理念分歧

中美形成积极的"竞合共生"关系，是尊重双方文化和立场差异基础上的共生。是否相互尊重是中美在外交立场方面的根本差异，根源在于两国历史传统、价值、思维方式不同。梳理"相互尊重"在国际关系规范和中国外交价值层面的内涵，思考美国歧义的根源是形成中美共生关系的前提。只尊重对方立场不会自动形成共生关系，然而不了解对方立场更难以形成共生关系。

## 一、作为国际规范的"相互尊重"

人际关系中，尊重是具有伦理、道德和规范含义的概念。外交伦理是以主权国家为主的国际行为体，在外交活动中依据社会道德交往原则和国际交往原则等形成的道德关系和规范的总和。① "相互尊重"在国际关系中成为国家应遵守的道理和准则，具有国际关系伦理层面的含义，自二战后成为国际关系中的规范性概念。尊重主权平等和自决原则成为《联合国宪章》的重要原则。"相互尊重"与国际关系中平等、不干涉内政具有无法分割的密切联系。

尊重是一种行为、态度和情感。作为态度，尊重是主体与客体的一种关系，表示客体对主体以恰当的方式进行特定模式的回应。作为回应，尊重是客体驱动的，而非完全是主体驱动。尊重的情感和态度决定了以适合或恰当的方式对待对方的行为。尊重是一个具有伦理、道德的概念，尊重也是社会的一个运行法则，具有规范意义。尊重是指对人以及以人为基础的社会存在物和自然存在物的某种属性与价值的认同、尊敬与重视。尊重体现在互动关系中，是观念和行为的辩证统一，是尊重与被尊重的互动统一。

尊重主权和领土完整是具有国际规范意义的理念。二战后《联合国宪章》明确指出要发展国家间以尊重人民平等权利及自决原则为根据的友好关系。从"主权平等原则"可以引申出互相承认和尊重主权的含义。尊重主权和领土完整在以联合国为主体的政治秩序中不仅具有道德性内涵，而且具有规范性，能够规定和约束国家的行为。对主权和领土完整的尊重在不同语境中有不同范围，在不同国家外交语境或规范中体现为对某种具体内涵的尊重。万隆会议通过的《亚非会议最后公报》中涉及处理国际关系应尊重的基本内涵：尊重基本人权，尊重《联合国宪章》的宗旨、原则，尊重一切国家的主权和领土完整，尊重每一个国家按照《联合国宪章》单独地或集体地进行自卫的权利，尊重正义和国际义务。

---

① 唐建文. 外交伦理浅论 [J]. 伦理学研究，2012（2）：129.

从尊重行为而言，尊重的产生不仅是一种被客体引发或所要求的结果，更是主体内部深层次的认识和行为根源，包含理性和文化支配的因素，是主体自主性实践的结果。尊重是主体与客体之间关系的建构与表达，是主观与客观统一、主体与客体存在共性的结果。国际关系中的"尊重"话语在实践中具有合理性和重要性。以尊重主权和领土完整的"相互尊重"作为国际关系中的道德准则之一并无歧义，有歧义的是尊重的具体内涵。双边外交或者对尊重主权赋予特定意义的情形下，未必能够被他者理所当然地接受和认同。"相互尊重"的内涵和意义植根于各方的历史、文化和价值中，是在一定范围和语境内发挥作用，不能抽离于具体的对象和语境。能够或应当获得他者对自身的"尊重"，是在特定历史条件和文化背景下的结果。国家间关系范围的"相互尊重"在实践中的合理性和重要性不仅仅基于心理学或伦理学，还具有价值认同、历史实践习惯及利益因素。思维、价值及利益的共同性是实现"相互尊重"的基础。中美在"相互尊重"层面的分歧是各自态度、思维方式和历史实践的差异，属于外交价值层面的差异。

## 二、中国外交政策话语中的相互尊重理念

在中国的政治与外交话语体系中，"尊重主权和领土完整"不仅是与国际关系基本准则相适应的外交层面的规范性概念，而且是中国一贯坚持的外交理念和价值，其本质是尊重主权和领土完整，与平等原则和互不干涉内政的原则密不可分。

### （一）"相互尊重"外交理念和价值的提出

"相互尊重"源于新中国外交实践和中国传统文化的理念和价值。中国承认国家之间存在巨大差异，但主张求同存异，不强加自身意志于他国。西方传统文化强调"敌友"，突出与外在的竞争甚至冲突，习惯零和博弈；中国政治哲学强调"化敌为友"。[①] 1953 年，周恩来在北京会见来访的印度代表团时，提出了处理两国间存在问题的原则，这是和平共处五项原则的基本思想和最

---

① 秦亚青. 中国学者看世界：国际秩序卷 [M]. 北京：新世纪出版社，2007：16.

初版本。1954年，中印签订了《中华人民共和国和印度共和国关于中国西藏地方和印度之间的通商和交通协定》，在其序言中对和平共处五项原则作了完整的表述，第一条为互相尊重领土完整。①1955年印度尼西亚万隆召开的亚非会议将互相尊重领土主权丰富为互相尊重主权和领土完整。②和平共处五项原则完整内涵最终确立。中国在确立外交理念和原则之际就重视相互尊重，和平共处五项原则以尊重国家主权为基础，其他原则都是从这一原则引申出来的，其他原则表现了尊重主权的各个不同的具体方面。③

和平共处五项原则代表了包括中国在内的新独立国家对主权的强调，认可和保障自身的独立生存，以此在战后的国际关系中巩固国家之间平等交往的现实。中国作为被尊重的对象和尊重他者的主体，与亚非拉发展中国家有着共同的历史经验和现实利益需求。和平共处五项原则是中国外交价值体系和国际社会规范体系的重要组成部分，也是中国同世界上爱好和平的国家一起共同引领世界走向和平发展、和谐共生道路的基本价值准则。④"尊重人民平等权利及自决原则"不仅是国际法的一个原则，而且也是全球共识的道德原则。⑤在国际关系交往中，国家之间应该尊重什么在中国外交理念确立之初就逐渐明确内涵并一贯坚持。1955年的亚非会议上，中国代表团基于和平共处五项原则口头上提出要"互相尊重主权和领土完整；互不干涉和干预内政；承认种族的平等；承认一切国家不分大小一律平等；尊重一切国家的人民有自由选择它们的生活方式和政治、经济制度的权利；互不损害"⑥。中国尊重所有国家的自主意志，尊重其他国家选择的社会发展道路，表达了中国在后殖民时代建立平等地位的强烈愿望。1974年邓小平在联合国大会第六届特别

---

① 中华人民共和国对外关系文件集（1954—1955）：第三卷[M]. 北京：世界知识出版社，1958：11.
② 当代中国研究所. 中华人民共和国史编年：1954年卷[M]. 北京：当代中国出版社，2009：760-761.
③ 王沪宁. 国家主权[M]. 北京：人民出版社，1987：11.
④ 苏长和. 和平共处五项原则与中国国际法理论体系的思索[J]. 世界经济与政治，2014（6）：4-22.
⑤ 许启贤. 尊重：全球的底线伦理原则[J]. 云南民族学院学报（哲学社会科学版），2003（2）：14.
⑥ 当代中国研究所. 中华人民共和国史编年：1954年卷[M]. 北京：当代中国出版社，2009：268.

会议上提出各国的事务应该由各国人民自己管。发展中国家人民有权自行选择和决定他们自己的社会。①

新中国成立后，中国外交理念从确立、完善到丰富是在国际环境变迁下处理对外关系的过程中实现的。和平共处五项原则的和平、平等、互利规定了当时及当下中国处理对外关系的价值取向。在和平共处五项原则尤其是相互尊重主权和领土完整原则的基础上，新中国与印度、缅甸等与中国社会制度不同的民族国家以及瑞典等西方国家建立了正常的外交关系。以相互尊重主权和领土完整为首要原则的和平共处五项原则是新中国成立后打开外交局面的创新性理念。

### （二）"相互尊重"理念表述方式及实践的变化

某一原则往往存在着政策的适时变化和调整，外交理念在保持原则不变的情况下其内涵表述不断充实。和平共处五项原则的概念是抽象的、相对固定的，但国家实力、外交活动、国际秩序的发展是动态的和具体的。"相互尊重主权和领土完整"中所秉持的"相互尊重"原则及表述方式也会随着外交行为的变化而发生相应的调整与创新。

改革开放后，在"和平与发展"的时代主题判定下，以"发展"作为核心价值理念确立了独立自主的和平外交路线，突出了和平性。国家利益是外交政策的最高准则，外交决策者必须做到既"着眼于自身长远的战略利益，同时也尊重对方的利益"②。20世纪80年代，中国外交政策话语中的相互尊重更多体现在国际共产主义运动中，强调各国各党平等和相互尊重各自对自己事情的判断和选择的原则，新型党际关系不受意识形态差异的影响。在反对霸权主义的语境下，西方国家较少涉及相互尊重。

冷战结束后，在经济全球化、世界多极化的发展趋势下，国家无论大小都应平等相待，不干涉别国内政，承认和尊重世界多样性，推进国际关系民主化。中国共产党历次党代表大会的报告中，"相互尊重"理念的阐述主要包含在和平共处五项基本原则中，或体现在国际规范的角度。在中国外交中，从强

---

① 邓小平在联大第六届特别会议上的发言[N]. 人民日报，1974-04-11（1）.
② 邓小平. 邓小平文选：第三卷[M]. 北京：人民出版社，1993：330.

调相互尊重，到二十大报告中提出中国尊重各国主权和领土完整，尊重各国人民自主选择的发展道路和社会制度，从尊重的接受方变为尊重的主动方，体现出中国的自信。中国外交强调对各国社会制度和发展道路的尊重，1992年首次把外交作为专门一部分论述在十四大报告中提及。此后，在党的历次报告中都强调各国选择社会制度和发展道路的权利，只是语境和论述方式发生了变化，从文化层面对世界多样性、尊重国家间平等关系的国际规范意义到中国自主性外交政策的转变；从尊重各国的权利、彼此尊重到中国主动尊重他国权利的转变。中国在多边场合强调尊重各国选择社会制度和发展模式的权利。2017年习近平在联合国日内瓦大会上发言指出主权平等，真谛在于国家不分大小、强弱、贫富，主权和尊严必须得到尊重，内政不容干涉，都有权自主选择社会制度和发展道路。①

"相互尊重"在中国外交的话语体系中，经历了重要性提升和内容表述逐渐充实的过程，中国对国际问题的看法和政策越来越主动。尊重国家自主选择制度和道路的权力也是国际关系基本准则和时代潮流的必然要求。各国主权平等是联合国宪章的主要原则。主权原则不仅体现在各国主权和领土完整不容侵犯、内政不容干涉，还应该体现在各国自主选择社会制度和发展道路的权利应当得到维护，体现在各国推动经济社会发展、改善人民生活的实践应当受到尊重。从类型上，尊重有"承认性"和"评价性"，前者主要涉及在考虑如何行动中给予对象的某个特征以恰当的考量或承认；后者是针对对象或对象的品质进行积极评价。②中国外交从新中国成立之初的"外交承认""政治承认"向寻求"政治认同"转变。

中国外交一贯坚持的"相互尊重"外交原则适用于不同制度、不同发展阶段、不同实力和经济规模的国家之间，中国既尊重其他任何国家，也需要其他国家对中国的尊重。尊重国家自主选择制度和发展道路的权利是中国固有的外交理念之一，将其变为对西方国家的外交政策实践，是中国外交的自主性和自信提升的体现，也是中国更主动推动国际关系趋于平等的表现。

---

① 习近平. 共同构建人类命运共同体——在联合国日内瓦总部的演讲[N]. 人民日报, 2017-01-20（1）.
② STEPHEN L DARWALL. Two kinds of respect[J]. Ethics, 1977（1）: 36-49.

## 三、美国外交语境下的"相互尊重"及中美分歧

美国建国以来更愿意在条约中使用"互利"而非"相互尊重"。中美关于"相互尊重"的分歧也折射出两国在历史实践、价值、思维方式层面的差异。

美国外交签署的条约或文件中更愿意使用互利和互惠的概念。从正式外交关系角度，法国被视为第一个承认美国独立的国家。美国与外国签订的首个双边条约是 1778 年与法国签署的《同盟条约》，内容中提到条约签署的原则是互惠，目的是维护自由、主权和独立。[①] 二战后相互尊重主权和领土完整成为《联合国宪章》所规定的国际关系基本原则之一，美国在签署条约中使用"相互尊重"次数增多，但也主要限于多边外交、具体事务、防务安全领域。

在多边外交层面，1948 年《美洲国家组织宪章》中声明每个国家都有责任尊重其他国家被国际法所赋予的权利。1975 年欧洲安全与合作会议的《最后文件》（又称（赫尔辛基最后文件））声明中提出，国家之间无论政治、经济、社会体系及规模、地缘位置和经济发展水平有何差异，都要尊重主权平等及主权概念所固有的领土完整、自由和政治独立等权利，尊重人权和基本自由。在具体事务层面，1980 年中美首次签署的《中美民用航空运输协定》中，双方认同相互尊重独立和主权的原则、不干涉另一国内政、建立平等互惠和友好合作的关系。在防务安全层面，1980 年基于尊重主权平等和相互利益，美国与土耳其签署了防务和经济合作协定；1967 年基于相互尊重和主权平等原则，美国与拉美国家签署《拉丁美洲禁止核武器条约》；1990 年基于尊重主权平等、独立和相互利益的原则，美国和希腊签署了防务合作协定。美国以条约形式正式签署的双边关系或多边关系协定，主要是接受《联合国宪章》规定的尊重主权和领土完整的原则，很少提及尊重国家的内部事务。

国际规范层面的"相互尊重"对于中美两国及双边关系稳定发展具有战略意义，容易获得美国的共识，也是建交以来中美关系和平发展的基础之一。1972 年 2 月 28 日，在《中华人民共和国和美利坚合众国联合公报》（《上海

---

① Treaty of Alliance with France[EB/OL]. [2023-03-27]. https://memory.loc.gov/cgi-bin/ampage?collId=llsl&fileName=008/llsl008.db&recNum=22.

公报》）中双方承诺："中美两国的社会制度和对外政策有着本质的区别。但是双方同意，各国不论社会制度如何，都应根据尊重各国主权和领土完整、不侵犯别国、不干涉别国内政、平等互利、和平共处的原则来处理国与国之间的关系。国际争端应在此基础上予以解决，而不诉诸武力和武力威胁。"①尊重主权和领土完整，不干涉别国内部事务作为处理两国关系的基本原则在1982年的《中华人民共和国和美利坚合众国联合公报》（《八一七公报》）中再次得到确认。2008年中美建交30周年之际，美国前总统卡特表示为两国间建立起来的持久友谊与相互尊重的关系感到自豪，中美关系未来最重要的是要相互尊重，使我们两国间可能出现的分歧或可能发生的竞争以一种相互尊重的、和平的方式解决。②美国接受一般规范意义上的尊重主权与领土完整以维持中美关系的合作，因利益因素、历史实践及思维习惯的不同，与中国在"相互尊重"的内涵上存在分歧。对美国而言，在规范和战略层面认可"相互尊重"并不意味着认同在利益层面尊重中国核心利益及在内政层面尊重中国制度与发展道路。

美国在"相互尊重"议题上与中国缺乏共识，根源在于美国的霸权文化。美国习惯上把世界分为"三个部分"：自由世界、共产主义的敌人和第三世界。中国对于美国而言从未属于自由世界的阵营。美国改造中国的企图从来没有放弃过。和平是中国的文化主流和改革开放以来所坚持的核心理念，中国会以建议性、和平的方式回应国际环境的变化及中国实力增长所引发的大国关系态势的变化。所有国际关系都是在两国以上的主体间发生的，只有涉及的各方都认可并遵循的原则才是有意义的，要顾及对方的态度而非单方面遵循所谓理想原则的行为。③相互尊重是合作共赢的前提，公平正义是相互尊重的保障，只有推动国际关系民主化、法治化，各国遵守国际法和公认的国际关系基本原则，才能真正实现相互尊重。

---

① 中华人民共和国和美利坚合众国联合公报 [EB/OL].（1972-02-28）[2023-01-27]. http://www.china-embassy.org/chn/zmgx/zywj/lhgb/t705065.htm.
② 李学江. 重要的是相互尊重：美国前总统卡特谈美中建交30周年 [N]. 人民日报，2008-12-09.
③ 赵伯乐. 实现"和平共处五项原则"条件析论 [J]. 国际政治研究，2005（4）：12-18.

## 第四节　中美"竞合共生"关系新框架的管理策略

中美关系是利益深度交错的两个不同政治制度、不同发展阶段、不同战略文化的超大规模国家的高度复杂关系。中国负责任的大国外交在国际上倡导面向未来的人类命运共同体，同时也必须在应对美国战略竞争的过程中提出现实的路径。在中美竞争关系中，中国不仅需要政策应对，而且要主动搭建中美形成积极"竞合共生"关系的新框架。在美国政治生态转向的大背景下，要重视危机管理并发挥中国的主动性。中美存在明显的文化和外交理念差异，竞争是美国文化的 DNA，这些都是中美形成积极"竞合共生"关系的障碍。文化、观念与行为之间的因果决定关系不是单向度的，而是相互建构的。中美在竞争性关系互动中将构建新的平衡，中国和谐与合作的文化基因能够发挥积极的建构作用，可以有效管理中美关系，推动中美关系新框架的形成。

### 一、中美不同文化风格的冲突行为选择

中美关系对双方、地区和全球而言都足够重要，维系中美关系的稳定是两国的利益所在，也是大国责任所在。美国推行的霸权文化大大降低了中美之间沟通和观念契合的可能性。但是无论中国还是美国，都有迫切解决分歧的需要。"与竞争者合作"需要还原关系的真实场景和文化背景。国家间关系的形成是具有多重性和动态性的，中美竞争性互动是动态的，唯有通过文化才能探寻中国和美国在竞争中的行为选择。

#### （一）冲突管理的概念

冲突和矛盾是难以避免的现象，存在于人类社会的各个层面，战争是处理冲突的最后手段，谈判和妥协是人类获得惨痛教训后发展出来的应对冲突的策略。冲突是一个一方知觉到其利益遭受到另一方的反对或负面的影响的过程；[1] 冲突是一种社会结构或环境下的必然结果，涉及的是双方和多方行为

---

[1] JR WALL JAMES A，RONDA ROBERTS CALLISTER. Conflict and its management[J]. Journal of management，1995（21）：515-558.

体的利益，也存在环境和文化的结构性因素。冲突的外在表现是包括语言和行动在内的显性或隐性的冲突互动。然而这种冲突互动往往存在于一个问题情境的背景下，即冲突方不是相互孤立和毫无联系的，而是相互依存状态下的目标、手段及认知的对立。相互依赖的情境是冲突发生的要素之一，这种情境也意味着冲突对于双方而言都是不利的，唯有找到双方接受的解决办法，满足双方的需求，才是最佳策略。冲突的发生往往因为主体具有不同的目标，并且难以相容或妥协。中美两国追求的目标或结果不一致：美国追求霸权优势和主导地位；中国追求公平合理的新国际秩序，构建人类命运共同体。因而中美之间的竞争是长期的博弈过程。

　　冲突并不必然是消极的，只有管理不善的冲突才是消极的。冲突管理是一种有目标或者有目标导向的活动，这种目标一定不仅是行为体一方的，而是冲突各方的。需要解决的问题是如何降低冲突或提升解决问题的能力。冲突管理理论与传统观念中的避免冲突和解决冲突观念不同，是把冲突视为正常的过程，以理性态度寻找处理冲突的最佳方式，存在建设性冲突和破坏性冲突的区分。管理冲突所要解决的是如何引导冲突发挥建设性功能。管理冲突意味着要有正视矛盾和冲突的良好心态，而不是陷入无谓的怀疑或恐惧状态；要有管理冲突的富有建设性的技巧和措施；同时也要避免出现试图一劳永逸地解决冲突的美好幻想。冲突管理是冲突方对当下形势所采取的一系列沟通行为，只有当沟通行为产生所有或者多数冲突当事人都期待的结果时，才是有效的冲突管理行为。冲突管理涉及应对冲突的多种方式和多种结果，包括不使冲突升级、降低冲突的程度、解决冲突或者完全避免冲突。冲突是过程，是动态的、不断发展的，在某一时期有独特的形式，这意味着冲突管理也是一个过程。

　　中美双方在竞争中磨合，寻求"竞合共生"的新平衡需要冲突管理理念。中美两个大国之间不会轻易陷入战争状态，而是进入冲突和矛盾多发期。这一阶段无论是中美之间对抗的危险，还是短期内实现相互合作的期盼都是不切实际的夸大或幻想，需要正视冲突性竞争并积极管理。对于中美竞争的管理无法消除竞争，只是围绕竞争关系建立护栏，以便竞争在可接受的范围内发生，同时为双方坦诚地面对和解决问题创造更有利的条件。

### (二)冲突与和谐文化风格面对冲突的行为选择

中美认知和行为的差异在更深的层次上源于中美思维方式、价值观念的不同。具有辩证思维的中国人容忍和接受矛盾的存在。① 然而美国与中国合作是基于现实利益的,最终的目的是以接触政策寻求中国的改变。美国人更愿意关联同类事物,而更容易对类属不同的事物采取对立的态度。② 美国人认为属性是一种抽象的存在,脱离环境和各种关系,事物的属性或行为者的本性决定行为。因而,对于美国人而言,不同类对象不仅是异类,更倾向于"去异归同"。政治体制方面,美国认为自身的制度具有普世性,让其他国家"美国化"才有安全感。中国人的思维是"关系逻辑",而美国人的是"交易逻辑"。中国用关系逻辑处理国际关系时,不会利用其实力优势让自己在每次交易中获益最大化,而是尽力让互惠关系更稳定;而当代西方人会倾向于以自己的规范为基本标尺,在必要时候甚至通过施压,要求他人与其保持一致。③ 社会心理学的一项研究表明,包括中国人在内的亚洲人看待事物更全面,容易接受换位思考,而包括美国人在内的西方人则站在自己的立场上思考,不容易换位思考。④

社会文化学研究发现,在西方,冲突通常被视为获胜者和失败者之间的一种竞争。基于美国文化动态的分析,学者得出的结论是美国人的协商行为是基于利益框架的,更关注结果或自身利益,动机是在冲突情境中实现结果的最大化和最优化。⑤ 基于美国在冲突上的自身利益视角,冲突研究出现关注自身和关注他人的双重关注模型,其概念基础是考虑合作性和关系,但关系

---

① RICHARD E NISBETT. The geography of thought : how asians and westerners think differently and why[M]. New York : Free Press, 2003 : 27, 176.

② ZHONGQI PAN. Guanxi, weiqi and Chinese strategic thinking[J]. Chinese political sciences review, 2016 (1) : 303-321.

③ BRANTLY WOMACK.China as a Normative Foreign Policy Actor[EB/OL]. (2009-02-04) [2023-01-27]. https://papers.ssrn.com/sol3/papers.cfm?abstract_id=1337618.

④ RICHARD E NISBETT. The geography of thought : how asians and westerners think differently and why[M]. New York : Free Press, 2003 : 88.

⑤ C TINSLEY, S BRODT. Conflict management in Asia : a dynamic framework and future directions[M]//K LEUNG, S WHITE. Handbook of Asian management. Boston : Kluwer, 1998 : 439-458.

结构被假定在冲突情境中对另一方结果的关注，并非关注关系本身。高度关注自身而不关注他人的模式是支配风格，行为模式是攻击性和竞争性策略。①西方文化中的竞争模式具有支配性和冲突性特征，高度关注自身利益和结果，更愿意实施偏好输赢并具有破坏性、对抗性特征的竞争，这种狭隘的竞争风格容易导致关系的破裂、对抗甚至战争。

从组织行为的角度，学者提出不同冲突的解决方式，包括达成个人目标和人际关系目标，②关注自己与关注他人，③满足自己的目标和满足他人的目标。④冲突的解决方式有退让、整合、回避、强迫及妥协等，退让是高度关注他人，低度关注自身；整合是高度关注自身与他人；强迫是高度关注自身，低度关注他人；妥协是中度的问题解决，或是配合他人的让步而作出的善意回应。

不同文化传统，因考虑因素的差异，其沟通选择、结果预期及行为方式有所不同（见表3）。基于组织行为的冲突解决方式分析中美不同文化传统在面对冲突时的选择，以冲突文化为战略传统的美国更关注自我需求，以和谐文化为价值追求的中国往往以关系为中心取向。和谐和冲突的文化风格不仅导致合作与竞争两种模式，而且使其行为模式更复杂。无论是竞争行为还是合作行为都是复杂的。整合冲突与合作的文化特征，从关注自我需求、关注对方需求⑤和以关系为中心取向三个维度思考，存在多种行为方式，包括竞争、征服、隐蔽获胜、妥协、合作、回避及顺从。冲突文化更关注自我需求，是对实现自身利益诉求和结果的一种关注，存在两种沟通行为：防御型和主动攻击型。防御型虽然关注个人目标的实现，但不是以选择竞争、冲突的方式实现自身目标，而是为应对冲突作准备，选择隐蔽方式实现自身目标。主

---

① M A RAHIM. A measurement of styles of handling interpersonal conflict[J]. Academy of management journal，1983（26）：368-376.
② J HALL. Conflict management survey[M]. Rochester，New York：Technometrics，1969.
③ M A RAHIM. Managing conflict in organizations[M]. New York：Praeger，1986.
④ KW THOMAS. Conflict and negotiation process in organizations[C]//M D DUNNETTE，L M HOUGH. Handbook of industrial and organizational psychology. Palo Alto，CA：Consulting Psychologist Press，1992：651-717.
⑤ M A RAHIM. A measurement of styles of handling interpersonal conflict[J]. Academy of management journal，1983（26）：368-376.

动攻击型一般与独断性相关，只考虑个人利益得失，不关心他者或者与他者的关系，一般具有零和竞争思维，采用主动竞争或军事征服的方式实现自身目标。美国在竞争中对中国的攻击行为包含语言、外交和经济等手段，并在军事层面有所部署。

表3　不同文化风格在冲突关系中的行为选择

| 文化类型 | 冲突的文化 | | | 和谐的文化 | | | |
| --- | --- | --- | --- | --- | --- | --- | --- |
| 考虑因素 | 更关注自我需求 | | | 以关系为中心取向 | | 更关注对方需求 | |
| 沟通选择 | 防御型 | 主动攻击型 | | 自我肯定型 | | 高关注自身利益 | 低关注自身利益 |
| | | 非军事 | 军事 | | | | |
| 结果预期 | 不输则赢 | 彼失我得 | | 有失有得 | 共赢 | 不输则赢 | 不输则赢 |
| 行为方式 | 隐蔽获胜 | 竞争 | 征服 | 妥协 | 合作 | 回避 | 顺从 |
| 具体行为表现 | 回避冲突，私下追求个人目标 | 外交、经济等手段 | 军事力量展示和部署 | 讨价还价，择优选择 | 强调共性，承担责任，解决问题 | 否认冲突存在，远离分歧，虚假和谐 | 让步；放弃目标，维持和谐 |

和谐文化考虑的因素往往以关系为中心取向，并关注对方需求。以关系为取向的维度通常具有合作性，坚持共赢思维，强调共同利益并有意愿解决共同问题，相比于不重视关系取向的维度，更愿意妥协而获得最优选择。关注对方需求维度的可能性存在，但在国际关系中只关注对方需求的可能性较小，更多会与其他维度相结合，理性行为体会考虑自身的利益需求和相互关系的维护。一般和谐的战略文化不仅会考虑自身利益需求，维系关系，还愿意了解和关注对方需求，这是由彼此相互依赖客观现实影响的行为模式选择的。

整合是最佳的冲突解决方式。无论是冲突风格还是和谐文化，不同风格之间考虑的因素不是孤立的，而是具有整合性和变动性的。[1] 在相互依赖的关系中，国家在对外战略中考虑的因素不可能只有一个，虽然美国受其战略文化影响，更关注自身需求，是以自我为中心的主动进攻型，但随着其竞争政策的实施，也不得不考虑他方需求。中国"和合"战略文化关注自我需求的方式是防御型的，以关系为中心取向，也会兼顾对方的需求。多种冲突管理模式相对于

---

[1] KWOK LEUNG，FRANCES P BREW. 和谐和冲突的文化分析 [M]// 罗伯特·S怀尔，赵志裕，康萤仪. 理解文化：理论、研究与应用. 北京：人民出版社，2018：483-502.

单一方式更能有效应对冲突。儒家的和谐理念维持的是相互尊重关系的需要，以及对人性和道德的普遍关注，并不是特意强调以回避分歧和对抗达到和谐。和谐交往能力在中国文化中是沟通能力的核心成分。和谐是整体结构，和谐的动机包括避免分裂和促进和谐。避免分裂是避免会使关系紧张、弱化或破裂的行为，避免分裂包含一种消极取向，尽可能减少破坏关系的行为和事件。促进和谐是采取增强各方互动关系的行为，包含积极的努力。[1]

中国和平外交及"和合"的文化价值观，并不排斥竞争，只是从"和合"视角处理分歧和冲突，具有关注个人自身利益的同时关注另一方利益的道德立场，不忽视自身目标的同时考虑和尊重对方的观点和立场，这是中国和平外交中的共赢思维。与美国通过竞争策略使自己获胜的文化不同，中国偏好强调和谐的、具有较少对抗性的建设性外交风格，重视和谐的关系氛围。在与美国的竞争关系中，中国的外交传统和文化价值决定了中国应对美国竞争的行为模式是坚持斗争，通过对抗方式维护自身的利益，避免分裂并维持和谐。中国外交和文化价值的和谐特征具有降低或减缓美国对抗性竞争政策对双边关系负面影响的可能性。中国强调和谐的传统文化，在对美国的外交行为中存在回避冲突的动机和对关系延续性的关注，意味着中国具有塑造中美关系良性发展的文化动因。

## 二、战略层面的有效沟通和协调避免分裂

接受大国竞争关系的定位是一个必然的过程，逃避、忽视大国竞争关系有可能使问题更为恶化，重要的是把冲突性竞争向建设性竞争的方向引导。对于中美两个大国而言，应意识到只有寻求共同的解决方案，才能使双方受益。

美国对大国关系一直处于高级别的威胁和戒备之中，"过度警觉"反应是常态。美国的竞争战略是零和思维的破坏性竞争，主观追求的目标是获胜，但其结果是双方都要付出代价，并且会导致美国国内政治及社会的运转失调，

---

[1] K LEUNG. Negotiation and reward allocations across cultures[C]//P E EARLY，M EREZ. New perspectives on international industrial organizational psychology. San Francisco：New Lexington，1997：640-675.

甚至分裂。这种竞争是非理性的。与中国竞争本身成为目的，最终损害的是美国政治集团和民众的需求和利益。美国学者也认为以竞争为主的外交政策正在消耗美国，美国正在无限扩大的竞争中迷失方向。美国不应为了跟中国竞争而竞争，最终影响自身的国际地位。长期消耗的竞争导致美国国内政治变化，两党争斗，为了围堵中国，避免表现出对中国软弱的愿望，导致美国不断扩张。① 美国用冲突的竞争方式推动中美关系朝向"敌对共生"的方向发展，虽然短期内和表面上有利于凝聚美国国内共识，强化内部团结，但随着这种关系的演变，会加深美国与中国的敌意。这种深化的敌意，会成为限制美国继续推行"敌对共生"的行动自由，不仅减少了中美的合作空间，也压缩了美国妥协和让步的空间。

在冲突管理中，沟通行为的目的是达成理解。把零和、破坏性竞争变为整合性、建设性竞争，通过沟通找出双方都可接受的妥协方案，尊重对方的主权和利益诉求。竞争是手段，而非目标。竞争场合中发动竞争者的行动是以目的理性的方式，目的理性是假设每个主体只遵从自我偏好和决策原则，不关心其他主体的需求。因而，在中美塑造积极"竞合共生"关系的过程中，面对的主要问题是沟通中断和无效沟通。沟通中断一般不是因为有分歧，而是因为无法掌控冲突性竞争的情境。一般的行为体都会避免与自身意见不同者沟通，不良的沟通或破坏性的沟通无助于竞争关系的缓和。特朗普执政后期，中美两国的沟通几乎处于中断状态。

有效和有益的沟通意味着相互尊重，应理性思考自身的需求和对方的需求，用直接、坦诚的沟通态度针对议题进行沟通。如果沟通是因为意见不同而试图说服对方，试图改变或说服对方的沟通，即便沟通频繁，但往往也是无效的。拜登政府开始重视与中国维持多层面的沟通渠道，希望与中国建立危机沟通机制，防止分歧向冲突升级。然而美国重视沟通的态度背后有战术考虑，国内政治压力使其无法通过沟通与中国达成任何实质性协议，因而，沟通往往本身成为一种目的，而非实现其他议题的方式。2021年3月，美国和中国外交官在安克雷奇举行的会晤显示，试图改变或说服对方的沟通会适

---

① JESSICA CHEN WEISS. The China trap：U.S. foreign policy and the perilous logic of zero-sum competition[J]. Foreign affairs，2022（5）：40-58.

得其反。2022年11月，中美两国领导人在印尼巴厘岛二十国峰会前会晤，中方明确不挑战美国霸权，这是中国释放的善意，也符合中国的政治传统，但两国元首的会谈成果一直无法落实。2023年2月，美国国务卿布林肯与中共中央政治局委员王毅在慕尼黑安全会议上沟通；2023年5月，王毅和美国总统国家安全事务助理沙利文在奥地利维也纳举行会晤，断断续续进行10个小时的会谈；同年6月初，在香格里拉会议上中美防长礼貌握手但"会而不谈"；同年6月布林肯访华；同年7月美国财政部长耶伦访华。这一系列沟通对话的政治象征意义更大，白宫希望通过形式上的交流和反馈机制避免矛盾激化和升级，策略性管理与中国的关系，但是难以改变美国对中国的激烈竞争策略。即便如此，危机管理中的对话也是重要的，即便没有办法解决现实中的问题，但可以避免摩擦升级、冲突发酵，同时高层相关官员的对话会间接影响市场，给市场带来信心，为经济注入新的活力。

面对美方的"对话"战术，中国应在对话中掌握主动权，推动自己关心的议题，向对方提出具体的诉求，通过"对话"更加接近目标的实现。中国有能力和责任建立良好的大国互动沟通模式。中国的战略文化能够创造与自利国家有差别的沟通方式，这种沟通方式以"制造共识"为目标，将探索国际关系大国互动的中国路径。中美之间的战略沟通挑战在于双边关系的复杂性和不确定性。双边关系的复杂性产生的竞争议题体现在理论知识与话语层面。沟通需求信息的转移，包括听取民众意愿，这就意味着关注对方民众关心的事情，确定沟通的问题，进而提供可信有效的信息。双边关系的不确定性所产生的冲突议题是在经验、能力和价值观层面，沟通需求是与相关人员及公众沟通，并使用建设性沟通技巧。沟通的主要议题是如何解决双方共同面对的问题，针对具有重大意义且具有危险性的议题进行调解和谈判，如台湾问题、地缘竞争问题等。通过沟通确立竞争关系的规则，为破坏性竞争设限。

针对中美竞争关系开展协调，按照特定的共有规范，通过会谈协商解决共同的安全问题。"特定的共有规范"主要体现在一致性、合法性、责任性、包容性和自我克制。一致性是指大国在共识决策程序指导下，主动通过会谈协商解决重大安全问题，努力避免单边行动。合法性指除非经过合法程序，各国不能随便改变现状，又要求大国行为需要得到本区域各国的广泛认可。

责任性指大国既应把彼此间达成的合作框架视为一种有约束力的国际责任，又要承担起维持区域安全与稳定的主要责任。包容性指不排除在该地区有重要影响的任何大国和与特定安全问题有关联的中小国家，又不强调意识形态的一致性。自我克制是大国奉行温和的对外政策，不寻求对外扩张，又能在重大的利益纷争中将和平方式放于首位。在权力扩散、分散化的时代，维持国家之间的权力均衡是不容易实现的，要更多地专注规范的作用，将相互尊重和自我约束等规范纳入国际法的范畴中，使其不断发展完善。[①] 中国以战略沟通方式建立面向未来的中美关系，而不是纠缠于当下，用妥协性、合作性、开放性力量获得竞争中的优势。

## 三、基于共同利益的合作促进和谐

务实和有效的合作是中美关系的未来前景，是推进积极"竞合共生"的途径。中美合作在美国竞争战略下变得稀缺和难以实现。中美关系发展到一定限度可能受到价值观认知差异的挑战，但合作伙伴关系的基础是"利益共享"。

### （一）中美合作的障碍

国际合作的规范性判断是对自身有益的，国家间的和谐相处优于冲突互动，国际合作是解决问题的先决条件。而对于合作的判断是美国所缺乏的，美国对华决策层一直存在"实用派"和"战略派"的分歧和博弈："实用派"强调中美经济合作的重要性及中美实现双赢的可能性；而"战略派"则强调中美在利益和价值领域的矛盾和冲突，中美合作只能是战术性的，竞争和冲突才是战略性的。

中国对中美双边关系的认知框架是基于中国的文化传统和外交价值，即更愿意将双边关系定义为以共同原则、共识和可能的合作为指导的和平共处。美国推动下的中美竞争关系压缩了双边有意义的战略合作空间，包括在贸易方面的合作。对于美国而言，大国竞争是双边关系的框架，意味着以竞争和

---

[①] 斯维尔·路甘德.建立一个无核武的世界[M]//朱立群，富里奥·塞鲁蒂，卢静.全球治理：挑战与趋势.北京：社会科学文献出版社，2014：106.

对抗而非合作来定义关系。合作是竞争战略中的一种选择，更愿意从事利己的合作。中美即便在某些议题上存在利益重叠，也并不一定意味着国家在实践中会选择合作。美国企业高管和政策专家呼吁恢复中美之间的建设性对话，认为两国仍拥有共同的经济利益。① 中美合作存在的障碍依然较大，如缺乏互信、因合作需承担国内政治成本、对某一议题的认知存在根本差异、可能的合作与不可能的合作的问题联系在一起等。缺乏互信是合作的最大障碍，因信任度下降使其他合作的障碍因素更加难以克服。在相互依存领域，权力成为一种正和博弈。在许多跨国问题上，赋予他人权力可以帮助实现自己的目标。中美合作要兼顾各自国家利益和利益共享的关系。

### （二）共同利益是中美合作的基础

中美关系40年来发展的支柱是经济、应对威胁的战略利益、文化和外交，中美关系的基础虽然存在，但明显弱化。战略层面，美国把中国视为比恐怖主义还严重的威胁。教育、文化和社会层面的某种合作依然存在，但合作会变得越来越困难。美国限制对中国的技术转让，限制某些领域的留学生签证。中美关系发展的历史说明双方对共同利益的认识能够推动两国改善关系并加强相互合作。中美两国之间存在重要的共同利益，这在过去和未来都是中美关系发展的关键。② 大国竞争阶段，共同利益的合作空间被压缩，应积极探寻共同利益的合作，满足双方的共同需求，达到双赢的目标。寻求彼此同意的合作方式解决问题，可以突破单方面的善意，促使双方消除敌意。中美之间要寻求两国为全球和区域的和平、稳定、繁荣提供共识的合作能力。

中美关系要应对现实中出现的各种问题，还要开展具有前瞻性的探讨和规划。中美积极"竞合共生"关系前景下的合作，是基于共同利益和共享利益关系的合作。中美政策行为的最终目的是要实现和增进本国利益，但中美在国际社会中实现利益的行为客观上存在各种制约因素。从利益的角度而言，能够对国家行为构成制约的是国家之间的利益关系。国家利益所具有的社会

---

① MAURICE R GREENBERG. We want to rebuild U.S. relations with China Frank talks between business leaders can help restore trust[N]. Wall Street Journal，2022-07-06.
② 周琪. 认识共同利益是中美关系发展的关键[J]. 世界经济与政治，2009（11）：6-16.

性实质指明了国家之间的利益关系。[①] 国家利益的再定义不是外部威胁或国内集团要求的结果,而是由各国共享的规范和价值所塑造的。[②] 国家间的利益关系既存在共同性,也具有矛盾性。共同性指相关国家的各自利益间存在某种程度的共识,这种共识可以建立在利益相同领域,也涉及利益差异方面,需要国家之间就差异性利益达成妥协和让步。共同利益独立于国家的利益之外,制约甚至支配国家的自身利益。[③] 中国特色大国外交中的合作共赢核心内涵是共同利益,是"利"与"赢"的关系,基于共同利益的合作最终实现双赢和多赢。合作共赢是形成利益协调、融合与共享的合作模式,推动自身利益实现的同时,也促进他国乃至国际社会共同利益的实现。"利就是恪守合作共赢原则,不搞我赢你输,要实现双赢。"[④] 共同利益意识是对国家之间共存、共利关系的一种把握。国家之间的共生关系要求国家之间、国家与外部环境之间有一种关系,或冲突,或和谐。利益互利会导致趋于和谐的共存,利益互损则容易导致矛盾性和冲突性共存。在共同受益或共同威胁层面存在多以共同利益决定合作的内容。

### (三)中美有可能合作的空间

当下基于合作的愿望,管理中美关系需要将问题分类,区分可能合作的领域、竞争的领域和短期内难以解决问题的领域。针对不同领域开展不同合作和沟通方式:在可能合作的领域合作,在竞争领域开展协调扩大合作空间,短期内难以解决问题的领域通过危机管理避免升级。在合作过程中尤其要避免不同领域的相互牵制和影响,最终导致合作空间被压缩。

尽管竞争下的中美关系面临诸多困难,双方如果在能合作的领域进行合作,会给双边关系增加回旋空间。首先,在战略层面,无论中国和美国,都要对竞争的底线进行战略沟通,使战略竞争"更安全"是中美之间的共同需求。中美合作的战略领域是避免冲突,方式是为竞争建立护栏和保持战略稳

---

① 周丕启. 大战略分析 [M]. 上海:上海人民出版社,2009:73.
② 玛莎·芬尼莫尔. 国际社会中的国家利益 [M]. 袁正清,译. 上海:上海世纪出版集团,2012:2.
③ 王浦劬. 政治学基础 [M]. 北京:北京大学出版社,2006:54-55.
④ 王毅. 坚持正确义利观 积极发挥负责任大国作用 [N]. 人民日报,2013-09-10.

定的对话。其次,在中美之外的第三方或其他地缘区域,中美合作的可能性是存在的。如在中东和欧洲地区的合作,维护中东地区的稳定与和平,在推进巴以和平进程、稳定和重建叙利亚方面中美存在共同利益。推进乌克兰局势的缓和乃至冲突的解决也需要中美合作。在全球公域层面,与外层空间、网络空间以及不属于任何特定国家主权领土的空域或海域等"公域"相关的问题,中美存在更多的合作机会。中美在国际社会共享的政策方面存在共同利益,不受特定地区或地点的约束,如打击暴力极端主义和跨国网络犯罪、促进全球稳定、防止核扩散等。虽然这些议题也因与国家安全问题存在各种联系而使合作充满挑战,但中美在促进全球稳定、打击跨国犯罪组织和网络、维护网络空间开放等领域存在更大的合作空间。传统安全和非传统安全二者的互动关联性增强,但也容易出现不同领域安全问题相互干扰,甚至由于过于重视某一安全领域而最终损害国家总体安全利益。在竞争与合作的领域方面,美国以竞争方式处理传统安全,在非传统安全中不排斥合作。拜登政府希望将气候议题与中美贸易纠纷、科技竞争和人权等争端分开处理,并与中国建立"谈判代替对抗"的新关系。2021年11月10日,中美在联合国气候变化格拉斯哥大会期间发布了《中美关于在21世纪20年代强化气候行动的格拉斯哥联合宣言》,双方同意建立"21世纪20年代强化气候行动工作组",推动两国气候变化合作和多边进程。中美竞争关系使传统安全与非传统安全界限日益模糊。中美优先议题都是内政,双方若能从非传统安全切入,在谈判过程中积累互信,有助于处理涉及传统安全的热点问题。中美在双方有共同利益的跨国问题上的合作有益于双边关系稳定,这是有效的问题解决模式。

  中美合作的实现需要政策协调。利益存在共同性容易促进合作,但即便存在共同利益,合作也常常会失败。国家之间的共同利益并不总是具有抑制利益分歧扩大的功能,当因利益分歧激化而出现国家对抗时,共同利益会弱化甚至消失。合作需要通过谈判即政策协调过程将各个独立的个体或组织的行动变得相互一致。通过政策协调,行为者将其行为调整到适应其他行为者需求时,合作就会出现。合作是政策协调的结果,无论中美,只要从积极角度看待合作,政府间的合作就会发生。为了维持和谐,最好的方式就是谋求共识。只要是群体就会有不同的意见,意见整合必须经过讨论与商谈。预期利益变为现实,需要通过默契或政策协调的方式达成合作,形成中美双边、多边和地区范围内利益共赢的关系模式。

## 四、社会层面推动人文交流机制促进相互理解

人文交流是新时代中国对外关系中除政治、经济支柱之外的第三支柱。中国和美国存在广泛的经贸、社会和教育人文联系,双方在教育领域的交流总体保持着积极正面的态度。中美两国要探索和平共存的道路,要维护好各个层面的人文交流,探索务实途径以维护双边关系的社会基础。

### (一)推动人文交流的阻力

人文交流在中美竞争关系中面临来自美国的明显阻力。美国实施对华竞争政策以来,限制中美人文交流的措施破坏了两国交往的社会基础,对于中国出生的科学家和美籍华人研究人员的定性损害了美国的利益。美国智库的一项研究显示,[①] 美国拥有全球 60% 的人工智能领域顶尖研究人员,其中美国本土研究人员占 31%,中国出生的研究人员占 27%。美国政府决定限制甚至禁止中国研究生主修 STEM 领域和对敏感主题进行研究,将大幅减少在美国为这些领域作出贡献的中国学者和学生的数量。美国对学术交流的限制大大减少了中美社会层面接触的途径和机会。如果美国在经济金融协调、公共卫生合作、环境保护、能源安全以及文化和教育交流等领域与中国脱节,成本将远远超过收益。牺牲人际关系的发展只是自欺欺人。[②] 美国和中国公众越来越不信任对方。在皮尤研究中心最近的一项调查中,高达 89% 的美国受访者

---

[①] ISHAN BANERJEE,MATT SHEEHAN. America's got AI talent:U.S.' big lead in AI research is built on importing researchers [EB/OL].(2020-06-09)[2023-01-27]. https://macropolo.org/americas-got-ai-talent-us-big-lead-in-ai-research-is-built-on-importing-researchers/?rp=e.

[②] CHENG LI,RYAN MCELVEEN. The deception and detriment of US-China cultural and educational decoupling[EB/OL].(2020-10-14)[2023-01-27]. https://www.brookings.edu/blog/order-from-chaos/2020/10/14/the-deception-and-detriment-of-us-china-cultural-and-educational-decoupling/.

认为中国是竞争对手或敌人，而大约三分之二的中国受访者对美国持不利或非常不利的看法。① 这种负面的相互看法可能会阻碍双方调整政策的空间。文化即使是政治性的，也不应该被政治化。

美国面对崛起的中国，因恐惧和焦虑导致的非理性政策会逐渐增加。中国认为的美国舆情同美国的实际舆论存在相当程度的错位。从美国对华竞争政策形成的舆论膨胀过程而言，中国在人文交流领域的影响力还有很大提升空间。西方国家对中国长期存在偏见，对中国文化的接受度和理解度仍然较低。过度安全化是中美人文交流的外部环境，使政府主导的人文交流难度加大。中国对美外交重视以白宫、国会、智库为主的精英和政治决策层面，对美国地方政府和社会变化的关注度不够。中美关系的失衡和逆转，一定程度上归因于长期形成的两国和两个社会之间不对称的互动格局。美国社会参与塑造中美关系的基本面一直是多元的，也相对清晰，在美国右翼势力操控政府和社会舆论的情况下，中国仅以政府之力难以回应美国社会的关切，唯有以文化方式下沉对美工作重心，才能自下而上营造对华友好氛围。美国政治与美国社会存在较大差异，中美关系在未来能够得到缓和，还需要两国社会和民众层面的交流和理解。国际关系不只是国与国的关系，还有城市之间、组织之间、企业之间、人与人之间的关系。中美关系走出不同以往的道路，人文交流是社会基础。政治家想要什么样的中美关系，他们会塑造，但是中美关系存在政治家们改变不了的自然关系。中美两国人民的持续互动更重要，通过互动使很多自然的东西自动回来，重新变得有意义，而这需要中国特色大国外交智慧。

### （二）推动人文交流的举措

中国要强化多元主体力量和利用技术优势推进对美国社会层面的人文交流，扩大不同层次的交互渗透，进行跨越时间、空间、社会与生活的文化交

---

① PEW RESEARCH CENTER. Most Americans support tough stance toward China on human rights，economic issues[EB/OL].（2021-03-04）[2023-01-27]. https://www.pewresearch.org/global/2021/03/04/most-americans-support-tough-stance-toward-china-on-human-rights-economic-issues/.

流。国家层面的人文外交发挥战略引领和统筹协调的作用；社会层面的人文交流相对国家、外交层面的人文交流而言，是草根、民间交流。中美之间文化交流不但要强化人员、货物商品、科技、经贸的互通，更要重视有形资产流通的价值和文化理念的互动经验。这种文化交流不能脱离国家，但在竞争的大环境下要以不同民间组织代表、不同文化个体之间的互动与交流关系为主。文化交流的基础是坦诚、开放的对话和辩论。中国对美国的文化外交不是自上而下的国家驱动的事情，要利用多元主体的力量及多种形式讲述好中国"故事"。

在美国不断升级对华竞争的大背景下，中国官方媒体、孔子学院不可避免地受到打击和限制。与美国的交流要跟海外通行或西方通行做法接轨，接轨的重要方式之一是多元。活动的影响不是立竿见影的，不能急功近利，不是短平快，而要立足长远。在美国政客对华敌视和对抗政策不断强化的背景下，中国驻美记者行动受到限制，鼓励中国驻美机构与美国当地媒体开展合作，利用美国媒体特性，以项目方式推动中国媒体与美国媒体在中国国内和在美国的合作，形成良性互动和深度交融。中国驻美记者要更多前往州和地方政府，深入了解美国社会。在中美政府间沟通渠道暂缓阶段，以智库为代表的精英阶层沟通显得更为重要。通过学界、智库沟通探讨中美共同利益，扩大中美合作的空间尤为必要。中美关系与其说是双方的竞争，不如说是与自身、与时间的竞赛。中国有效、主动的应对措施是关注美国精英阶层的舆论变化并积极开展沟通，不让美国民间对华舆论持续恶化。

信息化时代的文化交流是虚拟时空的文化交汇，虚拟交流将跨文化对话和交流的深刻影响与数字技术广泛影响相结合。科技全球化导致当代文化交流的重大变化，以及人们对时间、空间意义诠释的转变，导致文化互动的即时性和距离空间的压缩。全球化网络的多元互动和联结，激化生活各层次价值、理念的交互渗透和影响。数字技术为中国文化传播和中美文化交流提供了新的发展机遇。数字革命的兴起不仅要重视全球化的经济层面，还涉及其政治和文化层面，以揭示共同文明价值观的深层根源，并为全球合作提供意识形态基础。中国文化的传统价值观为中国文化走出去奠定了意识形态与合作的基础。①信息时代，传统纸媒、电视受到多种新媒体的冲击，影响力式微。"90后"李子柒讲述的中国乡村故事得到外国粉丝的关注和认可，应该挖掘更多中国百姓生活的真实故事，让中国的年轻人有机会、有渠道讲述他们的故事。中国文化、历史、景观、饮食、服饰都可以用美国及西方国家接受的方式在美国网络平台传播。以社交媒体 Tiktok 为例，其被美国媒体称为改变美国文化的最大方式，不仅对文化对话作出贡献，也改变了整个行业的运作方式，并称即使完全删除广受欢迎的视频共享应用程序，也不会消除其在美国文化中深刻而持久的印记。②中美社会通过虚拟网络中信息的高速流动，并与复杂的政治、经济、社会、媒体和个人等网络相互联结，就会形成一种新的文化交流与互动模式，进而塑造"竞合共生"关系的社会根基。

中美两国实现"共进"与"共生"要以新思维新观念为指引，并正确评估客观现实。中美关系既要应对意料之中的竞争与防范，也要应对一系列"战略意外"，危机和不确定性已经成为中美关系的新状态。如何避免冲突，如何通过政策协调缓解对抗、促进和谐对中美两国而言都是迫切的问题和任务。传统的思维方法在新形势面前已经无法完全适应，中美行为既要建立在确定性和历史规律认知基础上，也要有应对战略意外的准备，做好危机管控和预防工作。中美两国对于竞争和冲突管理的实际有效措施仍处于初期探索阶段，中美管控机制的运作受到国内政治形势的干扰，双方管控机制在高层宏观框架与中观合作各方以及社会层面之间尚缺乏密切互动。中美两国必将在长期竞争的过程中建立默契和妥协机制，在现实博弈中通过有效的互动与沟通，维持双边关系的稳定性，实现符合中美共同利益的"竞合共生"关系。

---

① 马丁·阿尔布劳. 中国在人类命运共同体中的角色：走向全球领导力理论 [M]. 严忠志，译. 北京：商务印书馆，2020：3-4.

② AJ WILLINGHAM, LEAH ASMELASH, SCOTTIE ANDREW. The biggest ways TikTok has changed American culture[EB/OL].（2023-04-02）[2023-04-03]. https://www.cnn.com/2023/04/02/us/tiktok-american-culture-effects-cec/index.html.

# 第六章　中华文明的国际传播能力建设

党的二十大报告在"推进文化自信自强，铸就社会主义文化新辉煌"部分明确提出"增强中华文明传播力影响力"，与报告提出的"中国式现代化""创造人类文明新形态"等新阐述相互呼应，是国际传播能力提升的新指引和新遵循。增强中华文明传播力影响力需要坚守中华文化立场，加强国际传播能力建设，深化文明交流互鉴。国际传播能力建设的历史性目标是增强中华文明传播力影响力，进而推动文明交流互鉴和构建人类命运共同体。在文明交流互鉴下加强中华文明的国际传播能力，构建世界文明多样性、平等性和包容性的秩序格局，推动全球文明的进步是中国作为负责任大国的内在要求。

## 第一节　习近平关于国际传播能力建设的论述

"推进国际传播能力"是习近平在 2013 年 8 月 19 日首次提出的概念，党的二十大报告形成完整和系统的阐述。习近平对国际传播能力建设面临的现实问题、战略目标和思路等方面作出一系列明确指示。

### 一、国际传播能力建设面临的现实问题

全球交流和国际政治经济总体形势呈现平等、开放和注重发展的特征，和平与发展是当今世界共同的发展目标。国家间日益增长的经济相互依赖为更加频繁的文化交流及信息自由流动提供基础。习近平在需求与现实的矛盾

中提出重构国际传播能力建设的目标和思路。

**（一）传播战略需求与传播能力不匹配的问题**

中国日益走近世界舞台中央，中国对国际社会的贡献，国际社会对中国的关注和期待都前所未有。作为世界第二大经济体，中国的发展理念、发展道路、发展模式越来越具有世界性影响，国际社会对中国路径有期待，一些国家和地区纷纷开始"向东看"。中国新闻已不再是单纯的国内新闻，而日益成为国际新闻的重要组成部分，具有广泛的世界影响。据统计，2016年全年国际媒体涉华英文报道量为60.2万篇，仅略低于对美国的报道量（60.7万篇），明显高于德国、法国、英国、印度、俄罗斯等国，是排名第三位的日本的两倍多。世界渴望听到更多的中国声音，中国也迫切需要提升话语影响力，国际传播能力建设越来越具有战略性地位。习近平指出，要深刻认识新形势下加强和改进国际传播工作的重要性和必要性，下大气力加强国际传播能力建设，形成同我国综合国力和国际地位相匹配的国际话语权，为我国改革发展的稳定营造有利的外部舆论环境，为推动构建人类命运共同体作出积极贡献。①

现有国际传播力不足以支撑中华文明不断提升的全球影响力。中国对外传播在质和量方面已经快速提升，但文化传播体系仍不成熟，阻碍中国与世界的交往，难以形成与我国综合国力相称的国际话语权。习近平指出，面对"西强我弱"的国际舆论格局，我国新闻媒体国际传播能力还不够强，声音总体偏小偏弱。中国在世界上的形象很大程度上仍是"他塑"而非"自塑"，我们在国际上有时还处于有理说不出、说了传不开的境地，存在信息流进流出的"逆差"、中国真实形象和西方主观印象的"反差"、软实力和硬实力的"落差"。

**（二）国际传播格局中文化霸权和文明交流互鉴理念的张力**

从外部形势和挑战而言，西方的话语霸权和对中国的敌视是国际传播能力建设提升所要应对的舆论环境。习近平指出，随着我国经济社会发展和国际地位提高，国际社会对中国发展道路和发展模式的理性认识逐步加深，同

---

① 习近平. 习近平谈治国理政：第四卷[M]. 北京：外文出版社，2022：316.

时对我们的误解也还不少。国际舆论格局西强我弱，西方主要媒体左右着世界舆论。① 全球传播格局以全球政治经济格局为基础，世界政治经济实力变化必然带动信息传播关系和结构的变化。权力是国际关系中的首要追求目标，国际政治传播是受权力影响的跨国交流。西方发达国家依赖自身强大的经济、技术实力控制了世界主流话语的生产和传播，使全球形成"中心—边缘结构"的国际传播秩序。② 世界媒体格局和传媒生态面临着重大调整和变革，当今世界开始形成美国一国独大、其他发达国家多强相争、新兴国家快速发展的新媒体格局。但从总体上看，当前西强东弱的世界媒体格局和新闻信息传播状况并没有从根本上得到改变。世界上绝大多数有影响的媒体依然为少数发达国家所掌控，主宰每天全球80%以上的国际新闻报道。西方社会对我国实施"西化""分化"的战略图谋没有改变，西方敌对势力与我国在渗透与反渗透、颠覆与反颠覆方面的斗争将是长期和复杂的。③

美国所追求的霸权，既包括政治、经济，也包括文化方面的优势地位，以文化渗透和扩张的方式进行文化传播。美国文化传播的理念是文化霸权，就是把其物质生活方式、人生观和价值观作为一种普世的行为准则加以推行，赋予自己在文化上的支配地位。"美国文化帝国主义有两个主要目标，一个是经济的，一个是政治的。经济上要为其文化商品攫取市场，政治上则是要通过改造大众意识来建立霸权。"④ 霸权概念将文化活动置于其社会经济和政治背景之下，承认文化传播和权力的密切关系。美国外交决策者将文化中的基本价值观念简化成一套意识形态教条，并把其作为一种普世的行为准则加以推行，借助经济科技优势，赋予自己在文化上的支配地位。美国塑造的文化权威力量与单边主义外交路线、单极世界主张相互促进。互联网为文化帝国

---

① 中共中央文献研究室. 习近平关于社会主义文化建设论述摘编[M]. 北京：中央文献出版社，2017：197.
② 张毓强，潘璟玲. 交流与互鉴：文明视域下的全球传播新格局[J]. 对外传播，2021（10）：71-75.
③ 郑保卫. 论习近平党的新闻舆论工作重要讲话的背景及意义[J]. 新闻爱好者，2016（4）：8-11.
④ JAMES PETRAS. Culture imperialism in late 20th century[J]. Economic and political weekly，1994（32）：2070-2073.

主义推行世界文化霸权和意识形态提供了强大的手段,是美国进行文化渗透和扩张的平台和工具。

美国的文化传播在很大程度上有助于其政治、经济等利益的实现,但这种单向的文化输出活动与整个国际文化交流大趋势相悖。美国试图将多元文化的世界归到一种文化的主导之下,这样的霸权传播理念人为地引发了文化上的冲突。美国霸权奉行单边主义,政治、经济层面的"单边"与"多边"矛盾在秩序建构和理念层面演变为"单极"和"多极"的对峙,最终体现为文化层面"同质化"和"文明多样化"的张力。单边主义加剧了以美国为首的西方国家的话语权垄断,导致形成文明交流互鉴的全球共识的难度加大。当下解决国家冲突、文化冲突的前提之一便是彼此包容,文明交流互鉴。一个可持续的全球传播格局需要包容各类传播主体的声音。

### (三)数字技术的外部契机与传播主体能力不足的矛盾

信息化和全球化的发展引发文化传播方式和传播能力的改变。世界范围的文化传播更加包容和多样化,数字技术的发展强化了这一趋势。信息化的发展与互联网的高度融合直接改变了人们获取新闻资讯的方式。数字化、移动化、智能化技术的广泛应用,改变了国际传播的单向灌输模式,颠覆了信息流通方式,传播主体范围扩大,传播形式更加灵活和分散。互联网建构社会传播的全新范式,激活以个人为基本单位的社会传播,构造了一个全新的社会场域。由于社交媒体互动性强、信息扩散速度快、不受文化及社会阶层的局限,全球社交媒体已经成为国际传播领域的另一个重要"战场",主流媒体纷纷进行积极有效的社交平台布局。用户的注意力在社交媒介时代也发生了较大变化,更容易受到碎片化信息的吸引,类似于 Twitter、TikTok、微博等平台具有较大吸引力。社交平台开放性和互动性的特征在国家文化形象塑造中具有传统媒体不可比拟的优势。新媒体技术的发展可以使中国文化以更好的内容呈现形式、更多的传播渠道、更快的传播速度呈现给全球受众。

2019年1月25日,习近平在十九届中央政治局第十二次集体学习时作出重要指示,指出国际社会传播方式深刻变化,我们要把握国际传播领域移动化、社交化、可视化的趋势,在构建对外传播话语体系上下功夫,不断提升对外传播效果。① 中国主流媒体的官方账号如中国日报、新华社、环球时报等媒体在 Twitter 上的粉丝已超过百万，但与 BBC、CNN 等西方媒体差距依然很大。我国权威媒体账号因不同的意识形态在 Twitter 等西方国家平台系统遭受恶意打压，影响中国文化传播效果。数字时代，中国文化的国际传播需要建立多元主体的文化传播矩阵，与媒体、政治、经济、贸易等官方传播活动相比，全球受众更容易接受基于文化传承和价值共识的个体传播。短视频作为一种民间表达方式，对中国文化形象的自我塑造有重要意义。② 新媒体领域，个体传播能力还有待提升。个体传播往往缺乏系统联动和支持，传播生态相对松散混乱。新媒体领域的短视频平台有些虽然在海外影响力不小，但内容质量低下，有时不利于传播中国文化的传统内涵和价值观。据研究显示，TikTok 塑造的中国形象与参与者对中国相关内容的真实性感知、对所显示视频的喜爱程度及对中美关系的积极感知呈正相关。③ 留学生和海外华人在虚拟互联网空间缺乏权威话语权。

## 二、国际传播能力建设的战略目标

国际传播能力建设具有战略性，其战略目标由其定位决定。做好党的新闻舆论工作，营造良好的舆论环境是治国理政、安国定邦的大事。④ 党的十八大以来，习近平从多个角度阐述国际传播的战略需求和策略，国际传播从传统的宣传向文明传播的方向转变，注重传播能力建设和传播效能，以增强中华文明传播力和影响力为历史性目标。2016 年，加强国际传播能力建设纳入我国"十三五"规划纲要中，成为国家战略发展规划的重要内容。

---

① 习近平. 习近平谈治国理政：第三卷[M]. 北京：外文出版社，2020：316-320.
② HUI ZHAO. Research on short videos to enhance the influence of international communication of traditional Chinese culture[J]. International communication of Chinese culture，2022（1）：45-56.
③ COLE HENRY HIGHHOUSE. China content on TikTok：the influence of social media videos on national image[J]. Online media and global communication，2022（4）：697-722.
④ 中共中央文献研究室. 习近平关于社会主义文化建设论述摘编[M]. 北京：中央文献出版社，2017：212.

习近平指出："推动中华文明创造性转化和创新性发展，激活其生命力，把跨越时空、超越国度、富有永恒魅力、具有当代价值的文化精神弘扬起来……让中华文明同世界各国人民创造的丰富多彩的文明一道，为人类提供正确的精神指引和强大的精神动力。"新时代的中华文明传播是推进文化自信自强、增强中华文明传播力和影响力的国际传播。

从 2013 年 8 月 19 日全国宣传思想工作会议上的重要讲话到党的二十大报告，习近平对国际传播的目标阐释越来越具有战略性：2013 年 8 月 19 日的全国宣传思想工作会议上，提出国际传播能力建设以增强国际话语权为目标；2013 年 12 月 30 日十八届中央政治局第十二次集体学习，提出要提高国家文化软实力，提高国际话语权；2018 年 8 月 21 日全国思想宣传工作会议上，提出国际传播能力建设目标是提高国家文化软实力和提升中华文化影响力。新时代的中国国际传播一直把中华文明作为根基，文明观也是国际传播的重要内容。习近平强调："要高举人类命运共同体大旗，依托我国发展的生动实践，立足五千多年中华文明，全面阐述我国的发展观、文明观、安全观、人权观、生态观、国际秩序观和全球治理观。"①2021 年 3 月 11 日，"十四五"规划提出加强对外文化交流和多层次文明对话，将国际传播能力建设目标上升至文化交流和文明对话的高度。党的二十大报告中，加强国际传播能力建设的直接目标是提升国际传播效能，形成同我国综合国力和国际地位相匹配的国际话语权，历史性目标是增强中华文明传播力影响力，意味着国际传播已经融入中华民族伟大复兴的战略全局。

提高国际话语权是推动国际传播能力建设的直接实践目标，习近平的相关论述完整系统地讲述了提高国际话语权的重要性、国际话语权是什么及怎么办的问题。掌握国际话语权具有极端重要性，谁掌握了国际话语权，谁就能在国际博弈中占有主动优势，掌握先机。习近平指出："落后就要挨打，贫穷就要挨饿，失语就要挨骂。"②国际话语权不仅指"说话"的权利，更指话语的有效性和影响力，是话语权利、话语权力和话语能力的有机结合。话

---

① 习近平. 加强和改进国际传播工作 展示真实立体全面的中国[N]. 人民日报，2021-06-02（1）.

② 习近平. 在全国党校工作会议上的讲话[M]. 北京：人民出版社，2016：20.

语权与传播能力密切相关。习近平从国际传播能力、融通中外的话语体系和讲好中国故事、传播好中国声音三个方面提出国际话语权是什么、怎么办的问题。

话语是一种关于语言传达和交流的社会实践活动。权力则是指一方支配另一方的意志和行动的控制力，是一方排除另一方的喜好而要求其按自己的偏好行事的支配力量。在国际政治中，所谓话语权就是国家通过自身对外话语体系影响其他国家行动或认知的能力。它以国家综合实力为基础，融合在国家自身的文化背景和历史发展进程中。国际话语权表现为主权国家对国际议程的设置能力、对国际舆论的主导控制能力，也表现为国际政治操作能力、国际知识生产能力、国际理念贡献能力，还表现为主权国家对国际事务和国际事件的定义能力、对各种国际标准和游戏规则制定的影响能力等。[①]话语权形成的关键是国家实力。实力是一国享有国际话语权的前提，也是一国将其理念制度化的后盾和保障。

国际传播能力建设的目标之一是塑造国家形象。良好的国家形象是一个国家极其重要的战略资源，对国家利益的实现具有至关重要的推动作用，有利于为国家发展营造国际舆论环境。国家形象是一个复杂的、多元的综合体，不一定完全等同于客观事实本身。塑造国家形象既是国家真实情况的展示，也不能忽视主观塑造。文明大国形象一直是我国国家传播能力建设、国家形象塑造的重要组成。2013年12月30日习近平在十八届中央政治局第十二次集体学习时提出要注重塑造我国的国家形象，重点展示文明大国形象、东方大国形象、负责任大国形象和社会主义大国形象。[②]2016年5月17日，习近平在哲学社会科学工作座谈会上指出，要让世界知道"舌尖上的中国""学术中的中国""理论中的中国""哲学社会科学中的中国"，让世界知道"发展中的中国""开放中的中国""为人类文明作贡献的中国"。[③]党的

---

① 新华社通讯社课题组. 习近平新闻舆论思想要论[M]. 北京：新华出版社，2017：169-170.
② 中共中央文献研究室. 习近平关于社会主义文化建设论述摘编[M]. 北京：中央文献出版社，2017：202.
③ 中共中央文献研究室. 习近平关于社会主义文化建设论述摘编[M]. 北京：中央文献出版社，2017：214.

二十大报告中进一步提出塑造可信、可爱、可敬的中国国家形象。

## 三、国际传播能力建设的思路

对于国际传播能力建设的思路,习近平在 2013 年就提出要创新外宣方式、建设话语体系和讲好中国故事。此后,习近平在不同场合细化发展思路并深化战略布局。在中国国际传播能力建设路径中,讲好中国故事是实践基础,构建融通中外的话语体系、打造旗舰媒体是实践路径。

"讲好中国故事,传播好中国声音"是习近平从战略层面对中国国际传播能力提出的要求。"讲好中国故事"是推进国际传播能力建设的实践基础。①讲故事是国际传播的最佳方式。习近平多次强调,要讲好中国特色社会主义的故事,讲好中国梦的故事,讲好中国人的故事,讲好中国优秀文化的故事,讲好中国和平发展的故事。讲故事就是讲事实、讲形象、讲情感、讲道理,讲事实才能说服人,讲形象才能打动人,讲情感才能感染人,讲道理才能影响人。讲好故事需要创新对外话语表达方式,研究国外不同受众的习惯和特点,采用融通中外的概念、范畴、表述,把我们想讲的和国外受众想听的结合起来,把"陈情"和"说理"结合起来,把"自己讲"和"别人讲"结合起来,使故事更多地为国际社会和海外受众所认同。要用好新闻发布机制,用好高端智库交流渠道,用好重大活动和重要节展赛事平台,用好中华传统节日载体,用好海外文化阵地,用好多种文化形式,让中国故事成为国际舆论关注的话题,让中国声音赢得国际社会的理解和认同。②

习近平强调新闻舆论工作要加强话语体系建设,着力打造融通中外的新概念、新范畴和新表述。话语体系是思想体系和知识体系的外在表达形式。对外话语是一个国家面向世界的自我陈述。融通中外的话语体系要坚守中华文化立场和坚持全球视野。坚守中华文化立场,要根植于中华民族文明

---

① 夏康健,崔士鑫. 习近平总书记关于推进国际传播能力建设重要论述的发展脉络和深刻内涵[J]. 中国出版,2021(13):8-13.
② 中共中央文献研究室. 习近平关于社会主义文化建设论述摘编[M]. 北京:中央文献出版社,2017:213.

传承，植根于新中国尤其是改革开放以来的成就，体现鲜明的中国特色、中国风格和中国气派。坚持全球视野，是以全球观传播中国实践、阐述中国主张，揭示中国智慧对世界的贡献。围绕我国和世界发展面临的重大问题，着力提出能够体现中国立场、中国智慧、中国价值理念、中国主张的中国方案。① 话语的背后是思想、是"道"。习近平强调要加强对外话语体系建设，用中国理论阐释中国实践，用中国实践升华中国理论，更加鲜明地展现中国思想。② 支撑话语体系的基础是哲学社会科学体系，没有自己的哲学社会科学体系，就没有话语权。③ "十三五"规划指明话语体系建设路径要把符合国际惯例和国别特征与具有我国文化特色作为前提条件，并提出"运用生动多样的表达方式，增强文化传播亲和力"的实践方法。④ 2016年5月17日，哲学社会科学工作座谈会将话语体系建设上升至理论传播高度，"提炼标识性概念"，即满足国际社会理解诉求的新概念、新范畴和新表述。⑤ 习近平提出的人类命运共同体、"一带一路"倡议、全球发展倡议、全球安全倡议和全球文明倡议等理念，就是融通中外、兼顾价值和理论的中国话语，不断获得国际社会的广泛认同。

媒体是国际传播的主力军，壮大媒体力量是提高国际传播效能的基础。在党的新闻舆论工作座谈会上，习近平提出打造"外宣旗舰媒体"的要求。旗舰媒体是国际传播能力建设的重要支撑，直接影响国际传播能力建设的战略布局。在国际传播能力建设中，中央主要媒体是外宣旗舰媒体，需要优化战略布局，集中优势资源，要走出去，参与国际传媒市场竞争，强化国际影响力。中央主要媒体要强化驻外机构对外传播职能，加快实施本土化战略，成为国际传播生力军。⑥ 习近平在致新华社建社85周年的贺信中提出"新型

---

① 习近平. 在哲学社会科学工作座谈会上的讲话[M]. 北京：人民出版社，2016：17.
② 中共中央文献研究室. 习近平关于社会主义文化建设论述摘编[M]. 北京：中央文献出版社，2017：213.
③ 习近平. 在全国党校工作会议上的讲话[M]. 北京：人民出版社，2016：24.
④ 中华人民共和国国民经济和社会发展第十三个五年规划纲要[N]. 人民日报，2016-03-18（1）.
⑤ 习近平. 习近平谈治国理政：第二卷[M]. 北京：外文出版社，2017：346.
⑥ 中共中央文献研究室. 习近平关于社会主义文化建设论述摘编[M]. 北京：中央文献出版社，2017：214.

世界性通讯社"的定位要求。① 习近平在致《人民日报》创刊 70 周年的贺信中要求"讲好中国故事，构建全媒体传播格局"。国际传播能力建设和媒体的融合发展是国际传播能力建设的重要措施。习近平在致中央电视台建台暨新中国电视事业诞生 60 周年的贺信中提出，"统筹广播与电视、内宣和外宣、传统媒体和新兴媒体，加强国际传播能力建设"。习近平在致中国外文局成立 70 周年的贺信中要求，"把握时代大势，发扬优良传统，坚持守正创新，加快融合发展，不断提升国际传播能力和水平，努力建设世界一流、具有强大综合实力的国际传播机构"。② 国际文化传播机构的传播能力建设得到重视。

党的十八大以来，习近平深刻把握国际变局和国际传播格局的发展趋势，提出推进国际传播能力的战略判断，诠释国际传播能力建设的实践目标和实践思路，为新时代做好国际传播工作、加深文化和文明交流互鉴提供了科学指导。

## 第二节 中华文明国际传播能力的协同建构

国际传播具有政治性、时代性和实践性。党的二十大报告明确提出增强中华文明传播力影响力：坚守中华文化立场；加强国际传播能力建设；深化文明交流互鉴，推动中华文化走向世界。③ 中华文明国际传播是习近平创造性提出以"文明"为单位的传播观，是从人类文明、人类命运的高度理解国际传播。中华文明是中华优秀传统文化、中国革命文化、社会主义新文化的有机结合体。加强中华文明的传播，就是讲好包括物质、政策、价值理念、思想、文化在内的故事，推动国际社会对中国发展模式的理解，在巩固文化自信的同时，持续丰富世界文明。任何一种文明都与其社会土壤和历史实践相关，都值得被平等对待和尊重。中华文明传播要推动中华文化走向世界，推动人类文明进步。增强

---

① 习近平致新华社建社 85 周年的贺信 [N]. 人民日报，2016-11-06（1）.
② 习近平. 论党的思想宣传工作 [M]. 北京：中央文献出版社，2020：253.
③ 习近平. 高举中国特色社会主义伟大旗帜 为全面建设社会主义现代化国家而团结奋斗 [M]. 北京：人民出版社，2022：45-46.

## 第六章　中华文明的国际传播能力建设

中华文明传播力影响力为国际传播能力建设提供了价值基础和实践要求。

### 一、中华文明国际传播能力建设的协同性

中华文明国际传播就是建构以增强中华文明的传播力影响力为总体目标的传播体系，基本要求和路径是坚守中华文化立场、加强国际传播能力建设、深化文明交流互鉴。目标与路径之间是相互促进、深刻互动的协同关系，有着关联性、层次性和系统性的逻辑关系。习近平强调注重系统性、整体性、协同性是全面深化改革的内在要求，也是推进改革的重要方法。① 国际传播是"交响乐、大合唱"，因而需要统筹协调，发挥综合效能。中华文明的国际传播是系统工程，需要子系统之间的协同、联动，通过各资源的有效整合实现协同效应。能力是能胜任某项任务的主观条件。能力是主体通过发挥主观能动性在实践中体现的足以担任某项任务的综合素质。从国际传播能力建设而言，系统协同是基础逻辑，系统强调整体，协同突出部分，协同的内涵包括共同协作、协调同步和合作共赢，需要把握系统协同基础逻辑和在国际传播实践中系统协同的实现问题。②

文化传播是文化内容和传播媒介的协同。文化传播就是一种社会之间、区域之间、群体之间的文化扩散过程。文化必须通过人类或媒介，由文化起源地向外辐射传播，所以又被称为文化扩散。文化传播不仅拓展了人类的文化时间和文化空间，也拓展了人类生命存在的时空形态。文化与传播是互动和一体的，传播功能是文化的首要和基本功能。文化本身必须具有被形塑、被传播的本质，才有其真正功能。文化传播不仅是一个理论，更是一个可被实践的方法、工具。因为，文化是一个不断流动、演化着的生命过程，人类文化一经产生就有一种向外"扩散"和"传递"的冲动。文化传播表现的是一种比较复杂的文化扩散力，指某一社会群体借用主流媒介或主流文化，或向外散布该社会群体的生活形态的一种传播。

---

① 习近平. 习近平谈治国理政：第二卷 [M]. 北京：外文出版社，2017：109.
② 胡正荣，王天瑞. 系统协同：中国国际传播能力建设的基础逻辑 [J]. 新闻大学，2022（5）：1-16.

文化传播聚焦文化和传播。文化内容或文化形态、媒介或传播途径具有同等重要性。文化内容是对文化复杂内涵的把握，包括以器物为标志物的文化现象，整合文化和生活方式的文化制度，创建制度、主导风俗的文化理念。文化理念是一个文化的主体，一般是文化哲学探讨的层次。坚守中华文化立场就是肯定中华文化的主体性，并依据主体的自觉自信提升中华文明的传播力和影响力，同时依据基于文化主体性的自信去尊重其他文化的主体性，这才是真正意义上的文化交流。文化传播是多种传播方式的融合，是传播主体、传播技术、传播战略的融合。文化传播本身就是一种彼此竞争，是创新、激发的过程，绝非短时间就可以产生效果。所以，文化传播的有效性需要系统性、有目的性的战略统筹和规划，从相近文化优势进行突破，强化体验、交流经验并扩大共识。文化共识的建立，不仅是需要达成的结果，还是一种策略、过程和行动。

中华文明的国际传播是一个系统，其构成要素是坚守中华文化、加强国际传播能力建设和深化文明交流互鉴。各个构成要素之间不是孤立存在的，而是相互联系并取得协同效应的整体，包含构建人类命运共同体的结构层面和国际传播的实践层面。结构层面是传播实践活动所要认知、诠释和传播的对象，即人类命运共同体。人类命运共同体的意义结构本身是促成和引发传播实践的驱动力，影响传播实践的动机、形式及结果。中华文明国际传播的行动实践动机是强化自身文化主体性、能动性和推动全球公共性，是价值建构和价值分享。传播实践是传播过程中表现中华文明价值的方式，以反映、再现和建构等形式完成。传播实践的结果在于改变，主要是认知和形象的改变。中华文明的战略传播是基于自身历史、文化和意识形态的文化主体而开展的，是中华文明价值体系的新诠释。中国式现代化实践和新时代中国特色大国外交的开展为中国增强中华文明国际传播提供了实力和理念基础。

## 二、国际传播能力的协同建构逻辑

中华文明国际传播能力体系是坚守文化立场、加强国际传播能力建设、深化文明交流互鉴的协同效应，传播能力体系的建构逻辑是文化主体性、战略性、全球性。

## （一）坚守中华文化主体性的传播逻辑

在中华文明国际传播中坚守中华文化立场是一种价值选择，突出中华文化的主体性意识，展现中华民族的文化特性、高度文化自觉和文化自信。真正的文化自信是对自身文明符合历史真实的认知，了解中华文明的竞争力，思考中华文明与人类共同价值的关系，与全人类共享中华文明的智慧。中华文化主体性转化为传播主体性的过程需要知识整合，包括国际传播场域中的话语批判和建构、中华文明自我展示的政策和学术话语、中华文明自身价值和全人类共同价值的连通。中华文化的主体性是与全球性保持互动、与全人类共同价值相结合的主体性。文化认知不是单纯对自身文化的了解，而是将自身文化放置在一个更大的社会脉络之中。中华文化的主体建构是对人类社会未来发展前景的关怀。基于主体性的有效传播始于自身价值，通过对话寻求共同价值，终于价值的多元化。坚守中华文化立场是基于中华文化的价值，同时与传播接受方在价值层面达成共识。

源于文化自信的中国式现代化是坚守中华文化立场的根基。现代化是发展模式，也是人类的文明形式。只有基于自身文化主体的现代化才是有意义的，是在文化自觉的前提下对自身文化主体性的更新。西方现代化脱胎于西方工业文明，西方资本主义国家凭借强大的国家经济、文化实力奠定了西方现代化模式的神话，并将这一模式推广至发展中国家，赢得了关于现代化的话语权。中国式现代化是后发国家对于自身现代化发展的成功探索，是对现代化模式的"另辟蹊径"。中国式现代化的成功实践不仅向世界印证了并不存在"定于一尊"的现代化模式，而且对其进行传播也可以打破西方发达国家在现代化话语上的垄断。[①] 中国式现代化不仅很好地解决了现代化中的生存需求，也解决了意义、价值和自我实现的需求。中国式现代化的国际传播是基于中华文化的价值与发展实践，同时具有国际性价值和意义。

---

① 周亭，孙琳，高远欣. 报道图景、认知现状与未来策略：国际媒体眼中的中国式现代化及其启示[J]. 对外传播，2022（12）：27-31.

## （二）加强传播能力建设的战略性

国际传播研究可以实现文化或者文明的转向。[①] 中华文明的国际传播意味着现有传播生态的重大变革，超越以媒体为中心的狭义国际传播理论和实践。国家对国际传播的战略部署，已经从"讲好中国故事"拓展为增强中华文明传播力和影响力。国际传播不仅塑造国家形象，还要塑造中华文明形象，提升中华文明影响力。中华文明的有效传播是传播力和影响力的正向效果，影响力基于传播力，影响力的关键在于传播力的有效性。

中华文明传播拓宽了国际传播的维度，对国际传播能力建设提出更高的要求。中华文明为中国话语和叙事体系、中国故事和中国声音以及中国国家形象塑造提供了价值和精神支撑。从中华文明的角度开展国际传播，是在传播内容层面增加文化、文明要素，还要探寻中华文明的思想和精神力量。国际传播内容的时空范围被拓展，内容的广度被拓宽，不仅要讲好当代故事、新中国的故事，也要讲好中华文明历史传统及与其他文明交流互鉴的故事。国际传播的主力扩大，包括传播媒介，也包括知识界和思想界，承担中国话语和叙事体系新型知识生产的重任。中华文明传播进一步明确讲好中国故事的元叙事结构，也就是以中国式现代化及其所开创的人类文明新形态推动全人类对共同价值的认知和共享，夯实中国故事的普适性。[②] 中华文明的国际传播能力建设是一个相互关联的整体和体系，是整体性的传播战略布局，是多层次、多主体的网络结构。

中华文明的国际传播更突出国际传播的战略性。2021年5月，习近平在中共中央政治局第三十次集体学习时强调："必须加强顶层设计和研究布局，构建具有鲜明中国特色的战略传播体系，着力提高国际传播影响力、中华文化感召力、中国形象亲和力、中国话语说服力、国际舆论引导力。"[③] 中国的国际传播工作已经被提升至国家战略层面，不局限于依赖媒体的工具性国际传

---

[①] 苏靖，张镜，王浩旭. 国际传播的文化转向：发掘文明交流互鉴中的传播研究 [J]. 新闻与写作，2023（5）：91-98.

[②] 巴萨仁娜，张毓强. 国际传播新征程：增强中华文明传播力影响力的时代议题 [J]. 对外传播，2022（11）：63-67.

[③] 习近平. 习近平谈治国理政：第四卷 [M]. 北京：外文出版社，2022：316.

播。中华文明的国际传播是在国家战略层面开展的传播实践，是将战略价值、战略目标、战略资源、战略规划等进行系统化与制度化的设计，服务更大的国家发展战略。

**（三）深化文明交流互鉴的全球传播**

中华文明国际传播是文明维度的全球传播。本质上，国际传播是具有跨文化性质的全球公关传播，国际传播和国际关系交叉嵌入在国际生态网络之中，完成国际话语生成和社会意义的建构。[①] 以增强中华文明传播力影响力为历史性目标的国际传播是具有自信、开放、平等、包容等价值观的全球传播，不限于原有的外宣方式以塑造"国家形象"为核心的传播，是以增强中华文明传播力影响力为核心的全方位、多领域的全球传播。全球传播的概念是坚守中华文化立场，尊重地域、文化差异，符合全人类共同价值，更有利于弘扬中华文明和优秀传统文化。

文明交流中的传播现象始终存在，文明交流互鉴的内核与传播学高度契合，文明交流互鉴本身就是中国话语和中国叙事。文明交流互鉴体现全球性的包容思维和多元视角。人类文明在既相似又相异的历史进程中发展，人们在不同时空背景与环境条件下的生活是多彩多姿的，多样化通过可遵循的社会规范得以延续保存。西方主导的学科范式提供了普遍性追求，舍弃文化、历史与思维模式的文化多维向度的特殊性，增加了文化间相互理解与沟通的困难，甚至导致紧张和冲突。文明交流互鉴倡导的文明共生价值是共同价值和多元价值的统一，是基于对话和共识而非权力的沟通方式，将人类的共同价值从权力中摆脱出来，提供公正的道德立场，确保全球多元价值的共存。文明交流互鉴的传播价值是向世界展示中国文明观，提升中国的国际话语权，构建人类命运共同体。文明的全球话语是文明的平等和多样化，是对西方政治性文明观的超越，提供了文明互动的中国智慧和中国路径。

---

[①] 陈先红，秦冬雪. 全球公共关系：提升中国国际传播能力的理论方法 [J]. 现代传播，2022（6）：44-56.

## 三、中华文明国际传播能力的协同策略

中华文明国际传播能力建设的协同策略包括文化主体性传播的知识整合能力、战略传播的政策整合能力、传播主体的多元共建能力、中华文化主体价值和全人类共同价值的共识建构能力。

### （一）文化主体性传播的知识整合能力

中华文明的主体性传播是借由传播的场域再现自身文化主体性，不仅表达对事物的观点，而且势必面对现实环境中优势传播媒介的控制状况，并由此发掘和建构"反论述"及抗争的策略，然后通过传播场域的竞逐，从中取得自我展现的可能，突显中华文明的主体性，寻回自己的发声权和诠释权。在国际传播秩序中，由于霸权文化的存在，非西方文明在传播场域中处于弱势，非西方文明的传播权益很容易在西方主流传播意识形态中被无意忽视或有意剥夺。因此，文化主体性传播要以批判方式对待传播格局中的不平等和扭曲之处。批判的观点是传播行动实践的基础。从批判理论的观点来看传播的意义，批判观点是揭露权力结构的制约过程，并争取重组权力结构，追求更具自由、平等价值的实践。批判观点蕴藏着深层含义，重新检讨现有知识论述中的权力和意识形态偏见，揭露优势权力不当的压制，从而肯定自身文化的内涵与尊严，坚守自身文化的主体性。对于传播格局中西方文化霸权现象的挖掘，可以促使学术群体和媒体环境不断审视不公平的传播现象，以产生改变的动能。因而，坚守中华文化立场的知识整合，具有更为精准的论述和再现能力，在实践运作中提出了新概念、新表述。通过持续的传播实践过程，一方面为中华文明主体价值重新定位，另一方面也向国际社会展现中华文明建构世界的意图和能力。

中华文化主体性传播实践需要自我认知和展示能力。中华民族长期以来的历史处境和命运处于一种长期压抑和模仿他人的过程中，造成自我主体的弱化。中华文明的国际传播离不开国家综合国力的支撑。然而，文化自信不仅源自物质实力和基础，还源自对文化主体的自觉。坚守文化立场是理论问题，也是实践问题，需要思想和理论的支撑，更需要通过话语叙事体系进行表达，包括中国特色的政策话语、体现自主知识观的学术话语和大众话语，

推动中华文明话语体系对外传播融入外交、经济和文化等不同领域，推动全社会广泛参与中华文明对外传播的对话与实践。现阶段中华文明价值的话语建构多以政治话语为主，学术话语以政策阐释为主，学术影响力和国际传播力不足，大众话语传播的主体意识不强，且三者之间关联性较弱、互动性不强，因而需要扩大话语主体的辐射范围，开展有效传播。

政治话语是推动中华文明传播走向实践形态的重要理论支持。构建人类命运共同体的中国特色大国外交为中华文明传播不断提供新概念和新范畴。随着中国特色大国外交的开展，体现中华文化立场的政策话语越来越丰富，人类命运共同体、文明交流互鉴、人类文明新形态、全人类共同价值、中国式现代化和全球文明倡议的提出意味着中华文明在实践运作中开始以主体的姿态重新诠释和建构世界。中华文化的传播主体性建构需要学术话语推动中华文化的自主知识观。学理阐释是把中国的道路实践、外交实践上升为理论建构，把握时代内涵、挖掘概念内涵、阐释价值共识是话语体系的学术支撑。现有的学术话语相对碎片化，需要用现代方式进行创造性重构，注重文化的当代价值和世界意义。坚守中华文化的话语体系建设既要体现中国特色，也要使传播内容被受众接受，在互动过程中达成相互理解，形成价值和规范的共识。建构中国自主的国际传播理论和知识体系，是在宏观层面重构国际传播的本体论、价值论和认识论。在本体论和价值论上，超越跨国、跨境信息传递，超越控制和劝服；在认识论上，吸收哲学、宗教、文学、国际关系等学科的知识和理论，加强多学科交流合作。[①] 源于人民群众实际美好生活的大众话语是话语体系中最能引发国际共情和最具吸引力的话语基础。在传播方式中，相比于政治精英、媒体等行为体，大众传播产生的影响更为突出。新媒体的蓬勃发展增强了大众对文化传播参与的广泛性，以前一对多的传播渠道变为多对多渠道，更容易接近传播对象并对他们产生影响。

### （二）战略传播的政策整合能力

在大国竞争的国际舆论下，中华文明国际传播能力建设要进入国际舆论

---

① 张迪. 文明交流互鉴下的中国国际传播研究：范式创新与路径重构 [J]. 新闻与写作，2022（12）：29-36.

主阵地，掌握话语权，构建战略传播体系。战略传播是将与传播相关的各种要素（包括公共外交、公共事务、信息战、舆论战等）进行整合，实现维护国家利益的整体性传播战略布局，形成各部门联动。具体路径是在战略规划层面推动国家战略传播资源的高度整合，实施过程中与外交政策和公共外交的高度融合。

中华文明的战略传播是在规划层面的资源整合，是整体性的传播，通过协同性、整合性的战略传播方式实现传播理念与实践的一致性，包括价值观建设、对外形象建构、国际传播人才培养等方面，以及对传媒产业布局、新媒体技术应用等领域进行全盘考虑，对于传播主题、产品、渠道等方面进行整合规划。中华文明的战略传播逻辑是在宏观层面结合理论和实践，设立超越狭义媒体传播的专门机构及各传播机构的议事协调组织，在传播规划、交流活动和效果评估方面进行战略规划，指导协同传播活动，提供科学研究和数据支持，充分调动各类资源提升传播活动的动能。

战略传播的过程是塑造民意以达成预期的效果，是支持外交目标的工具，需要与外交政策和公共外交进行整合。国际传播属于政治学和国际关系的知识体系，与政治、经济密不可分。战略传播突出传播信息内容或目的是否有政治性，即是否有政治意图或产生政治效果。战略传播旨在通过观念的传播促进外交政策，包括产生政治影响力的信息或文化活动，包括有意产生政治效果的媒体、文化产品、人员交流等方式。在中国特色大国外交实践中，政府间的文化合作、元首外交、重大国事活动中的文化内容，都在践行平等、开放、包容的新型文明观。就传播策略、传播主体、传播行为及效果而言，中华文明的战略传播与中国特色大国外交都是整合与融合的关系，主要体现在外交政策制定和实施过程渗透文化价值；政府相关部门具有传播职能，包括官方外宣活动和教育文化交流项目在内的文化外交的实践；政府支持非政府组织等传播主体的行为。战略传播与外交政策融合过程中，用契合文化传播目标国家或地区的文化传统和思维方式，把政策理论话语进行微观转化，避免在国际传播中出现文化折扣和价值偏差问题，应与相关国家进行有效对话。

中华文明的国际战略传播实施需要与公共外交相融合。中国公共外交面临历史性新任务，不仅要增进中国与世界的理解，还要提升中华文明的传播力影响力。公共外交是通过被其他国家接受的合作性方式达成政策目标、维护利益，是一种寻求关系性权力的外交行为。公共外交的实施途径主要涉及信息、教育和文化，包括国际传播、文化艺术活动、学术交流、民间交流及出版物和印刷品等，通过学术界、研究机构或智库所形成的知识网络，建立与目标国家对等机构的对话与交流，增进双方的认知和情感。新媒体外交成为各国公共外交的新形式，这些媒体形态通过电脑和手机等介质的网络平台传播信息，更便捷、更具有渗透力，使公共外交影响力覆盖范围更广。公共外交具有双向性，一方面向他国人民传达本国的形象和价值，另一方面会主动接受信息，了解他国的文化、价值和形象。公共外交通过发展国际网络促进不同国家的沟通与合作，营造和平与繁荣的全球环境，构建人类命运共同体。

### （三）传播主体的多元共建能力

中华文明的传播要构建多元主体"共建"的国际传播体系。国际传播主体或要素超越传统媒体和传统认知范畴，具有多样化的特征，国家、次国家、非国家等多元行为体参与国际传播。现代媒体科技的发展改变国际传播形态，网络技术使不同地区具有相同理念的团体更容易彼此链联结。中国历来倡导不同文化间的交流与合作，比如国家间互派文化考察团和留学生等。在人文交流机制的构建中，结合政府交流和民间交流，重视民间交流机制的建设，发挥非公有制文化企业、文化非营利机构在对外文化交流中的作用，支持海外侨胞积极开展中外人文交流。

中华文明的国际传播能力是在传播过程中多元化主体构建传播形态的能力。在国际传播中，传播主体和接受主体主要有政府、地方政府和专门组织、媒体、非政府组织、一般公众、企业家等。依据行为者属性可简约为三种传播形态：第一，以政治行为者（包括政府、地方政府及其他组织）为传播方。政府是国际社会最重要的行为者，政党、城市等行为体同属政治行为者的范畴。政治行为体对外国政治行为体及非政府组织、公众和媒体的政治传播以公关外交为主，文化往往是辅助的；对外国企业则是通过市场实施经贸外交，在经贸外交中往往渗透着中华文明的精神和价值。交流和互动的议题一般具有高度政治性，传播资源为公共权威和经济资源。政府主导的国际传播在传播过程中扮演重要角色，通过议程设置，积极参与全球范围的外交活动，利用重大外事活动进行国际传播。第二，以媒体、非政府组织和公众为主体传播方的形态，包括媒体外交、文化外交和民间外交，这种形态的文明、文化交流是直接的，效果也最突出。大众传播媒体是国际传播的主要渠道，非政府组织发挥引导和凝聚民意的作用，一般大众是民意的基础。非政府组织和公众可以运用舆论、信息和公共关系及文化影响对外国公众进行文化传播并发展文化关系。第三，以企业为传播方的形态，主要通过经贸外交或公共关系实施，企业对外国公众也可以发挥文化影响力。

各传播主体之间并没有明显的界限，而是相互合作，各传播形态的区别也很模糊。通过多元传播主体的协同，形成从政府组织机构到智库、学术平台及其他非政府组织，再到企业、民间个体等多层次与多领域的中华文明传播矩阵，将我们的文明传统、文化优势转化为传播优势，通过话语多元互构的传播，帮助海外受众对中华文明的优秀传统和自信、开放、包容、和谐的价值形成系统化的认知和理解。在中华文化对外传播过程中还要用好华人群体的力量。以美国为例，美国有 40 万华裔学生、学者，华人各界精英可以发挥更大的作用。

### （四）中华文化主体价值和全人类共同价值的共识建构能力

中华文明的全球传播实践是在全球政治、经济发展、文明对话、环境保护等公共议题的参与过程中提供中华文明价值，具有历史、现实和实践维度的系统特征。

从历史维度，中华文明的历史积淀为中华文明国际传播话语体系构建提供了深厚的理论性和价值性支撑。中华文明孕育的优秀传统文化是"中华文明在长期的社会生活实践中积淀起来的精神遗产，也是中华民族特有思维方式的精神体现"[①]。中华文明的国际传播是中华文明价值观念的当代呈现。"天人合一，道法自然"的人与自然和谐共生的发展理念，是中华文明国际传播话语体系的思想精要。从现实维度，中华文明价值的国际话语体系立足于中

---

① 尚志晓，等. 中华传统文化弘扬与现代化发展研究 [M]. 北京：中国社会科学出版社，2021：5.

国式现代化实践和人类文明新形态，展现了可信、可爱、可敬的中国形象。从实践维度，中华文明价值的国际话语体系是立足于中国，为文明互动和人类文明进步提供中国方案和中国实践，塑造人类文明交往新范式，体现为文明交流互鉴观和全球文明倡议。实践层面的全球指向是建构国际制度性话语权。话语权的形成是观念制度化的过程，即话语权的生成离不开新观念的支持，离不开制度的保障。理念贡献是话语权的重要组成部分，文明交流互鉴和全球文明倡议的国际传播要动员物质资源和政治支持，以新观念为引领，与国际社会普遍需求一致。

中华文明的全球传播实践兼具中华文明主体叙事和全球指向的双重意义，体现中华文明主体价值和全人类共同价值的统一，寻求人类共同利益和共同价值，以构建人类命运共同体为目标。全球化议题的复杂性及影响超出国家的地理空间，全球共同的规范和价值是国家利益重新界定的原因。全球公民社会概念的重要性在于跨国层次存在一种全球性的公域和空间，非工具性沟通得以发生，使跨国倡议网络得以生根。① 人类命运共同体意味着在国际关系领域追求共同价值，通过协商和对话生产价值和规范，并不完全体现权力关系，不是国家追求的特定的或工具性的利益。共同价值是通过沟通的途径建立起来的，是在全球文明对话和全球文明互动中建立起来的，这种文明对话是基于对话、沟通及协商的，而不是竞争的政治利益。

中华文化的价值观被中国人民所珍视，也是人类文明进步的稳定力量。和平、发展、公平、正义、民主、自由的全人类共同价值和文明交流互鉴以及全球文明倡议的提出，彰显了我们推动世界文明发展进程的全球意识。基于此，如何更好地向世界讲好中华文明的故事、传播中华文明精神成为新的时代命题和战略命题。增强中华文明传播力影响力，构建中华文明的国际传播体系，创新国际传播能力建设路径仍需持续探索和多方努力。

---

① MARY KALDOR. Transnational civil society[M]//TIM DUNNE，NICHOLAS J WHEELER. Human rights in global politics. Cambridge：Cambridge University Press，1999：195.

## 第三节　国际传播能力视域下孔子学院品牌重塑策略

随着中国的快速崛起，国际地位大幅提升，世界出现"中国热"和"汉语热"，学习中文与了解中华文化的需求增大。孔子学院主动适应这一形势需要，成为汉语教学和中华文化传播、对外教育文化交流合作的典范。与其他国家海外文化教育机构相比，孔子学院成立时间最短，海外分布发展速度最快。孔子学院持续推进汉语教育的国际化、市场化，成为中国公共外交和文化交流的品牌、平台和桥梁。孔子学院是中国政府融合文化力和政治力，向世界展示中华文化的重要机制，目前基本完成全球布局，建成中国语言文化全球传播体系，形成不容小觑的中华文化影响力。

关于孔子学院国际传播能力的现有研究，或将其置于中文国际传播能力范围内讨论，或将孔子学院作为传播载体，但对于孔子学院作为传播主体的能力研究尚不充分。中文国际传播能力是我国国际传播能力的重要组成部分，与我国文化软实力建设、国家形象塑造、增强中华文明传播力影响力紧密相关。中文国际传播包括传播主体多元观、传播受众本位观、传播内容整体观。[①] 中文国际传播能力的构成要素是教育教学能力、国际传播人才培养能力、传播服务能力、科技赋能中文传播能力、中文国际产品生产能力、传播风险防范能力。[②] 孔子学院国际传播能力包括推进中文国际传播本土化进程，对接服务需求培养高质量的中文人才，加强中华文化的核心理念与现代价值传播，提高孔子学院国际传播的质效，提升应对危机和防范风险的能力。[③] 在增强中华文明传播力影响力和大国外交战略规划下，在以美国为首的西方国家将孔子学院政治化的外部环境下，中文海外传播能力和孔子学院的品牌重塑需要新的理性思考。孔子学院的文化传播策略和效能是中华文化与西方霸权文化抗衡的关键因素，也是中外人文交流、中西文明竞合共生关系形成的推动力量。

---

① 李宝贵.新时代孔子学院转型发展路径探析[J].云南师范大学学报（哲学社会科学版），2018（5）：27-35.
② 李宝贵，李辉.中文国际传播能力的内涵、要素及提升策略[J].语言文字应用，2021（2）：2-15.
③ 刘立.新时代提升孔子学院国际传播能力的多维思考[J].沈阳师范大学学报（社会科学版），2022（4）：101-105.

## 一、孔子学院品牌重塑的需求和动力

孔子学院在官方政策主导下进行海外汉语教学和文化推广工作，提供多样化、功能化的合作模式和教学内容，满足各国、地区人民对汉语学习的需要，增进世界各国、地区人民对中国语言文化的了解，加强中国与世界各国教育文化交流合作。孔子学院是跨文化传播平台和载体，是推广汉语和中华文化对外传播的品牌。孔子学院让各国人民直接用体验和感受的方式接受中华优秀传统文化，采取"中国故事，国际表达"的弹性模式，增强中华文化吸引力。习近平高度重视孔子学院这一重要的中文国际传播形式，赋予其大国外交策略的定位，为孔子学院发展和中文国际传播赋予新任务和新使命，对孔子学院国际传播能力建设提出新的实践要求。

### （一）服务中国特色大国外交的新使命

习近平在国内重大会议、出国访问时频繁对孔子学院作出具有理论价值和实践指导意义的阐述，为孔子学院的未来发展指明了方向。2014 年习近平访德时参观当地孔子学院，并向教师代表提出在中外文化沟通中保持自身文化自信、耐力和定力，要介绍特色和全面的中国、古老和当代的中国，介绍中国经济发展、人和文化。[①] 2015 年习近平在伦敦出席全英孔子学院和孔子课堂年会开幕式，评价孔子学院是世界认识中国的一个平台。[②] 习近平关于孔子学院发展的重要论述是在构建人类命运共同体、文明交流互鉴的战略使命下，以增强中华文明传播力影响力、提升中华文化软实力、塑造中国形象、促进中外民心相通为目的，是指导孔子学院传播实践的理论和方法。

习近平对于孔子学院对外传播的新定位是服务中国特色大国外交，孔子学院的能力建设是以国际一流语言传播机构的高标准，以融合发展的方式拓展功能，从语言推广机构变为人文交流基地和力量。2017 年 7 月，习近平主持的中央全面深化改革领导小组会议审议通过《关于加强和改进中外人文交

---

① 中共中央文献研究室. 习近平关于社会主义文化建设论述摘编 [M]. 北京：中央文献出版社，2017：205.
② 习近平出席全英孔子学院和孔子课堂年会开幕式 [N]. 人民日报，2015-10-23（1）.

流工作的若干意见》，提出："将孔子学院打造成国际一流的语言推广机构。"[①] 2018 年 1 月，习近平主持中央全面深化改革领导小组第二次会议，通过了《关于推进孔子学院改革发展的指导意见》，指出孔子学院"要围绕建设中国特色社会主义文化强国，服务中国特色大国外交。……加强力量建设，提高办学质量，使之成为中外人文交流的重要力量"。[②] 根据中央全面深化改革领导小组《关于推进孔子学院改革发展的指导意见》和中国教育部"奋进之笔——孔子学院质量提升工程"等要求，未来孔子学院将打造成集教育合作、文化交流、学术研究、职业培训等功能为一体的国际一流的中外人文交流基地。根据中共中央办公厅、国务院办公厅印发的《加快推进教育现代化实施方案（2018—2022 年）》，共建"一带一路"教育行动强调了优化了孔子学院区域布局，加强了孔子学院的能力建设，全面提高了办学水平。[③] 孔子学院发展与"一带一路"的推进相联结。习近平对孔子学院未来发展战略定位的关键词是认识中国的平台、国际一流语言推广机构、人文交流的重要力量和基地、孔子学院的能力建设。孔子学院在国际传播能力视域下重塑品牌是服务于中国特色大国外交的战略需求。

### （二）孔子学院以机制变革塑造新的品牌形象

2020 年是孔子学院自创立以来最大的一次转型。管理模式、运行机制的调整变化，是孔子学院品牌重塑的现实基础。由于政府作为传播主体的形象使对外文化传播承载了较多的政治色彩，为了适应新形势和完成新使命，淡化官方色彩，以柔性影响方式应对与西方世界的摩擦，在国家汉办主管下的孔子学院运行体制发生重大改革，具有政府背景的交流载体被非政府组织取代，意味着政府运营模式"退场"，民间经营力量"登台"。2020 年孔子学院由非官方民间组织"中国国际中文教育基金会"负责。教育部为适应国际中文教育事业发展

---

① 中共中央办公厅，国务院办公厅. 关于加强和改进中外人文交流工作的若干意见 [N]. 人民日报，2017-12-22（1）.
② 习近平. 思想再解放改革再深入工作再抓实 推动全面深化改革在新起点上实现新突破 [N]. 人民日报，2018-01-24（1）.
③ 中共中央办公厅，国务院办公厅. 加快推进教育现代化实施方案（2018—2022 年）[N]. 人民日报，2019-02-24（1）.

需求，设立"中外语言交流合作中心"，负责除孔子学院之外的其他国际中文教育项目，包括制定、编写国际中文教育相关标准、教材，以及组织考试等工作。

"中国国际中文教育基金会"全面负责运行全球孔子学院品牌，在民政部注册，属民间公益教育机构，由27所高校和企业共同发起，负责筹集社会资金，依靠孔子学院中、外方教育机构发挥办学主体作用。基金会负责下的孔子学院更加注重品牌建设，实施了一系列打造品牌的项目和活动，提升了品牌影响力。2021年9月，孔子学院全球门户网站正式上线，全球孔子学院第一次拥有自己的品牌网站。2021年，11个语种的《孔子学院》院刊全面复刊，展示中国语言文化知识和中外文化交流故事。孔子学院新媒体平台——微信公众号、微博、抖音号等已形成较大影响力，各孔子学院积极建设自身传播平台，加强与当地媒体和机构的合作，提升品牌影响和传播效能。

基金会提出并构建以品牌授权模式管理、服务全球孔子学院，[①]中外合作机构本着相互尊重、友好协商、平等互利原则设立孔子学院新机制，基金会和中外合作机构是孔子学院的平等合作伙伴，中、外方是举办孔子学院的主体。在新机制下，形成了以孔子学院为中心，由基金会、中方合作机构和广大外部合作伙伴共同组成的新合作生态。孔子学院新的发展方位是民间化和品牌化，加强内涵化、专业化、本土化、数字化、特色化和协同化建设，塑造具有内在共同价值理念、清晰教学标准、能够提供高质量中文教学相关服务的品牌形象。孔子学院和中文国际传播迎来民间化、品牌化转型升级的新阶段，在新品牌管理方、新运行模式、新合作生态、新发展方位下，孔子学院主体的国际传播能力建设凸显。

### （三）孔子学院重塑品牌形象的瓶颈

孔子学院自2004年成立以来已经形成全球性网络，2021年，489所孔子学院和817所孔子课堂遍布在全球158个国家。[②]孔子学院经过长期的大规模

---

[①] 中国国际中文教育基金会.2020年度孔子学院发展报告[EB/OL].[2023-03-07]. https://ci.cn/gywm/nb/6ae806ae-448f-47c6-960a-a5884deb8501.

[②] 中国国际中文教育基金会.2021年度孔子学院发展报告[EB/OL].[2023-03-07]. https://ci.cn/gywm/nb/db8e7611-8c24-46c7-bc0a-830fa10d5b1c.

拓展，2013年数量增长幅度开始放缓，每年增长率保持在10%以下，每年增加的孔子学院数量在40所以下。从2019年开始，孔子学院在欧美国家遭遇了一系列瓶颈，全球发展步伐放缓（见图5）。孔子学院从大规模拓展阶段逐渐进入高质量发展和创新发展的新阶段。

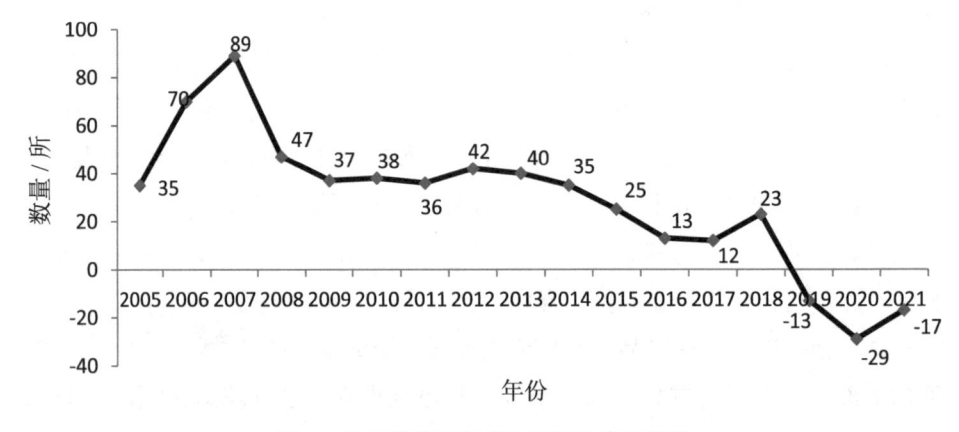

**图5 孔子学院逐年增加数量的变化趋势**

孔子学院布局及合作办学方的选择受到其他国家、机构意愿和条件的制约，存在不均衡、不允分的问题。到2021年，孔子学院在亚洲有135所、非洲有63所、欧洲有180所、美洲有92所、大洋洲有19所，美洲、欧洲、大洋洲有不同程度的数量减少。随着孔子学院的大规模发展，其在发展目标、教学活动、师资配备、教材匹配、办学经费等方面总体不足。孔子学院单向输出痕迹比较明显，创新发展空间有待拓展。从传播主体的个人而言，存在一些共性矛盾和问题制约孔子学院的高质量发展，中方和外方代表因个性不同，影响孔子学院效果的持续性和稳定性；公派教师因专业受限无法满足当地受众对中国传统文化和现代各领域专业知识的需求；中方院长和教师服务期限短，影响个体工作效能的发挥。

## 二、孔子学院品牌重塑的外部压力

孔子学院是文化领域具有代表性的中国品牌，不可避免地成为西方国家舆论焦点，在中美竞争关系的宏观背景下成为美国在人文领域攻击中国的标靶，美国抵制孔子学院成为中美政治经济竞争在文化领域的投射。

2013 年，加拿大麦克马斯特大学招聘教师时以人权歧视存在为由，关闭孔子学院，成为全球关闭孔子学院的首例。2014 年 12 月，美国众议院外交事务委员会举行听证会，认为中国对美国大学的影响威胁了学术自由。西方国家就接连以危害学术自由、中国对外宣传平台、忧虑中国意识形态渗透等为由，终止与孔子学院合作。2015 年欧洲第一所孔子学院——瑞典斯德哥尔摩大学孔子学院（系与复旦大学合办）关闭。

美国第一所孔子学院是 2005 年 3 月运营的马里兰大学孔子学院，是全球第二所孔子学院。孔子学院在美国迅速发展，2017 年数量达到顶峰，大约有 118 所，有 501 个孔子课堂。美国一度成为全球孔子学院数量最多的国家，相当于全球数量的 21.3%。孔子学院在美国如此活跃与中文教学需求增加有关。根据美国现代语言协会的数据，1960 年至 2013 年，学习普通话课程的学生人数增加了 90 倍。[①] 政府也纷纷采取措施鼓励语言学习。总统乔治·W. 布什 2006 年发起"国家安全语言计划"，增加了包括中文在内的"急需外语"语言课程的学习。总统奥巴马发起"十万强"计划，旨在派遣 10 万名美国学生到中国学习。在超越目标之后，奥巴马和习近平于 2015 年宣布了"百万强"计划，目标是到 2020 年将美国学习中文的中学生人数增加到 100 万。从这个意义上而言，学习汉语与美国政治家的推动相关，中国开设的孔子学院是美国政府举措的补充，对中美两国而言是互利共赢的。

美国确定对华竞争战略后，把孔子学院的文化交流与中国的对外宣传相关联，对华竞争政策进入文化领域。孔子学院成为中美关系恶化的一部分，面临来自美国政府的政治压力。2018 年特朗普总统签署的《2018 财年国防授权法案》中要求美国国防部终止对设有孔子学院的美国大学的中文学习项目补助。2019 年在国防部停止补助的压力下，美国知名大学陆续关闭孔子学院，这对于孔子学院在西方世界的品牌形象产生了较大的负面影响。2020 年 8 月

---

① DIANA L SWEET. The art of winning hearts and minds : explaining divergent outcomes of confucius institutes in the U.S.[EB/OL]. [2017-03-07]. https://mars.gmu.edu/bitstream/handle/1920/11292/Sweet_gmu_0883E_11531.pdf?sequence=1&isAllowed=ychrome-extension : //efaidnbmnnnibpcajpcglclefindmkaj/.

13日美国宣布将孔子学院美国中心登记为"外国使团"。孔子学院在中美竞争格局中越来越显示工具性和争议性特点。

孔子学院的无党派研究机构——美国国家学者协会在孔子学院的负面舆论造势中发挥重要角色。2014年该协会向全美各大学呼吁终止或重新修改与"孔子学院"的合约。2017年5月，该协会发布调查报告，[①]认为中国政府通过孔子学院向海外输出其意识形态，干预美国高校学术自由，并呼吁关闭所有孔子学院。发表调查报告的同时，美国国家学者协会还举办纪录片《假孔子之名》（*In the name of Confucious*）美国首映会，分析孔子学院在各国日益受到抵制的原因。根据该机构公布的信息，截止到2023年6月，目前在全美各大学或是私人机构中，还有10所孔子学院在运作，共有111所正在关闭或已经关闭。[②]

美国的孔子学院被政治化，被嵌入带有政治色彩的舆论和文化背景之中。美国政、学、官、媒界纷纷呼吁维护国家安全与捍卫学术自由，而孔子学院致力于增强美国对中国语言和文化了解的功能被忽视。2018年2月13日，美国联邦调查局局长雷伊在参议院情报委员会作证时，表达对孔子学院和中国政府利用美国大学开放教育进行渗透的忧虑。[③]2018年2月底，网友在白宫请愿网站发起联署，认为中国政府利用孔子学院从事海外情报搜集、监控中国在美留学生、损害美国言论自由等，呼吁美国关闭境内孔子学院。约瑟夫·奈在2018年撰文直言，若孔子学院试图干预学术自由，就该被当作"锐实力"。[④]美国媒体在2017年9月1日至2018年2月26日涉孔子学院报道中，

---

① Outsourced to China: Confucius Institutes and Soft Power in American Higher Education[EB/OL]. [2023-07-03]. https://www.nas.org/reports/outsourced-to-china.

② NATIONAL ASSOCIATION OF SCHOLARS. How many confucius institutes are in the United States?[EB/OL].（2023-06-20）[2023-07-03]. https://www.nas.org/blogs/article/how_many_confucius_institutes_are_in_the_united_states.

③ CHRISTOPHER WRAY. Testimony before the U.S. Senate committee on intelligence, hearing on "Worldwide Threats" [EB/OL].（2018-02-13）[2023-07-03]. https://www.intelligence.senate.gov/hearings/open-hearing-worldwide-threats-0.

④ JOSEPH NYE. How Sharp Power threatens Soft Power [EB/OL].（2018-01-04）[2023-07-03]. https://www.foreignaffairs.com/articles/china/2018-01-24/how-sharp-power-threatens-soft-power.

90%以上为负面报道,议题主要质疑孔子学院本身的性质及动机,指向中国文化软实力,宣称对美国社会造成威胁。[①]美国针对孔子学院的负面信息,源自在各自领域有着一定话语权和影响力的政界人士、记者和专家学者,这些群体形成舆论共振:右翼政客是始作俑者,专家学者的声音作为补充,媒体引用和传播放大负面消息,共同塑造了孔子学院的威胁形象。

美国干预孔子学院的方式也不断升级,从媒体舆论到网络民众请愿再到政客呼吁立法。在联邦调查局、国务院、国会和州立法机构的压力下,美国各地的孔子学院迅速关闭。从时间顺序来看,大多数孔子学院被关闭都是美国在全国范围内对中国海外影响力评估之后发生的。孔子学院曾经是加强中美两国联系的桥梁,但在美国对华竞争的大战略背景下成为美国各界批评中国的对象。对美国来说,孔子学院这一品牌在某种意义上已经成为一种政治负担。孔子学院在美国和西方国家面临品牌重塑的压力,需要满足美国国内对中文和中国文化的需求,塑造中美关系共生发展的社会基础。

## 三、孔子学院是跨文化传播主体的能力构成要素

孔子学院作为语言和中华文化对外传播的主体,能力亟待提升,以提高传播实效。

### (一)文化传播主体的界定

孔子学院是传播载体,也是传播主体,需要重视其主体地位的能力建设。关于文化和传播之间的关联性有"融合论"和"结构论"两种看法。"融合论"认为文化和传播是一体两面,文化就是传播,传播也是文化,无须特别强调传播手段。[②]"结构论"主张文化是人们理解传播信息的重要因素,人们对信息的理解会因为文化差异而有所不同,传播手段是关键,文化和传播手

---

[①] 周亭,温怡芳,贾文彬."他塑"视角下涉华国际舆情的困境与应对:以美国媒体涉孔子学院报道为例 [J]. 对外传播,2018(4):19-21.

[②] YOUNG Y KIM. Communication and cross-culture adaptation: an integrative theory[M]. Clevedon: Multilingual Matters,1988.

段是进行文化有效传播的重要结构。① 语言是跨文化传播的手段之一,一国的语言在全球流行性越高,代表该国文化越能通过该国语言传达,而学习该国语言的过程中,也必然增进学习者对该国文化的理解。

将孔子学院作为传播主体关注其传播能力需要界定主体是谁及承担什么角色。传播主体是在传播活动中运用特定手段向传播受体发出信息的行为主体。在传播过程中,传播主体具有主导作用。传播学角度的传播活动至少包括传播主体、传播受体和传播信息。整个传播活动的过程、结构和功能取决于传播主体、内容、渠道、受众和效果。② 对传播发出方而言,传播主体是核心,在传播活动中居于主导地位,传播效果也依赖于传播主体。传播主体自身声誉和影响力对于受众态度的改变具有重要作用。传播是一种交流行为,有主动方和受动方的区分。无论是传播方还是接受方,都有群体和个体两种类型。传播主体有群体主体和个人主体。从传播形态看,传播主体有"行为主体"和"话语主体",前者是履行职能的主体,后者是解释自身行为的主体。从传播主体的功能而言,有"高位主体"和"本位主体"。前者是组织设计传播目标,决定传播方向,制定传播策略并指导监督具体传播行为;后者是直接从事传播活动,直接决定以什么样的方式进行传播,包括时机、地点、人员及议程设计等。传播主体的影响力就是传播效果,吸引注意力和引起符合目标需求的变化,包括受动者认知、情感、态度等的改变。影响力是在传播过程中发生的,其构成要素是规模、内容和效果,规模决定影响力的范围和边界,内容是影响力的载体和基础,效果是对整个传播内容、定位、形式等的整体检验。③

## (二)孔子学院传播主体构成及能力要求

孔子学院国际传播有三个主体:国际中文教育基金会、中国机构和外国机构(一般为大学)。三个主体之间是伙伴关系。孔子学院的传播主体具有功

---

① L SAMOVAR, R PORTER, N JAIN. Understanding intercultural communication[M]. Belmont: Wadsworth, 1981.
② 哈罗德·拉斯韦尔. 社会传播的结构与功能[M]. 何道宽, 译. 北京:中国传媒大学出版社, 2013:35-36.
③ 喻国明. 影响力经济:对传媒产业本质的一种诠释[J]. 现代传播, 2003(1):1-3.

能和传播形态双重维度，有"高位主体""本位主体""行动主体"和"话语主体"。

孔子学院国际传播的"高位主体"以前是汉办，现在是中国国际中文教育基金会。中国国际中文教育基金会是非政府组织，淡化政府主体的"硬形象"，打造"软形象"，实现孔子学院主导机构的民间化改革。基金会与其他运作主体是平等合作关系，但在孔子学院运作中依然发挥功能层面的"高位主体"作用。基金会是孔子学院品牌统筹管理和运营方，原则上不直接参与孔子学院具体管理事务，主要负责向中外各界筹集资金、制定整体发展和品牌传播规划、制定品牌标准和指南、审核授权孔子学院和孔子课堂、统筹协调评估提升孔子学院办学质量。基金会是负责设计传播目标和决定传播方向的组织者。基金会通过扩大孔子学院的规模来拓展影响力的范围，制定传播策略并负责对传播效果进行评估，创造有利的国际舆论环境，最大限度地争取国际支持与合作。中国国际中文教育基金会的能力建设主要体现在传播活动进程的主导能力方面，包括过滤与加工传播内容、选取与落实传播渠道、定位与区分传播受众、接收与整理传播效果。

中外方合作机构、直接履行汉语国际传播的教师和孔子学院相关工作人员是"本位主体"和"行动主体"。中外方机构承担孔子学院的日常运行和管理工作，制定适合所在地的具体发展规划，建立保障孔子学院可持续高质量发展的工作机制和制度，为孔子学院运行提供软硬件条件，共同筹集经费，保障日常运行和发展。中外方院长和教师是直接从事传播活动的个体，决定文化传播的具体方式并直接面对传播受众。从传播形态而言，孔子学院各传播主体还兼具话语主体角色，解释孔子学院的行为模式及传播效果。不同传播主体的影响力的体现方式有所不同。

孔子学院作为跨文化传播品牌，对外传播能力建设主要体现在话语能力、传播效果的评估能力、传播内容的选择和创新能力、多元主体的沟通合作和传播能力。话语能力是直接面向公众和借助大众传媒解释自身行为的能力，话语解释的过程就是传播的过程。传播效果的评估能力是话语能力的体现。孔子学院的传播内容有共同性也有差异性，具有较大的灵活性。传播内容不是一成不变的，需要不断选择和创新。根据当地需求进行传播内容的选择和创新是每一个孔子学院应具有的能力。孔子学院的合作能力直接影响传播效果。孔子学院的办学模式是中外合作，体现共同发展的理念、"共建"的模式与多元的行动，需要孔子学院具有合作协调能力，尤其作为个体传播者的孔子学院中方代表、公派教师、汉语教师志愿者要有较强的沟通能力。院长是中外方交流的连接者，是相互融合的关键人物，是孔子学院发展规划的具体制定者和落实者，扮演教育工作者和友好大使的角色。中方院长发挥关键的枢纽作用，在某种程度上，"院长即孔院"。①中方院长应该具备分析环境和经营的能力、中华文化国际化的表达叙述能力、学术观察和钻研能力、跨文化交际能力以及带领团队所具备的综合领导能力。②从学理层面来看，国际传播能力建设的补充手段归根到底是个体层面的跨文化传播。国家和机构层面的顶层设计和渠道建设，最终效果检验还是落实到对于个体的影响程度上。③2021年，孔子学院有4000多名中方院长、教师和志愿者。自2021年起，中国国际中文教育基金会设立孔子学院院长纪念奖章。

### （三）孔子学院作为传播主体的特征

遍布全球的孔子学院虽然被冠以统一的名称，但各国、各地区的差异较大，根据合作者的不同优势和需求，孔子学院发展和创新出各种各样的文化交流形态。孔子学院作为传播活动的主体，具有较强的共性，也存在明显的差异。孔子学院的传播职能均以传播中华文化为主要任务，功能都专注于语言和文化传播，传播作用机制一致，均遵循接触—认同—改变这一基本过程发生效应，传播效果类似，虽然存在程度差异，但都是以汉语传播为主，并作用于受众的态度、认知和行为。

---

① 谢江.孔子学院院长能力类型和结构分析[C]//何文潮，刘玉屏，靳洪刚.全球化的中文教育：教学与研究：第十四届国际汉语教学学术研讨会论文集.北京：中央民族大学出版社，2017：6.

② 彭增安，张梦洋.传播学视阈下的国际中文教育主体研究[J].河南社会科学，2021（2）：118-124.

③ 姜飞.新阶段推动中国国际传播能力建设的理性思考[J].南京社会科学，2015（6）：109-116.

因孔子学院在不同国家和地区的办学模式不同，其作为传播主体的特性存在明显差异。孔子学院的多样性体现在交流形态和合作模式的多样性。孔子学院以传播汉语课程为主，也开设一些非学历性质的特色课程，包括商务汉语、观光旅游、国际翻译等。如 2008 年在伦敦南岸大学开设的伦敦中医孔子学院的特色课程很受欢迎，产生了文化经济化的附加价值。孔子学院采用不同的合作模式，有中外高校合作、高校与企业合作、中国高校与外国社团合作，如清华大学与汇丰银行、伦敦经济学院等公司及院校合办的孔子学院，美国的华美协进社孔子学院。孔子学院以中外高校合作模式为主，是中外双方共同负责的共建模式。总体而言，中国对孔子学院的主导性作用在于提供资金、教师及相应的资料等，合作机构负责大部分计划和活动，中文教师在当地大学接受学生的评估。由于不同的合作方式以及所在国不同的法律规定，有的孔子学院属于外方合作机构的组成部分，有的孔子学院是独立的协会、基金会等形式。虽都以孔子学院之名进行对外传播，但传播主体合作和运作模式的差异使其影响力的作用方式和效果均不同。差异性和个性化的孔子学院意味着其能力建设没有统一的标准和可简单复制的经验，但孔子学院的共性特征是其传播能力建设的思考方向。

## 四、以传播能力提升重塑孔子学院品牌的策略

孔子学院面临重塑品牌的外部压力，也有解决自身发展问题的变革需求。孔子学院的传播能力建设在整个传播活动中具有重要性，对中华文化国际传播效果产生直接而重要的影响。孔子学院传播能力提升以重塑孔子学院品牌形象、更好地服务于中国特色大国外交为核心任务。孔子学院存在的意义是主动走向世界，让世界了解并理解中国，为国家发展营造和平友好的国际环境。[①] 孔子学院品牌重塑意味着从重规模和数量到重质量和创新发展阶段，要融入当地社会和文化，以差异化策略形成多层次、多样化、广覆盖的孔子学

---

① 王鑫，李锷. 孔子学院与中华文化海外传播的"五重意象"：与德国纽伦堡－埃尔兰根孔子学院中方院长李锷的对谈 [J]. 辽宁大学学报（哲学社会科学版），2021（3）：112-117.

院发展格局。

## （一）孔子学院作为传播主体在西方国家运行方式的创新

孔子学院作为跨文化传播的主体，其创新发展的策略包括原有孔子学院高校的灵活合作方式、国际中文教育多主体联动的模式和汉语教育的市场化运作。西方国家孔子学院传播能力建设包括尚在运行中的孔子学院和关闭后的孔子学院如何创新发展。运行中的孔子学院要突破原有的发展困境，在运作机制上持续打破传统的中方支配资金和人员的传播模式，增强当地合作方的自主性。中外大学合作模式，欧美国家的国外大学通常基于自身理念考虑，不愿让孔子学院独立行使职权或过度干预学校事务，有较高的戒备性，外方享有弹性的决策自主权可适当降低西方国家的顾虑。孔子学院的运作机制保持着部分自主弹性，更能融入当地社会，深化关系政治网络。任何传播手段都无法避免与当地文化发生碰撞，只有适应不同文化、市场的文化才能有效传播。需要探索各地区孔子学院特色化经营模式，强化与国外大学、社区的合作关系与互动，寻求各地文化与中华文化的共通之处。社区承载了非常重要的社会服务及文化功能，因此，孔子学院要扩大在西方社会的影响力，被更多的民众所了解，要深入社区，加强与社区居民的联系与互动，以"物质性"文化传播方式融入当地社会。

孔子学院品牌重塑需要重视市场方式运作并实现运作形式的创新。由于美国孔子学院话题的政治化使美国孔子学院数量大幅下降，"孔子学院"这个品牌在美国已经成为一个主要的公关问题，品牌暂时遭遇发展瓶颈。但孔子学院搭建的平台和桥梁依然存在，因而并不意味着是发展的困局，而是孔子学院在西方国家创新发展的契机。孔子学院的建立让美国的高等院校与中国相关高校和机构建立了更紧密的关系，这种关系不会因孔子学院的关闭而消失，美国高校依然有强烈的、了解中国语言、文化和当下政治经济情况的需求。美国不断增长的汉语需求也不会因孔子学院的关闭而下降。中国可通过代替孔子学院的类似项目，与曾和孔子学院合作的美国高校以不同方式保持密切的联系。如孔子课堂网络的主办方亚洲协会将其项目更名为"汉语伙伴网络"①，亚利桑那州立大学于2006年与四川大学签署了"姐妹大学"协议等。孔子学院被关闭后通过与高校合作以不同的名称保留了孔子学院的部分功能。

孔子学院品牌重塑需要国际中文教育的多主体联动。孔子学院作为中文和中华文化的传播品牌，总体上从属于中国国际中文教育的一部分。管理运营国际中文教育项目的教育部中外语言交流合作中心、建设海外中国文化中心的文化和旅游部、国务院侨务办公室主导的华文教育等机构在顶层设计上进行资源整合，形成多元主体联动的汉语国际教育，提升了传播效果。大多数孔子学院定位为语言教育。语言传播的运作方式首要是和文化结合，也要与市场结合。语言教育更多是由市场决定的。政府可适当鼓励和引导非政府主体在西方国家开设汉语教育机构，以更专业化的汉语学习、市场化运作推广汉语教育。中国人学英文并非美国和英国政府推动，而是自发的需求、市场运作的结果。符合市场性需求的文化传播内容有利于提升传播效果。无论何种形式的孔子学院，资金的自给自足是孔子学院可持续发展的方向。无论是孔子学院中文教学项目的市场化，还是培育其他市场化主体进行中文教育，都会在一定程度上减少刻意揣测孔子学院"目的"和"动因"的负面舆论。

### （二）多重话语空间联动提升孔子学院的话语主体能力

在孔子学院被美国政治化的舆论战中，孔子学院美国中心和相关外方高校成为话语主体，全力为孔子学院辩护。2018年至2020年，孔子学院美国中心通过美通社发布14篇全国性新闻稿。② 2018年，在DirectTV和YouTube上播放了10集关于孔子学院的影片，其中包括美国大学和孔子学院的校长对孔子学院的正面评价。孔子学院美国中心2018年在全国新闻俱乐部举办了一场小组讨论，由中美强基金会首席执行官约翰·霍尔德伦主持，邀请了4位孔子学院的高层管理人员，他们都高度评价了孔子学院。

---

① YUICHIRO KAKUTANI. China-Backed confucius institute rebrands to avoid scrutiny[EB/OL].（2021-03-17）[2023-03-27]. https://freebeacon.com/campus/china-backed-confucius-institute-rebrands-to-avoid-scrutiny/.

② News from confucius institute U.S. center[EB/OL]. [2023-03-27]. PR Newswire，undated，https://www.prnewswire.com/news/confucius-institute-u.s.-center/.

从这场舆论战的议题选择而言，孔子学院的辩护以对其功能和教学活动的正面评价为主；美国的负面舆论是对孔子学院威胁升级的判断，从威胁"学术自由"到中国的"锐实力"再到威胁美国国家安全，对孔子学院不断升级的指控起到了肆意渲染的目的。从舆论传播的主体而言，孔子学院传播主体局限在孔子学院美国中心、美方部分高校管理人员。美方对孔子学院的负面评价是来自各界人士的舆论共振，包括学者、政客、媒体记者、非政府组织、社交媒体中的个人，形成了规模庞大的负面舆情。美国孔子学院的政治化和冷战思维不是提升孔子学院主体的话语能力就能够避免的，但舆论战显示，孔子学院的话语主体角色及话语能力亟待提升。

孔子学院传播应以多重话语空间联动突破国际舆论困境。孔子学院传播主体是多层次的，有组织、有个人，包括中国国际中文教育基金会、中外方合作机构、外部合作伙伴、中外方相关教师和参与学习的学生都是话语主体。显然，中方合作高校、中外方孔子学院负责人和教师等主体在面对孔子学院的负面舆论时基本处于失声状态。只有这些主体发声，形成良好对接和联动才能形成舆论的共振效应，打破"沉默的螺旋"效应，才会使关于孔子学院的正面意见不被淹没。只有通过多主体多极的传播，才能降低负面舆情扩散的蝴蝶效应。学者可以采用辩论的方式进行话语传播，个人的话语主体角色不一定是政治性的辩论，可以鼓励个体采用新媒体传播平台进行分享，讲好孔子学院的故事。

除现有孔子学院话语主体之外，可以培育以某地区孔子学院为关注焦点的非政府组织。美国的无党派研究机构——美国国家学者协会在孔子学院负面舆论造势中发挥主要作用，多次发布关于美国孔子学院的调查报告。原来的汉办和现在中国国际中文教育基金会每年发布年度孔子学院发展报告，全球近500所孔子学院，各地区甚至各学校的孔子学院都有不同的合作方式，只有年度孔子学院发展报告显然并不能提供丰富和具体的信息以提升话语主体能力。基金会或各高校鼓励依托非政府组织或高校智库对某地区的孔子学院进行深入调研，尤其针对学生进行调查，提升传播效果的评估能力，进而为话语能力发挥提供客观的数据和理性的观点，同时也能及时监测孔子学院舆情，把握舆情，应对危机。

### （三）孔子学院传播个人主体能力提升的综合策略

孔子学院发展受制于各种不确定因素，中方院长是孔子学院发展的核心，其格局、能力及执行力等都会影响孔子学院的发展。中方院长要在不断变换的环境中持续调整，协调各种关系。院长决定孔子学院能够在多大程度上释放文化沟通和传播活力。教师是课堂教学的主导者，传播的内容能否引起学习者对中华文化的兴趣和对中国的理解，依赖于教师对所在国家和学习者的了解及教学实施过程。中方院长和教师作为孔子学院国际传播的个人主体，在传播效能发挥方面面临着流动性的困境和能力提升的难题。孔子学院对外传播的个人主体一般有2～4年的任期限制，中方院长和外派教师都难以将孔子学院国际传播作为终身事业对待。孔子学院传播的个人主体能力建设可从外部机制保障、人才选拔和能力培育角度综合思考，推动中方院长的职业化和专业化，适当推动教师的本土化和专业化。

孔子学院个体差异性较大，一般不能简单地仿效和复制经验，需要因地制宜地创新发展。通过长期的经验积累提高敏感度和判断力，对于中方院长胜任孔子学院传播工作至关重要。任期限制影响中方院长长期的职业规划，使其工作热情的持续性和工作理念的延续性难以保障。孔子学院的可持续发展需要中方院长的职业化，要从人才储备、职业保障和支持等方面实现。在人才选拔和能力培育方面，中方院长一般在高校中选拔，兼顾学术素养和行政能力等，但通晓外语、具有一定管理经验并且对中国语言文化有一定研究的人才较为稀少。中方院长不仅依赖自身能力和工作热忱，还受所处的环境及合作者影响，既要与外方院长强化合作，发挥其优势并借力，还要依赖自身优势进行对外传播。中方院长具备的职业能力包括外语、专业研究、跨文化沟通能力等，而这需要职业化培养，因而储备和培养职业院长尤为重要。

外派教师作为孔子学院的直接文化传播者素质良莠不齐，缺乏专业传播人才，人才培养的效率难以满足传播任务的要求。外派教师的任期限制导致教师流动性强，难以保持持久的职业热情，难以发挥主观能动性，影响教学质量的稳定性。流动性过强的教师队伍不利于孔子学院的对外传播。目前的外派教师大部分为中文专业背景，外语听说能力相对欠缺，语言专业背景的教师在中国历史、哲学、经济方面的浅表性知识难以满足国外尤其是西方国家对我国政策和法律等专业知识的强烈需求，更遑论这些专业教师与当地的汉学家或中国问题专家对话。此外，外语能力和跨文化交际能力的欠缺直接影响孔子学院国际传播效果。对于外派教师而言，提升稳定性的方法是用更有智慧的设计和全局的统筹实现教师本土化问题。外派教师选拔不能局限在中文专业和国际汉语教育专业，而是面向更广泛的专业招聘人才，依据不同孔子学院的特色和需求选派适合的学者型、专业型教师。外派教师派出前的培训尤为重要，培训应该是独特的和专业的，包括中国文化素养培育、教育教学知识培训、当地文化背景知识、对外文化沟通的技巧等，以实现外派教师的专业化。

# 第七章　文明传承与创新能力
## ——以长城国家文化公园建设为例

中国文化遗产资源丰富，文化遗产的保护、展示与传承不仅是大众文化生活的重要组成部分，也是新时代文明交流互鉴和构建人类命运共同体的重要载体。国家文化公园建设是新时代自然文化遗产资源保护和开发的创新举措。2019年7月，中央全面深化改革委员会第九次会议正式审议通过《长城、长征、大运河国家文化公园建设方案》，对重要文化资源保护和开发进行顶层设计。国家文化公园以文化发展作为核心战略，体现党对新时期文化遗产和代表性文化资源发展方向的定位。文化作为国家文化公园的核心概念，不是一般意义的文化，而是具有普遍共享和传承价值、体现中华民族基因的文化。国家文化公园是保护、发展、共享、传承、传播文化的形式。2014年，习近平在联合国教科文组织总部发表演讲，指出推动中华文明创造性转化和创新性发展，让文物、遗产、文字都活起来，让中华文明为人类提供正确的精神指引和强大的精神动力。① 2021年，习近平向第44届世界遗产大会致贺信，指出世界文化和自然遗产是促进不同文明交流互鉴的重要载体。中国愿同世界各国和联合国教科文组织一道，推动文明对话，促进交流互鉴，推动构建人类命运共同体。② 作为中华民族文化象征的长城，体现了文明交流互鉴价值。在文明交流互鉴和国家文化公园建设的背景下，长城文化价值的挖掘、价值展示体系构建及基于文化的产业融合政策发展具有中华优秀传统文化创造性

---

① 习近平. 论坚持推动构建人类命运共同体 [M]. 北京：中央文献出版社，2018：76.
② 习近平向第44届世界遗产大会致贺信 [N]. 人民日报，2021-07-17（1）.

转化和创新性发展的代表性意义，也具有增强中华文明传播力影响力的价值。

## 第一节 长城文化价值的"命运共同体"意涵

长城是中华文明的标识和民族精神的象征，也是特质文化资源。长城作为军事防御工程，其文化价值不是长城修筑者的主观意愿，而是历史社会发展的必然结果。在动态的历史场域中，长城本身的物质形态会改变，文化价值也会因时而异，需要历史学家或相关研究者的解释来了解其文化价值。长城的文化价值具有很强的历史性、民族性、政治性与实践性，在国家形象塑造、民族精神传承和地方经济发展等不同层面发挥作用。国家文物局2016年发布《中国长城保护报告》，第一次在官方文件中阐释长城精神：长城蕴含着团结统一、众志成城的爱国精神，坚韧不拔、自强不息的民族精神，守望和平、开放包容的时代精神，是实现中华民族伟大复兴的强大精神力量。2019年文旅部和国家文物局联合印发《长城保护总体规划》，明确长城承载着中华民族坚韧自强的民族精神价值、中华民族文化自信的历史文化价值、古代军事防御体系的建筑遗产价值、人与自然融合互动的文化景观价值。在长城国家文化公园建设中，与时俱进的长城文化符号形态要彰显国家文化和全人类共同文化的价值，从"命运共同体"角度诠释和展示长城文化价值。建设国家文化公园必须站在推动构建人类命运共同体的高度，挖掘长城文化内涵，提升中国文化的国际影响力。①

### 一、文化遗产价值诠释的国际理念

长城作为中华民族的代表性符号，其文化价值阐释需要国际文化遗产管理的语境。联合国教科文组织推动世界遗产的概念，通过一套被普遍认可的跨国框架，产生了新的论述脉络，使遗产成为跨学科的热门议题。遗产是文

---

① 连玉明.重新审视长城国家文化公园的时代价值[J].中国政协，2020（17）：46-47.

化的对象，也是经济载体，是文化象征，也是可交易的商品。

### （一）文化遗产真实性对文化价值的认知

价值是文化遗产保护领域的关键性问题。对文化遗产价值的关注，实际是如何保护文化遗产真实性的问题。真实性的本义是真正的、原来的，不是复制、伪造的。《牛津英语词典》提出真实性的三种涵义：按传统或原先模式呈现原物；基于事实的、可靠及可信的；表示一种特有的情感、意义、目的及人类共同生活的重要模式。真实不仅是具体的物质体，还包括物质体所隐含的抽象物质。遗产维护的真实性概念是在1964年《保护文物建筑及历史地段的国际宪章》（《威尼斯宪章》）中提出的，确认了文化遗产价值的历史、艺术和科学价值，并得到广泛认同。1972年《保护世界文化和自然遗产公约》把真实性作为世界遗产评估条件。1977年的《实施保护世界文化和自然遗产公约操作指南》列出物质、技艺、设计、场域四项真实性的评估项目。

基于文化内涵的遗产的真实性是将其视为文化现象下的产物，真实性评估可依据环境不同及各自所属价值体系有所变化。1994年在日本奈良通过《奈良真实性文件》，开始从更深层次的社会文化层面思考真实性维护问题，提出真实性必须由自身所属的文化内涵来建构。自此，文化遗产真实性开始关注文化认同，有形或无形文化遗产所表现的是基于特殊形式的文化和社会。2005年修订的《实施〈世界遗产公约〉操作指南》指出精神与情感对于文化传统维持和延续具有重要性。学者兰德尔·梅森在《文化遗产的价值评估》一书中将文化遗产的价值分为经济和文化两大类。[①] 2007年英国遗产组织在一项报告中，将遗产价值分为内在价值及工具性价值：内在价值包含美学、精神、历史、象征、真实性价值；工具性价值包含旅游经济、商业及相关产业，可能带来的教育行业和社会改变。[②] 此后，将遗产价值分为经济和文化两

---

① RANDALL MASON. Assessing values in conservation planning : methodological issues and choices[M]//MARTA DELA TPRRE. Assessing the values of cultural heritage. Los Angeles : The Getty Conservation Institute，2012：5-30.
② PRICEWATERHOUSECOOPERS LLP. The costs and benefits of World Heritage Site Status in the UK case studies[EB/OL]. [2023-07-27]. https://assets.publishing.service.gov.uk/government/uploads/system/uploads/attachment_data/file/78452/PwC_fullreport.pdf.

大类逐渐得到认可，这与文化重要性提升、文化多样性关注度提升及文化资源在经济发展中的重要性相关。对文化遗产的思考从历史认知转移到文化层面，文化遗产不仅仅是有形的物质状态，更是一种来自内心深处的精神和情感状态。

### （二）"物、纪念物、文化遗产共同价值"三个层次的文化价值体现

文化遗产的真实性维护，不仅是真实地保存人类活动的历史场景，也为历史的连续性提供实质的证物，更重要的是促进人类对自身文化的理解，即对遗产所体现的文化意义及价值的理解。在文化价值真实性概念引导下，文化遗产维护面临哲学性和文化的思考。

文化遗产真实性是一个相对的概念，第一层次立足于"物"的真实，是有形的物质状态，也是体现情感、文化的无形状态。"物"所具有的重大意义或价值将其变为"形而上"的实体概念，提升至第二层次——具有文化认同和精神的"纪念物"层次。在文化和历史的内涵中，"物"具有重大意义和价值，提升至"纪念物"层次的真实性体现于"地方性"，包括对文化遗产价值或文化重大意义的理解，具有认同之意，包括从文化遗产所代表的生活、文化及社会活动多样性找到其生活模式和认同感，还包括文化遗产作为社会延续性的发展要素以及在促成社会凝聚力形成的重要因子中找到这种凝聚力，并将其作为文化遗产保护与融入现代生活的动力。"纪念物"层次的文化价值是情感和文化层面的真实，涉及的是一种认同过程，根植于其所归属的历史、社会与文化内涵的价值。当纪念物具有特殊重大意义，足以跨越国界，体现当代及未来全体人类都认同的文化价值时，文化遗产的文化价值进入最高层次，超越遗产本身和遗产所在地区，所反映的是一种共同价值，体现人类在不同地区不同的表现方式，代表文化多样性特质。

2001年联合国教科文组织通过《世界文化多样性宣言》，指出文化多样性是文化在不同时代和地域所具有的差异表现形式，而此多样性是构成人类各群体和各社会的独特性和多样化。文化遗产"地方性"所体现的文化认同和文化精神与共同价值层面的文化多样性不是割裂的。遗产与自身文化传统密切相关，每项创造都来自相关的文化传统，其本身就是文化多样性的构成

部分。从 1964 年的《威尼斯宪章》到 2003 年的《保存数字遗产宪章》,世界文化遗产保护对象从有形、无形到数字形式,包括纪念物、社会风俗、风土建筑、文化景观、传统技能等不同类型的遗产,可体现文化多样性与文化遗产多样性的关系(见表 4)。众多的文化遗产保护对象,意味着"真实性"的检验方式依赖于"地方性"的观念,尤其是无形文化遗产更是如此。遗产类型多样化,其真实性的检验就需要辨别出遗产资源的价值,有助于其定义重大意义和特色。[①] 文化遗产维护的真实性不仅是物质的长存,还建立在对遗产文化价值和重大意义的理解上,而对真实性的辨识是建立在自身社会文化环境中。

表 4 主要国际遗产保护文献中关注的保护对象

| 年份 | 国际文献 | 保护对象 |
| --- | --- | --- |
| 1964 | 《威尼斯宪章》 | 独栋建筑;特色文明、重要发展或历史事件的都市或乡村场域;伟大的艺术作品 |
| 1972 | 《保护世界文化和自然遗产公约》 | 纪念物、建筑群、遗址 |
| 1981 | 《佛罗伦萨宪章》 | 历史性花园 |
| 1990 | 《考古遗产保护与管理宪章》 | 考古遗迹 |
| 1994 | 《实施世界遗产公约的操作指南》 | 文化景观 |
| 2001 | 《水下文化遗产保护公约》 | 水底文化遗产 |
| 2003 | 《保护非物质文化遗产公约》 | 口述传说与表述;表演艺术;社会风俗、礼仪和节庆;传统手工艺技能 |
| 2003 | 《保存数字遗产宪章》 | 文本、资料库、图像、声音、图表、网页 |

## 二、长城"命运共同体"文化价值的内涵构成

长城的文化价值超越历史长时段并不断被赋予新认知。因视角和价值取向不同,对于不同时代不同人群而言,长城的象征意义和文化价值有所不同。总体而言,长城作为文明的符号意义和其所代表的民族精神象征是长期以来取得广泛共识并不断被强化的文化价值,而"命运共同体"和文明交流互鉴的价值尚未引起足够重视。长城是分界线也是汇聚线,长城内外的混合地带

---

① J JOKILEHTO. World heritage: defining the outstanding universal value[J]. City & Time, 2006(2): 1-10.

见证不同民族文明、文化的交流融合。

### （一）"物"的长城体现中国爱好和平的本性

长城作为物质实体，代表中华民族爱好和平的积极防御意识。自春秋战国到明朝2 000多年间，不同时期修建的规模浩大的长城是一项军事防御工程，但这一历史过程本身就包含中华文明爱好和平的精神内涵。中国用修长城的方式抵御外敌入侵，将冲突转化为持久的防御抵抗，体现中华民族战略文化具有防御性倾向：慎用武力，反对穷兵黩武，强调和平主义。中国在几千年漫长的历史中，外敌威胁不断。季羡林先生认为爱国主义和国际主义是密切相连的，中国对外敌的对策是防御退避，挡住外敌的入侵，充分体现中华民族爱好和平的本性。[①]守己土、求安宁的修建长城的动机反映了中华民族爱好和平、避免战争的文化情结。修筑长城行为本身就代表对长城之外民族和政权的承认，以长城规范彼此行为，减少冲突，确立和平共存共生的关系和秩序。长城作为物质实体，不仅是绵延的分割墙，还包括烽火台、关隘、烽燧等，长城沿线内外有驻军和居民居住的城堡，许多关口会建筑关城，是完整的军事工程体系，也发展为边贸往来与文化交流的场所。

### （二）长城作为"纪念物"体现中华民族"命运共同体"意识

长城在文化和情感层面具有重大作用和意义，使其变为"纪念物"，主要体现为作为民族融合的纽带和中华民族的精神力量在社会延续性和凝聚力形成方面发挥作用，而这是长城文化价值融入现实生活的基础和动力。

长城促进中华民族一体格局的形成与发展。在长城内外存在混合农耕游牧经济和人口的过渡地带。从民族关系视角，统一多民族国家的形成是农牧两大类型的文化独立发展并相互结合交融的过程。长城地区是中原文化和草原文化的汇聚之地，农耕和游牧两种文化在长城地区碰撞、交流和融合，逐渐形成各民族对中华文化的认同。[②]人口流动和迁徙是促进民族融合的主因。

---

① 季羡林.长城与中华民族的民族性[C]//中国长城学会.长城国际学术研讨会论文集.长春：吉林人民出版社，1995：7-8.
② 董耀会.长城：追问与共鸣[M].秦皇岛：燕山大学出版社，2020：392.

历代统治者在修筑长城的同时，大规模向长城沿线移民居住，加强对长城沿线的开发，作为增强长城防线的基础。汉代设河西四郡，开发河西走廊，大批军卒和百姓前往西域屯田，到达巴尔喀什湖以东从事农业生产。长城把农牧民族联结起来，这种既相反相成、又相辅相成的作用，是农牧两大类型民族及其经济、文化既矛盾又不可分割的体现。① 中华民族以汉族为凝聚核心的多元一体格局中，各族相互融合为一体是历史发展的过程，长城表现了这一过程，汉族与长城外民族之间相互充实。②

长城成为中华民族的精神象征始于近代面临外部威胁时的抵抗。孙中山先生在《建国方略》中提出，长城具有守卫中华文明的重要价值，将之确定为中华民族抵御外族的象征。抗战时期，长城价值进一步发展为中华民族抵御外侮、自强不息的精神动力。长城成为凝聚全民族意志的新中心，形成中国人在抵抗异族入侵时的心理长城。长城抗战是多民族的抗战，中国共产党领导下的沿长城一线进行的抗日战争是多民族的浴血奋战。红军长征期间，1935年9月，毛泽东同志率领陕甘支队进入甘肃后以"不到长城非好汉"的英雄气概，抵达陕北。长城成为中华民族精神和力量的象征。中国人民把保卫国家安全、人民生活安定的子弟兵称为"钢铁长城"。1984年9月，邓小平同志题写"爱我中华，修我长城"，把长城维护工作提高至爱我中华的高度。当下，长城精神和长城力量是融入新时代中国特色社会主义建设的动力。

### （三）长城体现人类共同价值——不同民族"命运共同体"及文明交流互鉴

长城不仅是中国的，也是世界的，其代表的文化价值具有普遍性，体现出不同民族、不同民族政权的"命运共同体"意识和不同文化的共存互鉴。共同体是独立存在的若干个体，通过某种秩序保证共同利益。长城具有封闭作用，保障了内外不同民族和文明的相互独立性，相互阻隔以维持和平共存的状态；长城又是内外不同民族和文明之间连接和交流的通道，实现了融合

---

① 陈连开. 万里长城说 [C]// 中国长城学会. 长城国际学术研讨会论文集. 长春：吉林人民出版社，1995：18.

② 费孝通. 中华民族多元一体格局 [M]. 北京：中央民族学院出版社，1989：1-36.

发展。长城"命运共同体"的文化价值具有辩证统一性。

长城是军事界限,是自然地理和环境的分界线,也是两种经济形态和两种文明的分界线,区分农业和游牧两大文化类型。美国学者拉铁摩尔认为长城是亚洲内陆边疆,并不完全由于游牧民族的压力而修建,而是因汉族的发展和内部情势的变化而修建。长城是社会因素作用的结果,其功能是巩固帝国内部的政治稳定。① 长城调整农耕政权与游牧势力之间的社会经济秩序,保护中原地区先进的农业经济和文化,防止游牧民族对农业地区生产生活的破坏,这是对外部压力的主动型反应。秦始皇统一六国后的首要任务是巩固中原的政治统一,保证经济制度的单一性,而边疆地区的混合经济了打破农业经济的一统局面,对于中原地区而言是一种离心力。② 中国在边塞地区筑起长城,目的在于划清界限,是在守住自身家园的前提下与其他民族和平相处。

长城南北之间的农耕游牧文化、农耕游牧民族之间不仅是独立存在的,还存在必不可少的经济文化交流。长城在文化上始终构成南北文化对话与交流的纽带,战国、秦汉、南北朝、辽金元和明朝的考古发现、现存遗址和出土文物都证明了这一事实。③ 长城是中原封建王朝与北方游牧民族"经济、文化会聚线",双方通过长城线上的关市、马市进行和平贸易。④ 秦修筑长城时,同时修筑通往长城的交通网络,使京城与长城各关口、长城关口重镇之间形成便捷的交通网络。此后历代统治者重视长城沿线交通网的修筑和维修,使交通更便利。对于长城以北少数民族而言,河西、朔方、大同、张家口等地区是历代游牧民族进入中原的交通要塞,自然存在着从草原深处通往这些地区的交通要道。阴山一带在民族关系紧张时是战场,在民族关系缓和时是重

---

① 拉铁摩尔. 中国的亚洲内陆边疆 [M]. 唐晓峰,译. 南京:江苏人民出版社,2010:323-327.
② OWEN LATTIMORE. Origins of the Great Wall of China:a frontier concept in theory and practice[C]//OWEN LATTIMORE.Studies in frontier history:collected papers,1928-1958. London:Oxford University Press,1962:10.
③ 罗哲文. 中国古代长城南北的文化对话与交流 [M]// 中国长城学会. 长城年鉴. 北京:长城出版社,2006:290-293.
④ 金应熙. 作为军事防御线和文化会聚线的中国古代长城 [C]// 中国史学会. 第十六届国际历史科学大会中国学者论文集. 北京:中华书局,1985:271-291.

要的文化交流驿站。①历史上，以长城为核心形成了中原汉族与少数民族的生产技艺传播、经济和文化交流，这在考古学家研究哈拉和林宫殿时得到证明——城池内有不少汉式农具和匈奴游牧风格的器具，是游牧民族定居化的情形。②农耕和游牧民族及各自不同的文化形态在互动过程中相互充实，增强了中华民族的文化生命力和影响力。③长城南北文化对话与交流，促进了经济繁荣与政治和解，有利于经济政治安定和文明进步。

长城在中西文化交流互鉴中也发挥了积极作用。长城与横贯亚洲的商业历史相连，西汉在西域构筑烽燧、亭障的另一重要目的是开辟与西方交往的通道。塞外烽燧和亭障提供食宿、交通及军事保护，逐渐形成后人称为"丝绸之路"的陆上通道。汉代开辟中西经济、文化交流通道，隋代重开丝绸之路，长城绝非阻断与其他民族、国家交往的障碍，而是形成交通线和供应线。中国的西北边疆成为印度文化、希腊文化、波斯文化等多元文化与中华文明交汇的前沿。长城所体现的人类社会共同价值是不同文明兼容并蓄、交流互鉴。

### （四）长城"命运共同体"文化价值内涵的统一性

长城文化价值构成是一个内涵丰富并相互关联的体系，不同层次的文化价值体现具有内在统一性。长城所体现的人类共同价值与长城作为"物"层面的文化精神价值、作为"纪念物"层面的文化认同及情感价值并不是割裂的，具有内在一致性（见图6）。在文化多样性层面，长城为不同民族、不同文明的文化交流提供了空间和保障。基于文明多样性的整合不是形成同一性或同质性的文明，而是形成不同文明的协调关系，这正是长城文化价值的体现。

---

① 翦伯赞.内蒙访古[N].人民日报，1961-12-13（5）.
② 谢尔盖·弗拉基米罗维奇·吉谢列夫.古代蒙古城市[M].孙危，译.北京：商务印书馆，2016：109-130.
③ 董耀会.长城：中华民族的代表性符号和中华文明的重要象征[N].中国民族报，2021-01-08（5）.

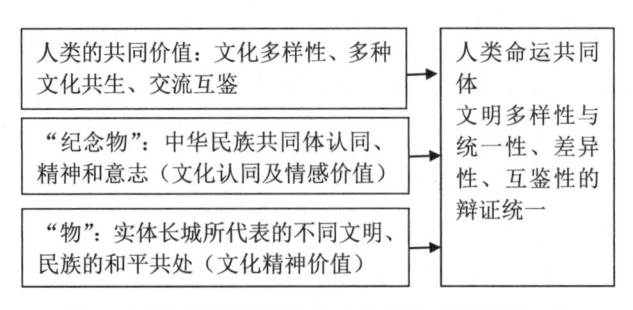

```
┌─────────────────────────┐
│人类的共同价值:文化多样性、多种│──┐  ┌──────────┐
│文化共生、交流互鉴        │  │  │人类命运共同│
└─────────────────────────┘  │  │体          │
┌─────────────────────────┐  ├─→│文明多样性与│
│"纪念物":中华民族共同体认同、│──┤  │统一性、差异│
│精神和意志(文化认同及情感价值)│  │  │性、互鉴性的│
└─────────────────────────┘  │  │辩证统一    │
┌─────────────────────────┐  │  │            │
│"物":实体长城所代表的不同文明、│─┘  └──────────┘
│民族的和平共处(文化精神价值)│
└─────────────────────────┘
```

图 6　长城"命运共同体"文化价值内涵的统一性

# 第二节　长城文化遗产价值展示体系的重构

在文化遗产保存和利用中，展示是不可或缺的功能和构成要素，也是关键性的社会文化议题。在人类命运共同体和文明交流互鉴视域下，文化遗产的展示内容从文化要素向文化价值转变，展示模式从遗产地展示向系统模式转变。国家文化公园建设中，从文明交流互鉴的高度阐释文化内涵，以文化展示政策推动中华优秀传统文化的传播，就是以文化创新性发展的方式推动文明交流互鉴。在人类命运共同体和文明交流互鉴的理念下，在国家文化公园建设的战略决策下，长城文化价值的传承和展示面临新机遇，亟待以新的文化实践提升展示和传播能力、强化传播效果。

## 一、文化展示的学术和世界遗产语境

展示在本质上是为了沟通而衍生出来的行为与手段，是一种吸引视觉，传达理念的沟通过程。展示就是一种价值赋能行为，在传播信息的同时，也传播信息本身的文化价值，同时可以通过议程设置提高受众的关注度，将价值进行选择、突出和放大，并提升自身的社会价值。

### （一）文化展示政策的学术语境

英国学者汤普森构建了基于传播学的文化分析，认为文化是体现于象征

## 第七章 文明传承与创新能力——以长城国家文化公园建设为例

形式（包括行动、语言和各种有意义的物品）中的意义形式，人们依靠它相互交流并共同具有一些经验、概念与信仰。[①]文化或者说意义的象征形式，本质是附着于传播的。对于文化的研究，事实上是基于现代传播手段和媒介的文化展示研究。通过对社会、历史的分析进行文化象征形式的阐述，通过传播媒介和机制实现信息传播过程。英国著名文化学者雷蒙德·威廉姆斯将文化政策分为展示的文化政策和文化政策本身。[②]有关展示的文化政策包括国家形象和经济两个层面，通过政策方案展示国家形象，对象是本国以外的世界人民；经济层面主要涉及政府在组织文化投资时的政策。文化展示政策不仅是对文化政策本身的补充，更是具有独立目标和方式的政策模式。其作为复杂体系的一部分，与国内外文化、政治和经济之间有着错综复杂的关系。

英国学者麦圭根从偏向政府政策角度研究文化，认为文化展示政策的典型代表是政府出面的"辉煌景观"或者"重大事件"的组织或举办。[③]他根据不同文化政策的文化表征，把文化关系分为国家话语、市场话语、市民交流话语。国家话语是与国家有关的权力关系，国家是文化领域的主要行为者，国家将文化资源和控制权转移给"人民"；强调文化传播政策重要性，通过传播手段将文化扩大和丰富。市场话语是与市场有关的权力关系，公共部门市场化，将公共文化财产放入市场机制，追求更高的管理效率。市民交流话语主要指与公共领域、市民社会有关的权力关系，市民话语引导、疏通整个社会的关系变化。文化信息传播过程涉及信息本身及信息传输过程的分析。文化展示政策的分析视角是文化传播角度，一般由国家联合市场力量发起，国家话语是距离文化信息生产端最近，距离接收端最远的话语；市场话语居于生产端和接收端之间；市民话语离生产端最远，离接收端最近。同样的信息在国家、市场和市民话语中的解释有所不同，对于信息和传播过程的分析是3个话语体系的结合，并将不同话语之间的错综复杂关系考虑在内。

---

① 约翰·B 汤普森. 意识形态与现代文化[M]. 高铦，等译. 南京：译林出版社，2005：146.
② R WILLIAMS. State culture and beyond[M]//L APIGNANSI. Cultural and the State. London：Institute of Contemporary Art，1984：3.
③ 吉姆·麦圭根. 重新思考文化政策[M]. 何道宽，译. 北京：中国人民大学出版社，2010：94.

## （二）从"物"、文化到文化价值展示的世界遗产语境

20世纪上半叶，文化和考古遗产的公共阐释和展示已经成为保护文化遗产价值的重要组成部分。公约和宪章一直是最常用的两类国际文件，是用于制定文化和考古遗产管理及展示的标准和指南。

世界遗产语境中，早期阶段的展示主要指博物馆领域的陈列式展示。随着文化遗产的价值认知向文化视角转变，文化价值建构与展示成为遗产保护和利用的关键因素。遗产展示对象从历史遗存的物质实体及物质实体所体现的文化要素逐渐拓展至人文环境及文化价值要素，利用"物"展示其意义与相互关系。当遗产地与有形和无形文化关联的各种物质及非物质要素完整地、有组织地展示给来访者时，遗产地的文化意义才能全面地呈示出来。[1] 文化遗产展示是从遗产价值的整体性、历史文化性和时代性考虑的沟通和传播过程。在价值传递过程中，文化遗产借助展示方法对建构的遗产知识进行解析，然后通过各种方式传递给受众。展示是思想、内容、设计与政治经济互为主体的复杂整体，是遗产价值传递、文化遗产保护和可持续发展的实现途径。

国际文化遗产语境中的展示与阐释是同义语。澳大利亚是较早重视文化遗产阐释的国家，1979年通过的《巴拉宪章》中把阐释定义为展现某遗产地文化意义的所有方式。阐释的核心价值是"提高公众对遗产的认识和体验乐趣，同时具有合理的文化内涵"。《巴拉宪章》是国际阐释与展示理念发展的转折点。[2] 文化遗产展示已成为保护文化遗产价值的重要组成部分。迄今为止，与文化遗产展示有关的最重要的国际文件是2008年国际古迹遗址理事会通过的《文化遗产地阐释与展示宪章》，宪章解决了公共阐释的目的和原则问题，强调遗产保护中的公共交流和教育。该宪章把阐释和展示作为同义语使用，也对两个概念作出区分：阐释是利用多种活动提高和增进公众的遗产意识和理解力，展示是利用不同手段对阐释内容进行传播。该宪章认为展示是一种"赋能"工具，公共传播和教育在遗产保护中发挥重要作用，将遗产视为当前的问题，是社会和经济发展、增强文化多样性和促进跨文化对话的资

---

[1] PETER MARQUIS-KYLE, MEREDITH WALKER. The illustrated burra charter: good practice for heritage places[M]. Sydney: Australia ICOMOS Inc., 2004: 74.

[2] 孙燕. 文化遗产诠释与展示的国际理念和规范[J]. 东南文化, 2010 (6): 23-26.

源，也是基于可持续资源利用原则的经济发展模式的一部分。国际古迹遗址理事会在2006年成立文化遗产阐释和展示国际委员会，旨在确定不断发展的公共展示技术和技巧，评估文化遗产的潜在价值用于丰富当前历史话语和提高对人类表达的"普世价值"，是跨文化对话的重要平台。文化遗产阐释和展示国际委员会通过各种媒体和公众传播方式关注遗产展示现场，组织和赞助会议、研讨会和培训。

国际文化遗产展示是通过相关文件逐渐建立尊重真实性，解释作为资源可持续性的机制，展示管理的任务是包容性和基于价值观的展示实践如何开展。展示的最终目的是为公众提供具有资源重要性和意义的情感，方式是挖掘文化资源的潜力，建立参与式文化展示模式，提高公众对这些资源所代表的丰富文化遗产的认知。各种各样的艺术表现形式，从简单的计算机生成的重建到其他艺术形式，如公共雕塑、诗歌、音乐、歌剧、戏剧表演和讲故事。在线资源是遗产展示的一种方法，专门用于传达有关文化的历史对于当下的价值。文化遗产语境下的展示是反映该遗产所代表的一种新信息和认知、一种新的关系和意义。展示实践是意义创造的实践，如果重视遗产作为"物"的文化价值，在价值传播过程中会强调遗产的象征性，倾向于采用复原的方式进行遗产的保护和利用；如果重视遗产作为"纪念物"和对全人类文化所具有的"突出普遍价值"，则会在展示中强调历史文化信息的重要性，价值传播会着眼于历史、文化与社会的综合方面。

中国关注文化遗产展示的时间较晚，2000年的《中国文物古迹保护准则》中，"展示""展陈"还没有作为独立概念，其概念运用带有博物馆学的影响，主要指狭义的博物馆展示。《全国重点文物保护单位保护规划编制要求》（2004年）中指出，与"展陈"相比，展示更具有"呈现"和"揭示"等多重意义。2009年中国国家文物局举办"文化遗产与传播"论坛，首次提出文化遗产传播问题。与会专家提出在传播的"碎片化"时代，传播方式从单一大众向分众、窄众、小众等多元转化，文化遗产要建立"精准覆盖+互动+潜移默化"的新型传播方式。[①] 我国的文化遗产语境和相关研究从微观的博物馆展示拓展至中观层面的遗产实体展示。文化遗产地的主要展示方式是保护性、

---

① 文化遗产与传播论坛[N]. 中国文物报，2009-06-03（6）.

环境性、利用性和传播性展示。①整体性展示体系的研究局限于文化遗产地，而对于文化遗产地的阐释体系有文化遗产本身、接受者、阐释者以及包括解说系统和体验活动的阐释媒介。②有学者提出把长城作为展示整体考虑，把长城作为"大博物馆"，形成从历史到文化展示、从景观到文物陈列、从学术研究到知识传播的完整体系，向游人展示长城文化的深刻内涵。③

## 二、长城文化价值展示的系统模式

长城文化价值是基于对长城地位和功能的认识，展示不仅体现长城的线性静态，更要体现其文化价值、文化脉络和社会意义。长城文化价值展示不是局限于文物、博物馆和长城的展示，是由价值建构、价值展示与价值传播构成的要素互联且效果整合的"大展示"，是在社会大背景下多个领域参与的实践行为，是综合性系统工程。

### （一）系统性展示模式的结构

模式是过程简化的体现，模式能够代表并组织过程中的相关要素，说明这些要素的相互联系性。④展示系统模式的构成要素是价值建构、展示和传播。信息、展示主体、展示媒介体是系统展示模式的主要概念。信息资源供给主要体现在价值建构和确认环节，是国家意志对文化价值展示的需求、遗产经济价值实现所需要营造的消费文化、遗产所在地方民众的民俗民风文化传承。文化价值展示体系中，沟通主体具有多元性，包括政府工作者、学者、长城实体的工作者及长城文化产品的制作者与传播者等。遗产的阐释系统是由价值研究部门、展现系统、价值推广部门等构成的旨在增进公众对文化遗产地

---

① 郭璇.文化遗产展示的理念方法初探[J].建筑学报，2009（9）：69-73.
② 王长松，张然.文化遗产阐释体系研究：以北京明长城为评价案例[J].首都师范大学学报（社会科学版），2020（1）：139-149.
③ 乔雨."大博物馆"建设：八达岭长城景区未来发展的新思路[J].旅游学刊，2001（3）：41-43.
④ R B ADLER, G RODMAN. Understanding human communication : 3rd ed.[M]. TX Fort Worth : Holt Rinehart and Winston Inc.，1991：14.

全面理解的活动。①受众包括实地游览或参观的群体，也包括通过网络媒体吸引的人群。受众不是被动的，其接收信息的过程受兴趣、文化背景和知识构成的影响。系统模式展示的媒介体不仅包括遗产地文化观光、博物馆形态，还有学者阐释、文化产品和拟态环境的文化价值传播媒介体。国家层面的展示媒介包括文化资源和学术资源的整合。遗产现场展示媒介包括市场要素的文化观光及场馆类展示形式的整合。遗产的文化观光有轻松愉悦的休闲娱乐，还有认知、美学、反思等不同层面的文化体验。非现场展示主要指不到遗产现场就能感知其文化价值的展示形式，包括文化产品、网络和新媒体等虚拟环境的价值分享和传播。传播性展示涉及博物馆收藏与展陈、信息与传媒、文化旅游等多个领域。②文化遗产的内在价值、象征性价值和工具性价值很容易通过实体之外的媒介体而广为人知。展示方式主要有国家政策层面的文化政治、遗产现场展示，体现市场要素的文化经济和非现场展示。这些因方式、受众不同而具有独立性，但又相互影响。

文化价值展示的系统模式中，文化价值建构、展示和传播是协同、合作与整合的关系，各构成要素相互关联，相互依赖，整体效果依赖于构成要素的展示能力和构成要素之间的关联和融合程度（见图7）。在价值建构要素中，国家文化、消费文化和地方文化不是割裂的，是融合的，建构共同的价值体系和遗产地有特色的价值吸引力。价值展示状态依赖于文化意义和价值建构过程。展示形式包括国家文化工程展示、政府和民间主体优势充分发挥的文化空间营造及文化观光打造的"可参观性"文化，这些展示形式之间相互同构，目标是使文化价值展示"有说头、有看头"。价值传播是价值建构和价值展示的延续，国家文化需求催生相关文化产品的涌现，要扩大新媒体互动平台的价值传播范围，以达到游客文化价值体验的最佳状态。系统模式的展示形式是综合性的沟通过程，是展示媒介体与受众在特定的展示环境中进行沟通，受众接收展示媒介体所传达的信息，将信息解码为自身认知。

---

① 黄琼，周剑虹. 大遗址阐释系统构建初步研究 [J]. 江汉考古，2014（2）：118-123.
② BERNARD M FEILDEN, JUKKA JOKILEHTO. Management guidelines for world cultural heritage [M]. Rome：ICCROM，1998：100.

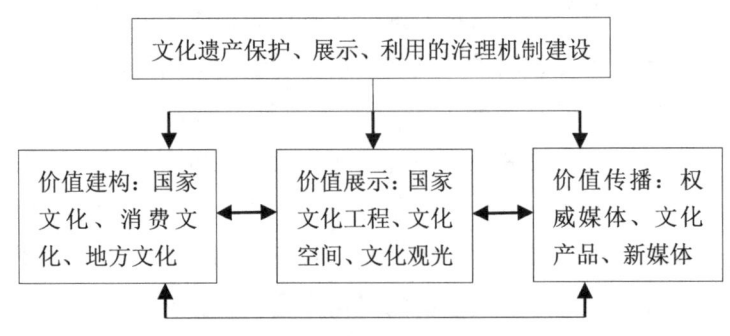

```
         ┌─────────────────────────────────┐
         │ 文化遗产保护、展示、利用的治理机制建设 │
         └─────────────────────────────────┘
              ↓           ↓           ↓
   ┌──────────┐   ┌──────────┐   ┌──────────┐
   │价值建构:国家│←→│价值展示:国家│←→│价值传播:权│
   │文化、消费文│   │文化工程、文化│   │威媒体、文化│
   │化、地方文化│   │空间、文化观光│   │产品、新媒体│
   └──────────┘   └──────────┘   └──────────┘
```

图7　文化价值展示的系统模式

### （二）文化价值系统展示的整合效果

在多元价值的社会中，没有绝对理想的展示形态，而是多种展示形态发挥整合和综合效果。学术、遗产地和价值传播的构成要素之间是密切关联的整体，相互影响，相互依赖并形成合力。学术阐释属于价值发掘、辨识和建构的过程，为文化遗产现场展示提供展示素材，具有科学性和专业性。学术阐释在建构文化价值的同时具有文化价值传播的功能。遗产现场展示具有直接性和现实性，与其他展示相互依赖并提供持续发展的动力需求。价值传播扩大了遗产文化价值的受众，具有更大范围的普及性。从展示体系设计与管理过程角度，管理者通过展示媒介体在展示环境中与受众进行信息传递和沟通活动，为了让受众对展示产生兴趣及增加展示的多样性，管理者可以在展示技巧上有所变化，主要途径是更新展示内容以符合新的主题，在实体和虚拟环境中进一步丰富表现形式。

文明交流互鉴下文化价值展示的政策目标受众有国内和国外两类。对于国内受众而言，文化价值的展示可以树立文化自信、文化认同感和归属感。对于国外受众而言，文化价值展示可以向世界传播本国文化，提高国家软实力。文化价值展示的对外传播需要各种媒介体的合力，相关机构、专家学者、文化旅游、展示场馆、文化产品及网络平台都有对外传播的功能。文化具有外溢性，国内文化艺术的繁荣，必然会导致文化影响力的对外延伸，形成对外扩散的态势，引发文化的跨文化传播。反之，如果国内受众对遗产文化没有足够的认知，那么其对外传播力也将大大受限。国家作为文化展示的发起方，内生动力最强、目的性最明确、考虑的因素最多。然而，文化展示不仅是政府行为，还是社会每个公民进行意义生产和消费的舞台。

## 三、文明交流互鉴下长城文化价值展示的现实挑战

以文明交流互鉴推动构建人类命运共同体是新时代我国文化遗产展示的战略定位，这就需要文化遗产构建对内和对外传播相统一的整体性展示体系，当前的文化遗产展示实践与国家战略需求还有较大差距。在我国文化遗产体系中，长城是传承主流文化价值、推动中华文明交流互鉴最重要的媒介之一，因此长城文化价值展示更要体现并实现文明交流互鉴的战略需求。2019年，习近平考察嘉峪关时指出，"长城凝聚了中华民族自强不息的奋斗精神和众志成城、坚韧不屈的爱国情怀，已经成为中华民族的代表性符号和中华文明的重要象征"。[①] 长城是国家文化的战略高地，对其文化价值的认识要上升至构建人类命运共同体和文明交流互鉴的高度。[②] 然而，长城的文化价值展示实践存在诸多方面的失衡。

### （一）学术阐释层面历史与现实文化价值研究的失衡

长城的历史文化研究取得了丰硕成果，但"长城学"还未形成，以长城学会为首的相关研究机构专注于长城保护，现有长城研究以历史文化为主，对其当代价值阐释不足。学界对长城本体及与长城相关的政治、经济、军事、环境和文化的互动及影响所作的研究主要体现在五个方面：以长城地带为轴线所引发的民族关系及以文化交流为重要内容的长城综合研究、长城本体考古调查和发掘研究、长城保护和开发研究与实践、长城理论研究、具有科普性质的长城工具书。[③] 近代西方的长城形象伴随着近代国际格局和文化思潮的

---

① 谢环驰，鞠鹏. 习近平在甘肃考察时强调 坚定信心开拓创新真抓实干 团结一心开创富民兴陇新局面 [N]. 人民日报，2019-08-23（1）.
② 董耀会. 长城：中华民族的代表性符号和中华文明的重要象征 [N]. 中国民族报，2021-01-08（5）.
③ 段清波，同杨阳，尚珩. 我国历代长城研究现状综述 [J]. 西部考古，2013（0）：186-204.

变迁而呈现的历史过程是不断变化的，属于长城文化史研究。① 著名的美国汉学家和地缘政治学者拉铁摩尔是西方较早的长城文化研究学者之一，其长城研究的重点是长城边界、长城地带和长城边疆。② 长城学会是国内"长城学"研究的推动者。③ 1994年中国长城学会召开首届长城国际学术研讨会，来自美国、日本、英国、法国、德国等国家和地区的100多位专家学者和各界人士就长城的历史地位、现实意义以及"长城学"的发展进行了深入交流，但迄今为止真正的"长城学"尚未形成。长城作为"博物馆式"的文化有其重要价值，但长城文化的当代价值研究相对薄弱，研究的国际传播能力不足。

### （二）长城实体展示的经济价值和文化价值的失衡

长城本体旅游资源特色鲜明，长城原貌或修缮基础上的观光产品比重较大。游览长城的参观者对长城的认知停留在"风景"的表层，对其文化价值缺乏深入认识。从文明交流互鉴视角展示长城的文化价值还未引起重视。长城实体展示所面临的经济和文化价值失衡问题主要源于博物馆展示、市场导向的文化旅游展示能力不足。

博物馆是长城历史文化要素展示的主要形态。博物馆的长城展示注重对"墙"的阐释，相关的文物展示是以城墙为主线的军事防御功能的展示，展品以长城"物"为核心。然而，长城不是孤立、单独存在的城墙，而是包含历史、地理和社会的脉络，是长城内外不同民族的融合区域、沿线或地带。长城不仅是"物"，还体现该区域内不同民族历史上的各种思想文化和观念形态。长城作为"物"的表达是文化层面的，代表一个时代的精神，也代表中华民族文化防御性与和平性的本质特征。对长城展示对象的狭隘认知导致展示信息不充分，文物匮乏，文化价值展示不足。从展示效果而言，展示对象的单一导致展示内容与长城的文化价值及其所体现的民族精神和民族性格缺乏联系，使长城的文化价值无法被充分认知。博物馆展示缺乏吸引力，形式

---

① 赵现海. 近代以来西方世界关于长城形象的演变、记述与研究[J]. 暨南学报（哲学社会科学版），2015（12）：127-136.

② 拉铁摩尔. 中国的亚洲内陆边疆[M]. 唐晓峰，译. 南京：江苏人民出版社，2010：323-327.

③ 罗哲文，董耀会. 关于长城学的几个基本理论问题[J]. 文物春秋，1990（1）：1-8.

单一,手段传统,缺乏真正的参与式互动。长城文化旅游本是融入文化因素的观光活动,但事实却是重旅游轻文化,欠缺以长城区域的生活方式、传统民俗和历史文化为代表的文化情感体验。游客对于长城价值感知较强的是其民族精神象征意义、美学价值等。由于在观光过程中长城本体信息解说和阐释的缺乏,游客对长城的重要事件、军事、文化等历史价值意义认知较弱。[①]

### (三)非实体环境的长城展示存在象征性意义和丰富文化价值内涵的失衡

图书、电影、广播电视、新媒体、网站等传播媒介建构了非现场环境大众对长城的认知。官方和主流媒体是自觉的舆论引导,一般兼顾对内和对外传播,其共性是不断强化长城的象征性和符号性意义,是长城文化价值传播的主力。一项调查显示,西方国家在包括丝绸、瓷器、汉语等众多文化符号中对长城的认知程度和喜欢程度最高,美国认知程度达到86%,喜欢程度达到63%。西方国家对长城的认知大多源于间接感知,其中86%未到过中国的受访者选择长城作为中国的代表符号。[②]长城文化价值象征性意义过于突出,文化传播主体呈现强弱失衡。新媒体的传播主体更关注长城旅游体验和感受,是浅表化的旅游随感,缺乏阐释长城文化内涵的深度。传播主体相对单一、传播内容固化和碎片化是长城作为文化符号象征意义突出的原因,导致长城丰富多元的文化内涵被忽视。此外,传播媒介使受众更关注局部"好看"的长城,长城被片段化为八达岭、嘉峪关、山海关等点位,而忽略了长城遗存整体的展示与保护问题。

## 四、长城文化价值展示体系的重构路径

文明交流互鉴视域下,长城的价值展示要实现对现有展示形态的重构,从宏观视角构建展示体系。文化价值展示体系是以治理机制建设、文化空间打造及传播信息的融合与共享来进行制度环境、博物馆展示形态与非现场展示场域的重构,不仅是空间规划的创新,而且是时间、空间和议题的联结。

---

[①] 周小凤,张朝枝.长城文化遗产价值的量表开发与维度结构[J].中国文化遗产,2020(6):4-14.
[②] 王丽雅.中国文化符号在海外传播现状初探[J].国际新闻界,2013(5):74-83.

长城文化价值展示体系重构应以文化价值为出发点，以展示为形式，以文化效益为首要名词，文化与经济效益相统一，突出问题导向，聚焦历史、文化和社会脉络，加强整体规划，增强展示的系统性、整体性和协同性，激发不同主体的展示意愿和能力，提升展示效果。

### （一）以治理机制建设重构展示的制度环境

国家层面的文化公园建设是具有战略高度的政策话语，是一系列新的政策部署和项目实施，需要创建具有统筹和整合功能的展示治理机制，达成文化价值展示系统整合的功能。目前在长城文化遗产管理中，迫在眉睫的任务是解决国家文化公园重大文化建设项目因出资主体、管理主体、责任主体不统一而在展示规划和展示设计层面所引发的方向性问题，管理人应担负的责任亟待明确，避免出现"面子"工程。管理机制的常态化职能是长城保护、学术研究和知识推广，包括自然和文化资源的保护、保存、展示及有计划的发展，实现文化资产保护、文化价值展示和文化观光业的平衡发展。

长城建立整体性的系统展示模式，要体现以长城文化治理机制建设促进制度统筹力、要素融合力和主体的协作力。长城是中华民族的精神象征，是中国和世界文化交流互鉴的有效载体，是全人类的共同文化财富。[①] 长城文化价值展示的站位不是地方文化，而是国家文化，具有推动构建人类命运共同体和文明交流互鉴的文化价值高度，需要治理机制统筹文化价值建构能力，挖掘具有世界意义的文化价值内涵，向世界讲好长城故事和中国故事。长城文化价值展示形态建设是国家工程，如果国家层面相关治理机制不能有效发挥统筹能力，容易因管理碎片化、责任主体不明、监管机制不健全等问题导致地方建设项目效果难以达到国家标准。具有人类共同价值的长城文化，在价值传播环节需要治理机制统筹价值传播的新形式和新内容。治理机制通过统一规划和政策体系制定，打破省际、部门、区域之间的利益藩篱和信息孤岛，通过资源共享、成果共用、信息互通，实现价值建构、展示和传播之间的要素融合，发挥文化价值传播的整合效应。通过治理机制建设明晰文化价值展示相关行动主体的权责与义务，发挥好政府各级单位、长城学会、高校

---

[①] 连玉明. 重新审视长城国家文化公园的时代价值[J]. 中国政协, 2020（17）：46-47.

为主的科研机构、非政府组织、公众之间的配合和协作作用,形成文化价值"共建构、共展示和共传播"的局面。

展示治理的机制建设还包括统筹协调评估机制的建设,主要有规划机制、工作协调机制、监管评估机制。展示的规划是指国家文化公园建设中展示园区、展示带和展示点等形态的设计和整合。过程管理是建立国家—省—市垂直管理的规划实施传导机制,明确各省、市的功能定位、空间布局和重点项目,对实施方案和进程进行年度评估,保障规划的可实施性,通过管理品质的评估机制,修正文化遗产的管理规划、策略和目标。通过制度整合和创新形成协同治理机制,国家和省作为出资主体拓展展示空间,建立相关的硬件和软件基础设施,同时发挥社会资本和社会力量的优势引入展示新业态,以市场力量激发展示活力,推动文化展示活动和教育活动在更大范围内开展,营造新的展示环境。

长城学会和高校的长城研究中心及其他科研机构形成合力,共同提升学术阐释能力,推动遗产文化价值研究的地方化和国际化。长城研究由历史研究变为问题研究,把历史作为当代文化价值产生的根据,从而彰显文化的当代意义和全人类的共同价值。地方知识最重要的特征是在现实生活中的实用取向,通过展示建构出个人、文化、社会记忆等不同层次的地方史知识。相关学术机构通过设置研究议程、召开国际会议等形式推动遗产历史文化当代价值研究的国际传播。

**(二)以文化空间打造重构博物馆展示形态**

在国家文化公园建设的战略下,在提倡文化旅游的需求和趋势下,长城专题博物馆、陈列馆、纪念馆或爱国主义教育基地等各种展示平台进入建设规划和实施阶段。博物馆是负责文化传承与传播的机构,通过展品、展示功能与展示技术向观众传达人类对历史演化过程的认知和信息,为参观者提供了解和参与文化展示的平台。目前,以博物馆为主的场馆展示是长城文化价值传播的主要形式,需要创新展示形式。

作为代表性的展示形态,博物馆不但是记录过去、展示现在,还是展望未来的地方,其生命力并非来自建筑或展品,而是展示方式。要注重从人类学角度思考博物馆的文化空间展示，不是以工艺、材质或纯粹的美学为中心，而是倾向于文化史、社会意义、象征价值方面的诠释，建立记忆和社会文化脉络之间的紧密关系。人类学展示理念是文化、社会环境、历史脉络和科技的整合展示，发展方向是国际化、多元化和专业化。博物馆展示遗产文化要素时不仅要从"物"的视角思考，注重外在形象特征的价值，还要重视有形之下的无形价值。人类学展示模式不仅是物品搜集、管理策略，而且需要开展相关研究，需要对相关文物进行较为完整的诠释才会使观众理解其意义和价值。对于展品，要检视其社会文化背景脉络，拉近其与现代生活的距离。这需要相关人员熟知藏品的科学性知识，具备博物馆的知识和管理经验，将知识整合运用转化为群众可接受的信息，即把文物变为"活"的文化并被观众认知。

长城博物馆建设要进行类别和功能的整合。博物馆展示需要功能多元的展示形态来整合、重构文化空间，打造文化展示圈。例如在不同省区的长城文化公园示范区建立多个不同规模、不同展示内容和展示风格的长城文化博物馆，形成文化展示网络，实现经济效益、文化效益和社会效益的共生。博物馆展示很难摆脱文化预设和人力资源方面的限制，藏品、主题、受众群、目标和规模等都会影响展示方向。博物馆展示有主题和专题展示的内容侧重，有大型和小型展示规模的差异，有国家运营及私人创设展示的不同主题。国家运营的大型博物馆要与文化遗产地相关的历史、考古、民族、民俗传统艺术等其他类别的博物馆共同构成一种新的跨领域文化空间。

**（三）以传播信息的融合与共享重构文化价值展示场域**

长城文化价值展示主体能力严重失衡。官方和主流传播媒介能力强，效果突出，新媒体传播主体的文化遗产展示能力和意愿弱。长城文化价值展示要构建全社会广泛参与的新格局。长城文化价值传播要构建多元传播主体融合与共享的格局。文化价值展示要实现传播内容、传播产品供给到传播主体的跨界融合，形成自下而上的自发性运作，统一、多元和有活力的非实体展示场域。

长城文化价值传播的首要问题是充分认识文化传播的主体性问题，实质是文化扎根与文化传播的关系问题。在新媒介的技术支持下，群体传播特点是非专业化的传播者、多样化的传播媒介、个性化的传播内容、多向化的传播过程。[①] 新媒体传播中，制作者和传播者为一体，因长城文化价值传播内容生产的历史性、学术性和专业性而使新媒体传播主体能力不足。因而，构建国家、地方政府、遗产沿线民众、学者、关心遗产的社会行动者的共生共享的传播主体网络尤为重要。国家的传播话语是文化遗产当代价值阐释的方向。社会行动者和文化遗产沿线民众需要深入了解地方性文化，具备寻求遗产历史文化与当代生活经验的联结性和相关性的能力。地方政府要挖掘各自的文化特色，使长城文化与地方文化联系并具有国际视野，同时整合文化空间和公共建设。学者用恰当的学术概念，协助社会中的主体诠释历史文化与当代意义的内在联结性，以便在更大的脉络下将具体生活体验客观化和类型化。新媒体主体将熟悉的知识转化为系统知识，以生动有趣方式进行传播。长城文化价值切实扎根在地方，地方文化资源在多元主体的参与中实现整合，形成新的文化传播环境。

长城文化价值展示的系统性重构中，制度环境、博物馆形态和展示场域有各自发展的逻辑和路径，同时也存在科技展示策略的共性及各重构路径功能的整合、协调。整合是指展示系统中各展示环境、展示形态之间相互影响，促成某种程度的和谐性。功能是展示系统内结构和过程运行的条件，影响展示系统运行的成效。展示系统内各要素的功能整合，是在文明交流互鉴的战略需求下，重视长城文化价值展示的人类学展示脉络，以对内和对外传播能力和效果提升为目标，以促进展示体系建设为出发点，同时兼顾文化价值展示的社会、经济、生态和制度等不同层面的功能整合。各种展示形态具有相互关联性和互补性，也有可能存在冲突性，因而在展示系统中，不仅有整合，还有协调。不同展示环境和展示形态的协调能提供一种有秩序和系统性的联结。

### （四）长城文化价值展示形式的功能整合

文化遗产的重要性不仅体现在历史和文化上，也体现在教育上。世界文化遗产之所以由联合国教科文组织推动，事实上也阐明其教育内涵。长城担

---

[①] 隋岩，李燕.论群体传播时代个人情绪的社会化传播[J].现代传播（中国传媒大学学报），2013（12）：10-15.

负民族精神教育的责任。长城文化价值教育以宣传保护和爱国教育为主，教育内容是具有内在统一性的整体，不仅包括"纪念物"层次的民族精神，还有长城体现的和平防御文化、中华民族认同、文明交流互鉴价值。长城文化价值教育的推进主体是多元的，包括长城沿线的各级政府、文化文物相关教育机构、企事业单位、社会团体及志愿者等。教育形式是多样化的，包括各类长城专题展览，长城重要点、段的爱国主义教育基地，长城公开课和长城主题夏令营等。政府部门应建立长城文化教育网站，使教育者和相关人员可更简单便捷地获得长城文化价值方面的信息。长城教育应融入各类学校教育中，培养学生保护意识和传承责任，使他们增强对长城文化的认同感和自豪感，树立正确的文化价值观，理解长城文化价值传承的意义。长城教育进校园活动，包括教育部门为教师提供教育手册与课程计划配套设计、长城主题教材，开设以长城文化价值教育为主题的系列课程，为现场教学方式提供更生动的内容。长城文化价值教育的目标是长城保护、精神力量的凝聚及对长城文化价值的认知与理解，这有利于形成各种社会力量的互动协作，建立共识性价值体系。公众的意识觉醒和各种社会力量的互动协作会使文化遗产保护和价值传播更为有效。

长城文化价值的传播，无论是在内部增强凝聚力，还是向国际社会阐释中国文化和平性及文明交流互鉴价值，都离不开长城这个场域。如果离开长城，人与场域的关系及其相互依存效应就会减弱。到长城游览的国内外游客是文化价值传播的直接受众，也是长城形象的主要传播者。长城文化旅游的创新发展是文化价值传播能力建设的关键，其创新路径是突出文化因素，实现"文化+"的跨域融合发展，而文化旅游、文化科技是跨域融合的主要方向。文化旅游、文化科技的跨域融合要注重互动性、联结性与兼容性。新媒介能够实时互动与沟通，使得长城文化旅游相关机构、历史学家、教育家、游客等群体变得更具互动性，从而丰富彼此的信息，提升解说与游客服务质量。数字科技需整合网络与新媒介的特征，力求让游客在任何时间、任何场所以任何设备都能很容易地接收与转换相关信息。

文化旅游是文化性的观光活动，文化成为吸引观光者或激励人们旅行的基础。推动长城旅游的文化内涵，不只是将文化视为旅游的形容词，还要将文化当作动词来经营，以旅游活动来行销长城文化。文化依托旅游体现，旅游产业也要通过文化建构实现良性发展，长城的文化和经济价值同样是相互赋能的。文化旅游是体验性活动，游客在娱乐的同时也可以获得德育、智育、美感等教育。文化性和体验性的文化旅游措施包含丰富游客对文化遗产的意向与参访动机、提升满足游客需求的文化导游解说服务，推出具有教育和文化内涵的旅游活动。旅游意向是游客对目的地的期望。长城是一种文化遗产，游客对其的期待和参访动机可分为人文、特色、艺术和环境，这是长城文化旅游创新发展的方向。人文包括人文历史的体现、能否了解历史、能否学习新事物；特色意味着景区能否提供不同的文化体验、是否具有特色吸引力、是否有趣；艺术是指能否吸引游客视线、是否具有艺术氛围；环境是指环境维护和安全情况是否满足游客期待。人文意向越深，游客重游的意愿也越高，同时也可以提升长城文化遗产的观光价值。

## 第三节 "文化+"产业融合政策创新研究

国家文化公园的建设目标之一是打造提升人民生活品质的文旅体验空间，这需要"文化+"产业跨域融合发展，提高跨域融合水平，培育跨域融合品牌，打造文化创意融合带，构建全域统筹、区域协同、有特色的发展格局。国家文化公园的可持续发展要遵循文化、旅游产业及产业融合的发展规律，与沿线地区社会经济发展特色有机融合，并依赖于有效的体制机制突破和政策体系创新。国家的"垂直管理"模式只有同地方协同管理机制相结合，建立跨产业、多主体、跨区域的协同机制，才能形成共商共建的良好局面。

### 一、产业跨域融合政策创新的内涵阐释

政策创新理论研究始于 20 世纪 60 年代，但对于基本概念内涵并未形成一致看法。政策创新的内涵宽泛，包括政策模仿、协调、渗透、系统政策理

念替代等。① 政策创新内涵的丰富性源于"创新"的广泛意涵，创新不仅限于技术和产品的发明使用，凡是在经营和管理领域未曾有过的做法，皆可视为创新。任何不同以往的思考方式、管理策略或生产过程，只要能赋予现有资源新的发展动力，能引发创造利益的行为都可称为创新。创新的本质就是有计划地改变。政策创新是政府实施的"新"项目，即便该项目以前在其他时间、地点被采纳过。② 创新是企业内部生产链条的各部门、企业外部研发机构、需求方等各个构成要素相互作用的结果。政策创新涉及政策信息交流和相关利益行为体的互动合作。政策创新是一个持续的政策过程，是社会系统成员之间经由特定渠道的交流过程，是组织或产业与科技、市场的整合，并借此产生各种利益创造机会的管理过程。

政策创新的关键是制度创新。制度创新是实现组织系统的持续发展和变革，同时以新理念去思考或变革现实社会中的管理模式的一种创造性思维活动。③ 制度创新的根本出发点是以效能更高的制度去推动效率更高的行为。④ 良好的制度环境本身就是创新的产物，制度创新的关键环节是政府对于产业生产与企业经营所提出的"政策性创新"，主要途径有制度改革、机制完善、政策扶持和产学研合作等方向。政府是制度创新的主体和创新的协调者。

产业跨域融合的政策创新是跨学科的研究领域，也是跨域经济发展的实践。与产业发展政策相比，产业跨域融合政策创新的核心措施不仅是聚焦产业、市场、企业、人才等单个发展要素，而且要整合资源、培育创新环境，强化跨部门协同，构建协同推进产业跨域融合创新发展的政策支持体系。理解使用者需求、跨域创新团队的参与、创意想法的快速转化是思考产业跨域融合和创新方案的三项重要原则。产业跨域融合政策创新所要

---

① STONE D. Learning lessons and transferring policy across time, space and disciplines[J]. Politics，1999，19（1）：51-59.

② JACK L WALKER. The diffusion of innovations among the american States[J]. The American political science review，1969（3）：880-899.

③ Woodhill J. Capacities for institutional innovation：a complexity perspective[J]. IDS bulletin，2010（3）：47-59.

④ 李明华，李莉. 制度创新：世界遗产法律保护的新思维 [J]. 广西民族大学学报，2015（6）：149-151.

解决的主要问题是外在环境与业界联结，需要组成跨领域的创新团队，并厘清市场需求、协助解决团队所面临的各种问题。影响组织提出创新产品的重要外在因素为组织与外在环境关联的紧密程度，能否取得外部资源，例如外溢的知识与制度诱因等。①跨域合作的政策架构包括基础设施、政策法规、运作与治理、创新激励等不同层次。基础设施包括人才、资金、设施等；政策法规指相关规定与奖励措施；运作与治理指中央与地方主管机关；创新激励指开放式创新中介组织，是政府、业界、民众的连接渠道，其主要功能是信息搜集、协调资源、规划方向。

国家文化公园建设是以文化为核心要素，以文化产业、文化旅游融合、文化科技融合为主体的跨域融合发展。文化产业政策本身也重视逐步完善与优化文化和科技融合中不同政策目标在实现过程中的协同性。②完整的创新体系包含机构和机制创新层面，文化产业创新体系构成要素包括生产结构、消费需求、知识基础和设施、政策体系和制度。③通过对国内外文化旅游产业融合、文化科技产业融合政策创新路径的解读，发现政策创新的方式集中在创新产业融合环境塑造、创新产业融合发展基本要素的支持体系两个层面。其中，产业融合环境是产业融合发展的重要生态要素，直接决定一定区域产业融合发展的程度，也是产业管理现代化、科学化和民主化的一个具有决定作用的指标体系。

## 二、国家文化公园文化旅游融合发展的现实挑战

目前，文旅融合发展进入动态升级和联动发展的新阶段。产业融合发展既受到相关产业发展趋势的影响，还受深层次产业发展环境和供求关系的影响。国家文化公园是一项跨省域、跨部门的重大工程，其在产业融合发展领

---

① J ALVES, MARQUES I SAUR, P MARQUES. Creativity and innovation through multidisciplinary and multisectoral cooperation[J]. Creativity and innovation management. 2007（1）：27-34.
② 郭淑芬，赵晓丽，郭金花. 文化产业创新政策协同研究：以山西为例 [J]. 经济问题，2017（4）：76-81.
③ 陈玉红. 中国文化产业创新政策研究 [M]. 北京：北京理工大学出版社，2012：22.

域面临共性的问题和挑战。相比于大运河文化带而言，长城区域文化旅游发展的差异性更为突出。长城文旅融合主要存在4个方面的问题：只关注长城遗址遗存利用；长城区域经济发展相对滞后，城乡融合水平较低；长城地区文化和旅游产业规模、空间布局不平衡；文旅融合产品体系尚未成形。①

## （一）长城文化资源和产业融合发展"文化"环境的差异性

长城文化资源分布范围广、不均衡，沿线省级行政区经济发展水平、文化和旅游产业发展水平差异大，产业融合的基础和环境存在较大差异。根据国家文物局2016年公布的长城资源认定情况，各时代长城分布在15个省（自治区、直辖市）404个县（市、区）。长城占比小于1%的省级行政区有青海、天津、山东、吉林、新疆和河南6省（自治区、直辖市），其余9个省级行政区长城资源从多到少依次为内蒙古、河北、山西、甘肃、辽宁、陕西、北京、黑龙江和宁夏（见图8）。②

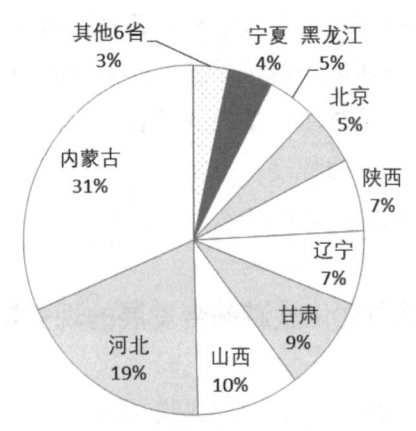

**图8 各省（自治区、直辖市）长城资源比例示意图**

产业发展的"文化"环境是文化资源供给和文化消费需求。产业发展和融合的基础主要在于供给推动和需求拉动。长城沿线各省域的文化和旅游投入要素指标连续增长，是促进文化旅游总体发展的重要保障。但由于宏观经

---

① 河北新闻网. 长城专家董耀会：长城文旅融合发展要和长城区域丰富多彩的文化相结合[EB/OL].（2020-11-17）[2023-04-03]. http://css.hebei.gov.cn/2020/11/17/content_8214498.htm.
② 国家文物局. 中国长城保护报告[EB/OL].（2016-11-30）[2023-04-03]. http://www.ncha.gov.cn/art/2016/11/30/art_722_135294.html.

济社会发展的影响,各省域的文化和旅游产业发展基础和环境存在较大差异。人均文化事业经费是供给推动力中的核心要素,在长城资源占比大于1%的9省(自治区、直辖市)中,2018年人均文化事业经费仅有北京、宁夏、内蒙古、甘肃达到全国平均水平,长城文化资源相对比较丰富的河北省人均文化事业经费投入较少(见图9)。[①] 需求拉动对长城文化旅游发展和产业融合发挥重要作用,其中消费者素养和消费需求的拉动作用尤为明显。经济发展水平、文化产品供给、政府调控行为及教育发展程度共同决定了文化消费水平的地域差异。长城沿线省域的文化消费水平可分为4个层次,北京是第一层次;天津为第二层次;甘肃和河北为第三层次;陕西、山西、宁夏、内蒙古自治区等其他长城沿线省域均为文化消费水平相对较低的第四层次,文化消费环境一般,文化产业投入和消费比较弱,缺少文化创造力和发展力,在思想观念层面阻碍文化消费意愿。[②]

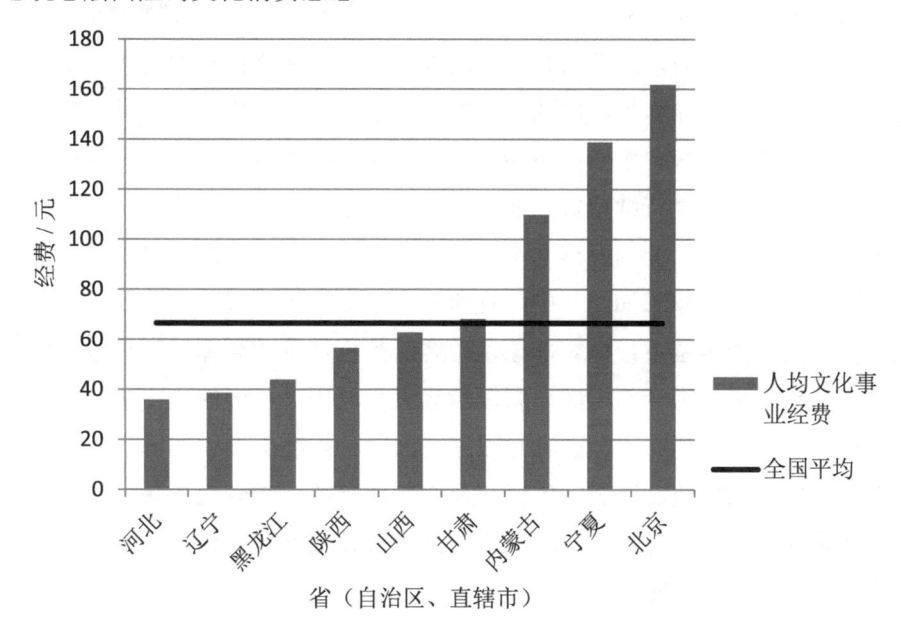

图9 长城资源所在主要省(自治区、直辖市)2018年人均文化事业经费

---

[①] 中华人民共和国文化和旅游部. 中国文化和旅游统计年鉴[M]. 北京:国家图书馆出版社,2019.

[②] 朱媛媛,甘依霖,李星明,等. 中国文化消费水平的地缘分异及影响因素[J]. 经济地理,2020(3):110-118.

### （二）长城文化旅游中"文化要素"的供求失衡

长期以来，长城文化旅游呈现以"爬长城"为主、以文化为点缀的旅游形态，文化旅游产品的供给形式有旅游景区、餐饮、小镇和演艺等，景区规模及门票收入在长城文化旅游消费结构中占比较大。以长城文化资源丰富的河北省为例，2019年11家长城景区的旅游收入中，门票占比为62.4%，餐饮收入占比为12.1%，交通收入占比为11.13%，住宿收入占比为5.88%，商品收入占比为5.57%，演艺收入占比为0.22%，其他收入占比为2.7%。[①] 长城文化旅游收入结构中，门票、餐饮、交通和住宿这4项文化要素并不突出的收入总占比达到91.51%，文化要素相对突出的演艺等其他收入长期低迷，近年来下降明显，跌到1%以下。总体而言，长城文化旅游本体旅游资源特色鲜明，长城原貌或修缮基础上的原貌观光产品比重较大，以视觉体验为主，欠缺以长城区域的生活方式、传统民俗和历史文化为代表的文化情感体验。

在文化需求层面，随着教育水平的提高，民众文化需求和消费水平有所提高，对文化的兴趣增加。后现代消费的风格重视个人成长而不只是物质主义享受，民众渴望获得生活的体会，而不是仅看看风景。在文化旅游中，无形文化资产的重要性持续增加。北京的文旅融合水平和文化资源利用环境是长城区域最突出的，例如根据网络上发布的游记内容研究游客对北京地区长城国家公园旅游形象感知。其中，目的地形象中旅游景区词频达到40%，长城景区游览给游客留下最深刻印象，游客的积极评价主要体现在长城自然风光与长城雄壮景观组合的层面，同时游客对长城国家公园的历史文化气息充满向往和认可。总体而言，游客对国家公园的认知度仍停留在风景名胜区的层面，对自然保护地、历史文化遗产及文化体验的认知较为欠缺。游客在长城人文景观商业化、观光方式单一、旅游接待设施不完善导致景区拥堵和客流量大等方面存在消极评价。[②]

长城文化资源利用存在的问题是文化旅游资源的趋同所表现出来的竞争性，文化创新转化不足，旅游资源配置方式有待优化；长城文化产业政策方

---

① 白翠玲，李开雳，牟丽君，等. 河北省长城文化旅游供求研究 [J]. 河北地质大学学报，2020（3）：123-129.
② 闫瑶瑶，郑群明. 长城国家公园旅游形象感知研究 [J]. 林业经济，2020（1）：44-50.

面欠缺融合机制，发展路径单一；在政策支持体系层面，长城文化旅游缺乏教育、研发、产业、信息的连接与整合，文化旅游产业链不易延伸。长城国家文化公园的政策目标是文化遗产保护和传承、基础设施提升、经济发展、长城文化和旅游资源的多样化开发、长城文化传播。从长城的体量和文化旅游发展现状而言，应重视统筹协调，以点带面地进行开发，先选择具有突出价值和具备条件的长城重要景点开展建设工作，各个园区还需要在竞合中追求差异化，发掘自身竞争优势，形成共赢的局面。

## 三、基于"文化+"产业融合政策创新路径

国家文化公园建设政策创新的实质是调动社会资源，以社会活力推动良好有序的发展格局，核心课题是挖掘、用好文化要素，文化旅游与地方文化事业提升、文化资源开发相结合，把文旅资源转化为文旅资产。"文化+"产业融合政策的核心是将文化与发展的各要素、各系统相衔接，以文化引领和推动产业全面发展。具体而言，"文化+"产业融合政策涵盖产业发展政策、协同有效的产业融合链构建、组织制度创新、文化要素融合等方面。

### （一）宏观层面以文化创意融合带构建文化旅游生态链

在地缘相近和社会背景类似的情况下，创新过程就是人地关系、人企关系和人际关系的建立与互动。政策创新是产业融合及协同发展不可或缺的软环境因素。政府营造良好的创新氛围，完善社会网络结构，引导以创新为导向的要素聚集和要素联结，优化创新要素的关联模式，可以提升文化创造力的聚集和外溢。长城国家文化公园呈带状分布，文化创意融合带的发展模式是构建文化旅游生态链，以整合模式实现文化的跨域融合。

1. 组织体系的整合性

在国家文化公园建设中，文化资源的开发并非单从文化入手，而是从教育、旅游、设计、科技等各个不同但彼此相关的层面同时着手，全面开展不同产业与政策的跨界或越界。通过对文化资源的利用，创造产业的文化活力与经济效能，构成完整的、彼此密切相关的产业链。文化产业、文化旅游与

技术创新并进，以机制革新、创新人才培养和中介组织为核心架构的政策网络建构利益共同体。

从产业融合角度思考长城国家文化公园建设要摆脱产业聚集的园区思维，协调统筹产业聚集和融合、文化观光和发展、文旅产业融合的辩证关系。长城国家文化公园的建设基于以产业园区为主要形式的产业聚集区，但有其独特性。"公"意味着共有、公管、公益、共享；"园"代表划定边界，有效保护和管理边界内的文化生态系统和文化多样性。产业集聚是产业发展和产业融合的普遍发展模式。聚合型组织体系内，各种组织有分工和各自的功能，但缺乏协同。长城国家文化公园建设要建立整合型的组织体系，产业及发展要素之间在职能上虽然有分工合作，但不是简单的产业聚集，而是彼此交融、融合渗透和辐射联动，是一体化的有机体，可释放巨大的经济和社会价值。文化观光应为地方带来利益，并减小对文化遗产真实性造成的过度影响。文化观光是促进本地文化保存与发展的手段，通过展示传统文化，增加大众对文化的认同，也为文化复兴提供新契机。文化与旅游彼此之间存在着互惠共生的关系，两者的结合可以强化地方、区域的竞争力。文化可以为旅游创造特性，旅游为文化带来效益和发展。文化产业与旅游业互为支撑，内涵式发展的文化产业通过旅游业与市场接轨，外源式发展的旅游业借由文化产业打造核心竞争力。文化创意是动态的开放系统，依托文化持有者和旅游者在旅游目的地持续双向互动建构。[①] 文化旅游是文化和旅游要素、文化和旅游产业链结构重组后的文化旅游生态链。

2. 文化创意融合带的政策框架

文化创意融合带以文化要素为主，是在社会经济发展、文化发展的大背景下进行的政策设计。文化创意融合带是产业聚集区的提升，是与区域整体发展战略和定位紧密关联的概念，形成从创造、人才培养、利益相关者的合作到营销展示的完整产业链和良性循环。文化创意融合带没有边界，具有地缘位置上的近邻性，以专业化的文化产业园区为核心。在为创造者服务和人才培养层面，设立产业融合中心，负责创意产业的规划和开发，支持人力资

---

① 刘洋，杨兰. 技术融合·功能融合·市场融合：文化旅游产业链优化策略 [J]. 企业经济，2019（8）：125-131.

源培育和技术开发的相关培养机构发展；在产业发展层面，形成投资主体、产业开发和沿线居民等利益攸关者伙伴关系的中介组织，搭建负责执行和销售的平台网络（见图10）。政策的最终目标是建立"文化+"产业融合发展从规划、制作到产业化的正向循环系统，进而构建可自生、自主的文化产业生态。文化创意融合带是对既有的自上而下的线性政策思维的超越，是以整合社会资源的网络化思维，营造文化生态环境，构筑适应文化创意发展的社会环境，建立文化创意产业高质量发展的动态机制。

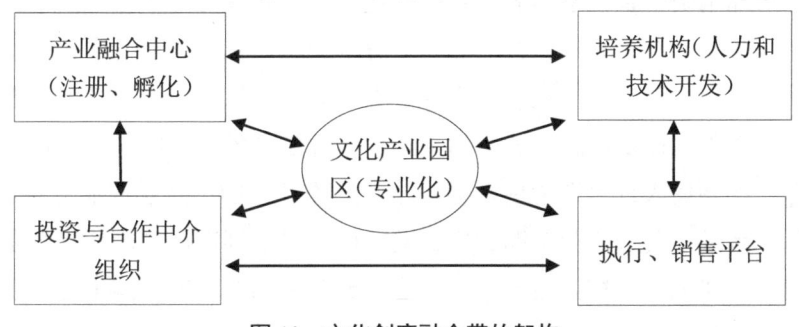

图 10　文化创意融合带的架构

文化创意融合带是文化创意园在空间维度的发展，是从产业型向经济型的转型升级，是产业要素的融合渗透；不是封闭的空间布局，而是旅游者、文化资源的创意开发者、人才培养的高校和科研机构、投资者、消费者共同参与和拥有的开放空间。在产业维度上，文化创意融合带是生产要素和市场消费要素间的融合互动，形成了完整的产业链，促进了文化创意要素利用方式的创新。在政策维度上，需要综合性的经济政策和激励政策，包括支持单一产业、鼓励产业融合发展和成果转化等，促进旅游、文化资源利用和市场联动；对重点领域加大资金投入力度，推进文化旅游产业融合、文化科技跨域融合；加强和规划产业融合带的建设管理，优化产业发展环境，加强产业联动，促进产品对接市场。

## （二）中观层面的制度创新

中介组织和平台建设是长城文化要素跨域融合制度创新的重点。政府在创新中扮演的角色不同，直接影响产业融合绩效。以政府主导的产学系统容易阻碍创新的发展；产、官、学各自独立运作，弱连接的关系不利于产业融合；随着技术创新速度变快、产品生命周期大幅缩短，产、官、学的成员开始以合作方式取代过去的独立运作模式。产、官、学三者的创新行为通常也会通过某些中间组织来产生互动。① 中介组织发挥协同教育、产业与政府三者关系的角色，并且具备能够连接研究与技术商业化活动的基础设施。与政府横向整合不同，中介组织是纵向连接，将政府资源与产业相连接，缓解政府与民间的供需错位，避免政策无法落实或资源分配不公。中介组织不是产业生产和消费的直接参与者，是产业链中利害相关方的中介者。中介组织的主要任务是产业振兴，扶持产业和培育创作者，具体活动范围包括政策与制度研究、市场调查和各项统计、专业人才培养和教育、相关技术开发和管理、支持创作、投资、融资和行销、经营与开拓市场等。中介组织可以作为创新系统的中间人或是跨界者，促进参与合作计划的产官学间的连接。② 英国有研究者针对公共部门资助的研究发展中心对于创造周边区域优势是否产生影响进行研究，研究结果显示这些公共部门资助的研究发展中心对于区域产生了正向的影响，尤其是以大学为基地和以企业为基地的政府资助的研究发展中心。③

平台是促进产业融合要素共享和交融的基础媒介和渠道。文化产业园区平台建设有服务平台、活动平台、体验平台等不同类型，有实体和虚拟形式的平台，功能相对单一，缺乏互动。文化创意融合带建设则需要网络化的服务平台、品牌化的活动平台和多元互动的体验平台。网络化的服务平台要具有服务技术功能，还要纳入社会化大平台网络，以方便企业间交流，促进企业与外界的合作，使产业要素形成良好互动。品牌化的活动平台是指开展大

---

① H ETZKOWITZ, L LEYDESDORFF. The triple helix: university-industry-government relations: a laboratory for knowledge based economic development[J]. EASST review, 1995（1）：14-19.

② K NAKWA, G ZAWDIE. The role of innovation intermediaries in promoting the triple helix system in MNC-dominated industries in thailand: the case of hard disk drive and automotive sectors[J]. International journal of technology management and sustainable development, 2012（3）：265-283.

③ N HEWITT-DUNDAS S.Roper creating advantage in peripheral regions: the role of publicly funded R&D centres[J]. Research policy, 2011（6）：832-841.

型节庆活动、文化博览和论坛等活动的平台，主题明确、内容清晰的活动平台有利于形成专业性品牌，促进产业要素的高度融合。体验平台是消费者和文化产品提供者之间市场性对话的桥梁。文化创意融合带是产业集聚的升级转型，开发多元互动的体验平台，可以让消费者参与文化创意融合区内文化资源的创意开发，从而促进文化创意的产业化和市场价值的增值。

### （三）微观层面的文化要素融合开发

文化旅游生态链融合的动力是消费者需求和文旅消费产品的供给，文化资源的提取现状决定了产业融合的领域和范围。文化资源是人类劳动创造的物质成果及其转化，兼具有形和无形的存在形式，包括文化历史和现实资源，前者以非物质文化遗产为主，后者包括公共和非公共的文化资源，如文化设施、文化产品等。

#### 1. 物质文化遗产、地方文化与旅游的功能融合

文物价值不等于旅游价值。长城国家文化公园建设应突出地域文化特色和资源优势，形成差异性的区域特色和文化品牌。文化旅游生态链的功能融合主要包括物质遗产及文化与旅游业的功能融合、沿线区域人们的生活方式和民俗文化与旅游业的功能融合。以文化遗产为主干的多元文化资源和文化当地化二者相互支撑。一方面，长城、长征、大运河的文化旅游引入的配套设施和资金支持可以有效保护物质遗产；另一方面，文化旅游可为该地域的民众带来经济效益，也可间接提升该地域民众的文化自觉，这是文化遗产保护和可持续发展的根基。

物质文化遗产文化旅游的主干是遗产本身所具有的旅游观光、文化、民族精神价值。国家文化公园沿线区域文化传承人的传统生活方式和民俗事项是事实上的文化旅游资源。文化旅游载体中，长城、长征、大运河、黄河等主干资源是最主要的，还包括已开放的文保单位，历史文化城、镇、村，非物质文化遗产，博物馆，文化馆，近现代重要史迹及代表性建筑、革命文物等。地方政府要思考文化资源如何驱动旅游吸引力，检视旅游开发过程与文化资源两者之间的关系，评估和反思吸引游客、居民或投资者的成功或失败的影响因素，尤其是在产业发展及软硬基础设施建设中，政府要发挥主导作

用。高级文化是由文化遗产衍生的文化。民俗文化是指民间长久流传的、地区性的、由日常习俗所形成的文化、规范或特殊活动，其通过口耳相授而传递，稳定性高。大众文化是现实生活中基于百姓智慧情感所创造的文化模式，与民众日常生活息息相关，为民众提供共同的经验和价值观。流行文化是指当前盛行、广为大众接受的文化产品或活动。地方文化是生活在文化遗产区域的群体的历史、文化和生活衍生出的具有生命力的文化表现模式。地方文化的特殊性及稀有性是发展旅游产业的主要文化资源，也是带动产业经济和凝聚居民共识的主要因素。地方居民整合原有的地方产业和传统特色，再赋予其文化意义和价值，将其转型为独特的、有文化内涵的、吸引人的旅游产业，为地方经济和生活品质注入生机。在后现代环境下，文化资源的开发和利用是以消费者所需要的差异消费、知识消费为主，往往以"地方营销"作为主要策略。观光旅游消费是典型的差异消费，独特的风格是差异消费的客体。适度展现地方特质的差异性，才能赋予地方产业独特的优势及开展文化创意旅游。在地方文化资源开发建设中，政府发挥鼓励和激励作用，公共部门发挥聚合作用，鼓励伙伴关系的参与，鼓励私人部门将其文化资源提供给公众使用，或使本地文化更具有吸引力，促进新文化旅游发展，实现地方文化持有人和旅游者的叠加传播效应。

2. 文化要素的市场融合

国家文化公园沿线区域文旅融合水平整体偏低是资源和市场相互分离的结果。产业融合重视产业链的延长。文旅资源要想转化为文旅资产，就要依据市场需求和地区文化特色丰富文化融合产品，发展"参与式体验文化旅行"模式，形成文化创意旅行的产品体系，实现产业链条的延伸。创意旅游主题设计代表地方特色，赋予旅游景区、目的地以独特性。[①] 以"文化+"体验旅游实现文化要素的市场聚集，可避免市场同质化。国家文化公园建设可基于区域经济文化特点进行设计，采用多种形式，例如：民俗类的文化旅游体系包括节庆表演、民俗文化体验馆等；生活类的文化旅游体系包括以花草文化体验、生态养生体验、饮食文化体验等；专项类的文化旅游体系包括传承长

---

① 赵海荣，于静，周世菊. 创意旅游与集群型古村落再生：模式与路径研究 [J]. 经济问题，2020（9）：125-129.

## 第七章 文明传承与创新能力——以长城国家文化公园建设为例

城民族精神的文旅产品、体育类的文旅产品等。

在文化生态链中，文化行政的新思维是建立新型文化创意社区，整合"人、文、地、景、产"要素。"人"是满足社区居民需求和生活福祉，包括有能力组织社区的领军人、有特殊技艺的人等。"文"是社区共同历史文化的传承和延续，包括传统工艺，古街，有特色的美术馆、博物馆，传统文化和习俗活动等。"地"是地理环境和自然资源的保持和特色发扬，包括特色的景观、资源、生态环境等。"产"是社区的经济活动，包括农林牧渔产业、手工业、饮食文化、休闲观光等。"景"是社区公共空间的营造和独特景观的创造，包括森林、古迹、庭院和建筑等自然和人文景观。"文化+"的跨域融合发展是以地方本身作为思考的主体，基于地方特色、条件、人才和经济发展。

# 主要参考文献

## 中文著作

[1] 习近平. 高举中国特色社会主义伟大旗帜 为全面建设社会主义现代化国家而团结奋斗 [M]. 北京：人民出版社，2022.

[2] 习近平. 决胜全面建成小康社会 夺取新时代中国特色社会主义伟大胜利 [M]. 北京：人民出版社，2017.

[3] 习近平. 论坚持推动构建人类命运共同体 [M]. 北京：中央文献出版社，2018.

[4] 习近平. 习近平谈治国理政：第一卷 [M]. 北京：外文出版社，2018.

[5] 习近平. 习近平谈治国理政：第二卷 [M]. 北京：外文出版社，2017.

[6] 习近平. 习近平谈治国理政：第三卷 [M]. 北京：外文出版社，2020.

[7] 习近平. 习近平谈治国理政：第四卷 [M]. 北京：外文出版社，2022.

[8] 习近平. 在哲学社会科学工作座谈会上的讲话 [M]. 北京：人民出版社，2016.

[9] 习近平. 在全国党校工作会议上的讲话 [M]. 北京：人民出版社，2016.

[10] 习近平. 在中国文联十大、中国作协九大开幕式上的讲话 [M]. 北京：人民出版社，2016.

[11] 习近平. 论党的思想宣传工作 [M]. 北京：中央文献出版社，2020.

[12] 中共中央宣传部，中华人民共和国外交部. 习近平外交思想学习纲要 [M]. 北京：人民出版社，2021.

[13] 新华社通讯社课题组. 习近平新闻舆论思想要论 [M]. 北京：新华出版社，2017.

[14] 中共中央文献研究室. 习近平关于社会主义文化建设论述摘编 [M]. 北京：中央文献出版社，2017.

[15] 马克思恩格斯全集：第一卷 [M]. 北京：人民出版社，1995.

[16] 马克思恩格斯选集：第一卷 [M]. 北京：人民出版社，2012.

[17] 马克思恩格斯选集：第二卷 [M]. 北京：人民出版社，1995.

[18] 马克思恩格斯选集：第三卷 [M]. 北京：人民出版社，2012.

[19] 马克思恩格斯选集：第四卷 [M]. 北京：人民出版社，2012.

[20] 毛泽东. 毛泽东选集：第二卷 [M]. 北京：人民出版社，1991.

[21] 邓小平. 邓小平文选：第三卷 [M]. 北京：人民出版社，1993.

[22] 吴海江. 新时代文明交流互鉴思想研究 [M]. 北京：人民出版社，2020.

[23] 马丁·阿尔布劳. 中国在人类命运共同体中的角色：走向全球领导力的理论 [M]. 严忠志，译. 北京：商务印书馆，2020.

[24] 修昔底德. 伯罗奔尼撒战争史 [M]. 谢德风，译. 北京：商务印书馆，1997.

[25] 基佐. 法国文明史 [M]. 沅芷，伊信，译. 北京：商务印书馆，1999.

[26] 虞崇胜. 政治文明论 [M]. 武汉：武汉大学出版社，2003.

[27] 哈拉尔德·米勒. 文明的共存 [M]. 郦红，那滨，译. 北京：新华出版社，2002.

[28] 彼得·卡赞斯坦. 世界政治中的文明 [M]. 秦亚青，魏玲，刘伟华，等译. 上海：上海世纪出版集团，2012.

[29] 布鲁斯·马兹利什. 文明及其内涵 [M]. 汪辉，译. 北京：商务印书馆，2017.

[30] 马文·哈里斯. 文化·人·自然：普通人类学导引 [M]. 顾建光，高云霞，译. 杭州：浙江人民出版社，1992.

[31] 克利福德·格尔茨. 文化的解释 [M]. 韩莉，译. 南京：译林出版社，1999.

[32] 诺贝特·埃利亚斯. 文明的进程 [M]. 袁志英，译. 北京：生活·读书·新知三联书店，1999.

[33] 傅铿. 文化：人类的镜子：西方文化理论导引 [M]. 上海：上海人民出版社，1990.

[34] 约翰·B 汤普森. 意识形态与现代文化 [M]. 高铦, 等译. 南京：译林出版社, 2005.

[35] 马林诺夫斯基. 科学的文化理论 [M]. 黄建波, 等译. 北京：中央民族大学出版社, 1999.

[36] 露丝·本尼迪克特. 文化模式 [M]. 王炜, 等译. 北京：生活·读书·新知三联书店, 1988.

[37] 平野健一郎. 国际文化论 [M]. 张启雄, 等译. 北京：中国大百科全书出版社, 2011.

[38] 英吉·考尔. 全球化之道：全球公共产品的提供与管理 [M]. 张春波, 高静, 译. 北京：人民出版社, 2006.

[39] 李君如. 中国人的世界梦：人类命运共同体 [M]. 北京：人民日报出版社, 2020.

[40] 王帆, 凌胜利. 人类命运共同体：全球治理的中国方案 [M]. 长沙：湖南人民出版社, 2017.

[41] 约瑟夫·奈. 美国定能领导世界吗 [M]. 何小东, 盖玉云, 译. 北京：军事译文出版社, 1992.

[42] 约瑟夫·奈. 美国霸权的困惑：为什么美国不能独断专行 [M]. 郑志国, 等译. 北京：世界知识出版社, 2002.

[43] 罗伯特·基欧汉, 约瑟夫·奈. 权力与相互依赖 [M]. 门洪华, 译. 北京：北京大学出版社, 2005.

[44] 高占祥. 文化力 [M]. 北京：北京大学出版社, 2007.

[45] 马林诺夫斯基. 文化论 [M]. 费孝通, 译. 北京：中国民间文艺出版社, 1987.

[46] 肖东松. 马克思主义及其中国化研究散论 [M]. 北京：人民出版社, 2016.

[47] 亚历山大·温特. 国际政治的社会理论 [M]. 秦亚青, 译. 上海：上海人民出版社, 2000.

[48] 弗里德里希·威廉·约瑟夫·谢林. 先验唯心论体系 [M]. 梁志学, 石泉, 译. 北京：商务印书馆, 1976.

[49] 费宗惠, 张荣华. 费孝通论文化自觉 [M]. 包头：内蒙古人民出版社,

2009.

[50] 费孝通. 论文化与文化自觉 [M]. 北京：群言出版社，2007.

[51] 杜刚. 全球化视域下文化创造力研究 [M]. 北京：人民出版社，2012.

[52] 巴勒克拉夫. 当代史学主要趋势 [M]. 杨豫，译. 上海：上海译文出版社，1987.

[53] 斯塔夫里阿诺斯. 全球通史：1 500 年以后的世界 [M]. 吴象婴，梁赤民，译. 上海：上海社会科学院出版社，1992.

[54] 方朝晖. 文明的毁灭与新生：儒学与中国现代性研究 [M]. 北京：人民大学出版社，2011.

[55] 金周英. 人类的未来 [M]. 长沙：湖南科学技术出版社，2022.

[56] 丰子义，杨学功. 马克思"世界历史"理论与全球化 [M]. 北京：人民出版社，2002.

[57] 袁祖社. 马克思主义人学理论与社会发展探究 [M]. 北京：人民出版社，2016.

[58] 贾英健. 公共性视域：马克思哲学的当代阐释 [M]. 北京：人民出版社，2009.

[59] 马立博. 现代世界的起源：全球的、环境的述说，15—21 世纪 [M]. 夏继果，译. 北京：商务印书馆，2017.

[60] 萨特. 存在与虚无 [M]. 陈宣良，等译. 北京：生活·读书·新知三联书店，1987.

[61] 刘文明. 西方模式与社会发展：全球史视野下的反思 [M]// 南开大学现代化进程研究哲学社会科学创新基地. 现代化研究：第四辑. 北京：商务印书馆，2009.

[62] 丰子义，杨学功，仰海峰. 全球化的理论与实践：一种马克思主义的视角 [M]. 南京：江苏人民出版社，2017.

[63] 方世南. 时代与文明 [M]. 北京：人民出版社，2006.

[64] 尾关周二. 共生的理想：现代交往与共生、共同的理想 [M]. 卞崇道，刘荣，周秀静，等译. 北京：中央编译出版社，1996.

[65] 费孝通. 乡土中国 [M]. 上海：上海人民出版社，2006.

[66] 胡守钧.社会共生论[M].上海：复旦大学出版社，2006.

[67] 联合国教科文组织.世界文化报告：文化的多样性、冲突与多元共存[M].关世杰，等译.北京：北京大学出版社，2002.

[68] 相蓝欣.传统与对外关系[M]北京：生活·读书·新知三联书店，2007.

[69] 张立文.和合学概论：上卷[M].北京：首都师范大学出版社，1996.

[70] 季羡林.季羡林谈文化[M].北京：人民日报出版社，2011.

[71] 欧文·拉兹洛.多种文化的星球：联合国教科文组织国际专家小组的报告[M].戴侃，辛未，译.北京：社会科学文献出版社，2001.

[72] 罗伯特·S怀尔，赵志裕，康萤仪.理解文化：理论、研究与应用[M].北京：人民出版社，2018.

[73] 张国刚.中西文化关系通史[M].北京：北京大学出版社，2019.

[74] 冯友兰.中国现代哲学史[M].广州：广东人民出版社，1999.

[75] 费孝通.中华文化在新世纪面临的挑战[M]//方克立，等.中华文化与二十一世纪：上卷.北京：中国社会科学出版社，2000.

[76] 张立文.中国和合文化导论[M].北京：中共中央党校出版社，2001.

[77] 杜赞奇.全球现代性的危机：亚洲传统和可持续性的未来[M].黄彦杰，译.北京：商务印书馆，2017.

[78] 刘禾.世界秩序与文明等级[M].北京：生活·读书·新知三联书店，2018.

[79] 刘禾.帝国的话语政治：从近代中西冲突中看现代世界秩序的形成[M].杨立华，译.北京：生活·读书·新知三联书店，2009.

[80] 阿诺德·汤因比.历史研究：上卷[M].郭小凌，等译.上海：上海人民出版社，2016.

[81] 塞缪尔·亨廷顿.文明的冲突与世界秩序的重建[M].周琪，等译.北京：新华出版社，2010.

[82] 马克·B索尔特.国际关系中的野蛮与文明[M].肖欢容，陈刚，原丁，等译.北京：新华出版社，2004.

[83] 刘文明.全球史理论与文明互动研究[M].北京：中国社会科学出版社，2015.

[84] 约翰·汤姆森. 全球化与文化 [M]. 郭英剑, 译. 南京：南京大学出版社, 2002.

[85] 爱德华·W 萨义德. 文化与帝国主义 [M]. 李琨, 译. 北京：生活·读书·新知三联书店, 2003.

[86] 汪晖, 陈燕谷. 文化与公共性 [M]. 北京：生活·读书·新知三联书店, 1998.

[87] 王逢振. 詹姆逊文集：现代性、后现代性和全球化 [M]. 北京：中国人民大学出版社, 2004.

[88] 汤林森. 文化帝国主义 [M]. 冯建三, 译. 上海：上海人民出版社, 1999.

[89] 联合国教科文组织. 世界文化报告：文化、创新与市场（1998）[M]. 关世杰, 等译. 北京：北京大学出版社, 2000.

[90] 陈家刚. 全球治理：概念与理论 [M]. 北京：中央编译出版社, 2017.

[91] 弗雷德里克·马特尔. 主流：谁将打赢全球文化战争 [M]. 刘成富, 等译. 北京：商务印书馆, 2012.

[92] 司马云杰. 文化社会学 [M]. 北京：中国社会科学出版社, 2001.

[93] 入江昭. 全球共同体 [M]. 刘青, 颜子龙, 李静阁, 等译. 北京：社会科学文献出版社, 2009.

[94] 姚继德, 白志所. 和平与和谐文明对话：国际会议论文选集 [C]. 昆明：云南大学出版社, 2015.

[95] 尼山世界文明论坛组委会. 世界文明对话研究报告 [M]. 北京：人民出版社, 2013.

[96] 杜维明. 杜维明文集：第一卷 [M]. 武汉：武汉出版社, 2002.

[97] 吴根友. 我们的文明观 [M]. 上海：东方出版中心有限公司, 2021.

[98] 彭树智. 松榆斋百记 [M]. 西安：西北大学出版社, 2005.

[99] 马丁·布伯. 我与你 [M]. 陈维纲, 译. 北京：生活·读书·新知三联书店, 1986.

[100] 亚历山大·利洛夫. 文明的对话：世界地缘政治大趋势 [M]. 马细谱, 葛志强, 余志和, 等译. 北京：社会科学文献出版社, 2007.

[101] 詹姆斯·N 罗西瑙. 没有政府的治理 [M]. 张胜军, 刘小林, 等译. 南昌：

江西人民出版社，2001.

[102] 曾健，张一方. 社会协同学 [M]. 北京：科学出版社，2000.

[103] 海伦·米尔纳. 利益、制度与信息：国内政治与国际关系 [M]. 2版. 曲博，译. 上海：上海世纪出版集团，2015.

[104] 罗伯特·阿特. 美国大战略 [M]. 郭树勇，译. 北京：北京大学出版社，2006.

[105] 张建新. 国际体系变革与新型大国关系 [M]. 上海：上海人民出版社，2013.

[106] 肯尼思·W 汤普森. 国际思想大师 [M]. 耿协峰，译. 北京：北京大学出版社，2003.

[107] 倪乐雄. 寻找敌人：战争文化与国际军事问题透视 [M]. 北京：经济管理出版社，2003.

[108] 秦亚青. 中国学者看世界：国际秩序卷 [M]. 北京：新世纪出版社，2007.

[109] 中华人民共和国对外关系文件集（1954—1955）：第三卷 [M]. 北京：世界知识出版社，1958.

[110] 当代中国研究所. 中华人民共和国史编年：1954年卷 [M]. 北京：当代中国出版社，2009.

[111] 王沪宁. 国家主权 [M]. 北京：人民出版社，1987.

[112] 周丕启. 大战略分析 [M]. 上海：上海人民出版社，2009.

[113] 玛莎·芬尼莫尔. 国际社会中的国家利益 [M]. 袁正清，译. 上海：上海世纪出版集团，2012.

[114] 朱立群，富里奥·塞鲁蒂，卢静. 全球治理：挑战与趋势 [M]. 北京：社会科学文献出版社，2014.

[115] 马丁·阿尔布劳. 中国在人类命运共同体中的角色：走向全球领导力理论 [M]. 严忠志，译. 北京：商务印书馆，2020.

[116] 商志晓，等. 中华传统文化弘扬与现代化发展研究 [M]. 北京：中国社会科学出版社，2021.

[117] 杜越. 联合国教科文组织与全球教育治理：理念与实践探究 [M]. 北京：教育科学出版社，2016.

[118] 中国长城学会.长城年鉴[M].北京：长城出版社，2006.

[119] 中国史学会.第十六届国际历史科学大会中国学者论文集[C].北京：中华书局，1985.

[120] 谢尔盖·弗拉基米罗维奇·吉谢列夫.古代蒙古城市[M].孙危，译.北京：商务印书馆，2016.

[121] 吉姆·麦圭根.重新思考文化政策[M].何道宽，译.北京：中国人民大学出版社，2010.

[122] 董耀会.长城：追问与共鸣[M].秦皇岛：燕山大学出版社，2020.

[123] 中国长城学会.长城国际学术研讨会论文集[C].长春：吉林人民出版社，1995.

[124] 费孝通.中华民族多元一体格局[M].北京：中央民族学院出版社，1989.

[125] 拉铁摩尔.中国的亚洲内陆边疆[M].唐晓峰，译.南京：江苏人民出版社，2010.

[126] 陈玉红.中国文化产业创新政策研究[M].北京：北京理工大学出版社，2012.

[127] 中华人民共和国文化和旅游部.中国文化和旅游统计年鉴[M].北京：国家图书馆出版社，2019.

## 中文期刊类

[1] 习近平.坚定文化自信，建设社会主义文化强国[J].求是，2019（12）：4-12.

[2] 刘建飞.构建人类命运共同体中的文明交流互鉴[J].当代世界与社会主义，2021（3）：152-158.

[3] 何星亮.文明交流互鉴与人类命运共同体建设[J].人民论坛，2019（21）：6-10.

[4] 吴海江.论习近平文明交流互鉴观的时代内涵[J].社会主义研究.2019（3）：7-13.

[5] 包心鉴.新文明观：面对新全球化的价值选择[J].理论视野.2017（6）：

19-24.

[6] 干春松."各美其美、美美与共"与人类命运共同体[J].人民论坛·学术前沿,2017（12）：28-34.

[7] 高宣扬.世界与中国双重视野下的多元文化主义[J].探索与争鸣,2017(2)：135-136.

[8] 左凤荣.以文明对话推动世界和平发展[J].人民论坛,2020（32）：36-38.

[9] 袁祖社.中国式现代化与人类文明新形态创造[J].社会科学辑刊,2023(3)：5-14.

[10] 邢丽菊.全球文明倡议引领人类和平发展[J].当代世界,2023（4）：48-53.

[11] 张志洲.文明交流互鉴与全球秩序的重塑[J].当代世界,2023（4）：29-35.

[12] 吴志成,李佳轩.新时代文明交流互鉴观析论[J].世界经济与政治,2022（6）：4-25.

[13] 戴圣鹏.论文明交流互鉴的载体和原则[J].学习与探索,2023（5）：11-16.

[14] 高佳红,贺东航.新时代文明交流互鉴的话语体系构建[J].学术探索,2022（7）：22-28.

[15] 贾文山,江灏锋,赵立敏.跨文明交流、对话式文明与人类命运共同体的构建[J].中国人民大学学报,2017（5）：100-110.

[16] 赵旭东.文化的自主性与文明的互惠性：文化传承、创新与文明交流互鉴的实践逻辑及中国观察[J].江苏行政学院学报,2021（5）：20-28.

[17] 赵学琳.人类命运共同体的文化理念[J].探索,2019（2）：41-48.

[18] 刘永涛.文化与外交：战后美国对外文化战略透视[J].复旦学报（社会科学版）,2001（3）：62-67.

[19] 郭树勇,舒伟超.论习近平外交思想理论内涵的丰富发展[J].世界经济与政治,2022（11）：4-28.

[20] 戴长征.全人类共同价值与国际关系民主化的中国实践[J].教学与研究,2022（12）：24-34.

[21] 贾春峰,黄文良. 关于"文化力"的对话 [J]. 现代哲学,1995(4):6-8.

[22] 李文启,王玉才,吴绍斌."文化力研究第一人":访著名学者贾春峰 [J]. 商业文化月刊,2004(3):5-6.

[23] 贾春峰."文化力"论 [J]. 东岳论丛,1998(6):19-22.

[24] 王沪宁. 作为国家实力的文化:软权力 [J]. 复旦学报(社会科学版),1999(3):12-24.

[25] 樊浩. 论文化力 [J]. 社会科学战线,1995(2):29-36.

[26] 秦亚青. 世界政治的文化理论:文化结构、文化单位与文化力 [J]. 世界经济与政治,2003(4):4-9.

[27] 杨曾宪. 价值:实践论 [J]. 学术月刊,2000(3):13-19.

[28] 黄建军. 唯物史观视野下中国式现代化的历史坐标与世界意义 [J]. 马克思主义研究,2022(6):32-43.

[29] 马峰. 中国式现代化创造人类更好发展"中国蓝图" [J]. 哲学研究,2022(6):13-21.

[30] 丁立群. 普遍性:中国道路的重要维度 [J]. 求是学刊,2012(1):5-10.

[31] 袁祖社. 实践的"公共理性"观及其"公共性"的文化 [J]. 学习与探索,2006(2):75-80.

[32] 袁祖社. 文化"公共性"理想的复权及其历史性创生 [J]. 学术界,2005(5):17-26.

[33] 徐苗,刘同舫. 共同价值的"建构效应":走向人类命运共同体 [J]. 求是学刊,2022(5):10-17.

[34] 吴宏政. 21世纪马克思主义世界历史观的叙事主题 [J]. 中国社会科学,2021(5):4-25.

[35] 方世南. 马克思文明多样性思想的研究方法 [J]. 哲学研究,2004(7):16-21.

[36] 洪黎民. 共生概念发展的历史、现状及展望 [J]. 中国微生态学杂志,1996(4):50-54.

[37] 张立文,包宵林. 和合学:新世纪的文化抉择 [J]. 开放时代,1997(1):67-72.

[38] 汤一介. "和而不同"原则的价值资源 [J]. 学术月刊，1997（10）：32-33.

[39] 费孝通. 百年中国社会变迁与全球化过程中的"文化自觉"：在"21世纪人类生存与发展国际人类学学术研讨会"上的讲话 [J]. 厦门大学学报（哲学社会科学版），2000（4）：5-11.

[40] 费孝通. "美美与共"和人类文明 [J]. 群言，2005（1）：17-20.

[41] 赵汀阳. 共生存在论：人际与心际 [J]. 哲学研究，2009（8）：22-30.

[42] 赵坤，刘同舫. 从"文明优越"到"文明共生"：破解"西方中心论" [J]. 探索与争鸣，2021（2）：100-108.

[43] 胡守钧. 国际共生论 [J]. 国际观察，2012（4）：35-42.

[44] 任晓. 论东亚"共生体系"原理：对外关系思想和制度研究之一 [J]. 世界经济与政治，2013（7）：4-22.

[45] 任晓. 论中国的世界主义：对外关系思想和制度研究之二 [J]. 世界经济与政治，2014（8）：30-45.

[46] 任晓. 论国际共生的价值基础：对外关系思想和制度研究之三 [J]. 世界经济与政治，2016（4）：4-28.

[47] 黄平. 变迁、结构和话语：从全球治理角度看"国际社会共生论" [J]. 国际观察，2014（1）：63-70.

[48] 金应忠. 试论人类命运共同体意识：兼论国际社会共生性 [J]. 国际观察，2014（1）：37-51.

[49] 金应忠. 再论共生理论：关于当代国际关系的哲学思维 [J]. 国际观察，2019（1）：20-41.

[50] 谢青果. 文明共生论：世界文明交往范式的"中国方案" [J]. 新疆师范大学学报（哲学社会科学版），2019（11）：72-83.

[51] 余潇枫，章雅荻. 和合主义：国际关系理论的中国范式 [J]. 世界经济与政治，2019（7）：49-76.

[52] 任东波. "欧洲中心论"与世界史研究：兼论世界史研究的"中国学派"问题 [J]. 史学理论研究，2006（1）：41-52.

[53] 秦亚青. 全球国际关系学与中国国际关系理论 [J]. 国际观察，2020（2）：27-45.

[54] 杜维明.文明对话的语境：全球化与多样性[J].史学集刊,2002（1）：1-13.

[55] 杨学功.全球化条件下的文明对话：杜维明教授访谈录[J].哲学研究,2003（8）：5-10.

[56] 丰子义.马克思与人类文明的走向[J].北方论丛,2018（4）：36-43.

[57] 王学川.论马克思的世界历史理论[J].浙江社会科学,2009（1）：74-79.

[58] 丰子义.当代文化发展研究的意义与使命[J].中原文化研究,2018（6）：36-43.

[59] 杜维明.全球化与多元化中的文明对话[J].深圳大学学报（人文社会科学版）,2005（3）：5-13.

[60] 邢丽菊,鄢传若斓.中国式现代化创造人类文明新形态的世界意义[J].国际问题研究,2023（1）：12-29.

[61] 陈积敏.西方"普世价值"的逻辑与困境[J].和平与发展,2021（2）：51-66.

[62] 郭灵凤.欧盟文化政策与文化治理[J].欧洲研究,2007（2）：64-76.

[63] 秦亚青.国际体系的延续与变革[J].外交评论,2010（1）：1-13.

[64] 鲍宗豪.文化全球化的价值意蕴：兼论文化全球化与民族文化的冲突与整合[J].马克思主义与现实,2002（4）：36.

[65] 樊浩.伦理精神的生态对话与生态发展：中国伦理应对"全球化"的价值理念[J].中国社会科学院研究生院学报,2001（6）：15-23.

[66] 浦启华.当今世界文化战略态势浅谈[J].毛泽东邓小平理论研究,2010（9）：69-73.

[67] 杜维明.文明对话的发展及其世界意义[J].南京大学学报（哲学·人文科学·社会科学）,2003（1）：34-44.

[68] 刘铁娃,宗华伟.多边主义的文明政治维度：联合国教科文组织文明间对话议程评述[J].外交评论,2022（5）：110-129.

[69] 彭树智.文明交往和文明对话[J].西北大学学报（哲学社会科学版）,2006（1）：5-9.

[70] 杨悦.文化外交的学理分析与实践路径："文明对话论"的视角[J].兰州大学学报（社会科学版）,2021（5）：74-82.

[71] 胡军良，王晓埂. 全球化语境中的"文明对话"：基本理据、逻辑进路与实践图景 [J]. 福建论坛（人文社会科学版），2022（7）：16-27.

[72] 马利哈·洛迪，钱珊铭. 亚洲文明对话大会促进亚洲及世界和谐发展 [J]. 国际传播，2019（3）：1-2.

[73] 桂起权，陈群. 从复杂性系统科学视角支持共生与协同 [J]. 系统科学学报，2014（2）：9-15.

[74] 任晓. "中国学派"问题的再思与再认 [J]. 国际观察，2020（2）：46-65.

[75] 任晓，金天栋. 刍议人类命运共同体的构建方式：一种制度化的视角 [J]. 国际观察，2021（3）：20-60.

[76] 郭树勇，于阳. 全球秩序观的理性转向与"新理性"：人类命运共同体的理性基础 [J]. 世界经济与政治，2021（4）：4-32.

[77] 任晓. 以共生思考世界秩序 [J]. 国际关系研究，2015（1）：20-24.

[78] 熊李力. 共生型国际体系还是竞合型国际体系：兼议亚太地区国际体系的历史与现实 [J]. 探索与争鸣，2014（4）：36-40.

[79] 毛维准，王钦林. 大变局下的中美人文交流安全化逻辑 [J]. 国际展望，2021（6）：34-35.

[80] 刘早荣，陈苑. 中美人文交流的结构性困境与应对 [J]. 江汉大学学报（社会科学版），2022（2）：15-26.

[81] 唐建文. 外交伦理浅论 [J]. 伦理学研究，2012（2）：129.

[82] 苏长和. 和平共处五项原则与中国国际法理论体系的思索 [J]. 世界经济与政治，2014（6）：4-22.

[83] 许启贤. 尊重：全球的底线伦理原则 [J]. 云南民族学院学报（哲学社会科学版），2003（2）：14.

[84] 王立新. 美国例外论与美国外交政策 [J]. 南开学报（哲学社会科学版），2006（1）：10-17.

[85] 赵伯乐. 实现"和平共处五项原则"条件析论 [J]. 国际政治研究，2005（4）：12-18.

[86] 周琪. 认识共同利益是中美关系发展的关键 [J]. 世界经济与政治，2009（11）：6-16.

[87] 郑保卫. 论习近平党的新闻舆论工作重要讲话的背景及意义 [J]. 新闻爱好者，2016（4）：8-11.

[88] 张毓强，潘璟玲. 交流与互鉴：文明视域下的全球传播新格局 [J]. 对外传播，2021（10）：71-75.

[89] 夏康健，崔士鑫. 习近平总书记关于推进国际传播能力建设重要论述的发展脉络和深刻内涵 [J]. 中国出版，2021（13）：8-13.

[90] 胡正荣，王天瑞. 系统协同：中国国际传播能力建设的基础逻辑 [J]. 新闻大学，2022（5）：1-16.

[91] 费孝通. 从反思到文化自觉和交流 [J]. 读书，1998（11）：3-9.

[92] 陈壁生. 儒学与文化保守主义：杜维明教授访谈 [J]. 博览群书，2004（12）：70-74.

[93] 周亭，孙琳，高远欣. 报道图景、认知现状与未来策略：国际媒体眼中的中国式现代化及其启示 [J]. 对外传播，2022（12）：27-31.

[94] 苏靖，张镜，王浩旭. 国际传播的文化转向：发掘文明交流互鉴中的传播研究 [J]. 新闻与写作，2023（5）：91-98.

[95] 巴萨仁娜，张毓强. 国际传播新征程：增强中华文明传播力影响力的时代议题 [J]. 对外传播，2022（11）：63-67.

[96] 陈先红，秦冬雪. 全球公共关系：提升中国国际传播能力的理论方法 [J]. 现代传播，2022（6）：44-56.

[97] 张迪. 文明交流互鉴下的中国国际传播研究：范式创新与路径重构 [J]. 新闻与写作，2022（12）：29-36.

[98] 万明钢. 多元文化背景中的全球教育与世界公民培养 [J]. 西北师大学报（社会科学版），2005（6）：1-6.

[99] 欧阳光华，胡艺玲. 全球命运与国家立场：全球教育治理中的美国高校智库探析 [J]. 高教探索，2019（8）：94-99.

[100] 孙进，燕环. 全球教育治理：概念·主体·机制 [J]. 比较教育研究，2020（2）：39-46.

[101] 杨启光. 全民教育政策转移中的国际非政府组织：以全球教育运动联盟为个案 [J]. 外国教育研究，2011（11）：1-6.

[102] 王熙,陈晓晓.国际教育的全球化陷阱[J].教育学报,2015(10):19-25.

[103] 连玉明.重新审视长城国家文化公园的时代价值[J].中国政协,2020(17):46-47.

[104] 孙燕.文化遗产诠释与展示的国际理念和规范[J].东南文化,2010(6):23-26.

[105] 郭璇.文化遗产展示的理念方法初探[J].建筑学报,2009(9):69-73.

[106] 王长松,张然.文化遗产阐释体系研究:以北京明长城为评价案例[J].首都师范大学学报(社会科学版),2020(1):139-149.

[107] 乔雨."大博物馆"建设:八达岭长城景区未来发展的新思路[J].旅游学刊,2001(3):41-43.

[108] 黄琼,周剑虹.大遗址阐释系统构建初步研究[J].江汉考古,2014(2):118-123.

[109] 段清波,同杨阳,尚珩.我国历代长城研究现状综述[J].西部考古,2013(1):186-204.

[110] 赵现海.近代以来西方世界关于长城形象的演变、记述与研究[J].暨南学报(哲学社会科学版),2015(12):127-136.

[111] 罗哲文,董耀会.关于长城学的几个基本理论问题[J].文物春秋,1990(1):1-8.

[112] 周小凤,张朝枝.长城文化遗产价值的量表开发与维度结构[J].中国文化遗产,2020(6):4-14.

[113] 王丽雅.中国文化符号在海外传播现状初探[J].国际新闻界,2013(5):74-83.

[114] 隋岩,李燕.论群体传播时代个人情绪的社会化传播[J].现代传播(中国传媒大学学报),2013(12):10-15.

[115] 李明华,李莉.制度创新:世界遗产法律保护的新思维[J].广西民族大学学报,2015(6):149-151.

[116] 朱媛媛,甘依霖,李星明,等.中国文化消费水平的地缘分异及影响因素[J].经济地理,2020(3):110-118.

[117] 白翠玲，李开霁，牟丽君，等. 河北省长城文化旅游供求研究 [J]. 河北地质大学学报，2020（3）：123-129.

[118] 闫瑶瑶，郑群明. 长城国家公园旅游形象感知研究 [J]. 林业经济，2020（1）：44-50.

[119] 刘洋，杨兰. 技术融合·功能融合·市场融合：文化旅游产业链优化策略 [J]. 企业经济，2019（8）：125-131.

[120] 赵海荣，于静，周世菊. 创意旅游与集群型古村落再生：模式与路径研究 [J]. 经济问题，2020（9）：125-129.

## 英文文献

[1] GERARD DELANTY. Europe and Asia beyond East and West[M]. New York：Routledge，2006.

[2] WILLIAMS RAYMOND. Keywords：a vocabulary of culture and society[M]. London：Fontana Press，1983.

[3] CLIFFORD GEERTZ. The interpretation of cultures[M]. USA：Basic Books，1973.

[4] RANDALL COLLINS. Civilizations as zones of prestige and social contact[M]//SAID AMIR ARJOMAND，EDWARD A TIRYAKIAN. Rethinking civilizational analysis. London and Thousand Oaks，CA：Sage，2004.

[5] M E KECK, K SIKKINK. Activists beyond borders：advocacy networks in international politics[M]. New York：Cornell University Press，1998.

[6] JOHN BAYLIS，STEVE SMITH. The globalization of world politics[M]. New York：Oxford University Press，1997.

[7] PATRICK THADDEUS JACKSON. Civilizations as actors：a transactional account[M]//MARTIN HALL，PATRICK THADDEUS JACKSON. Civilizational identity. New York：Palgrave，2007.

[8] PATRICK THADDEUS JACKSON. Civilizing the enemy：German

reconstruction and the invention of the West[M]. Ann Arbor：University of Michigan Press，2006.

[9] YAQING QIN. A relational theory of world politics[M]. Cambridge：Cambridge University Press，2018.

[10] ANTHONY GIDDENS. The consequences of modernity[M]. California：Stanford University Press，1990.

[11] ERESEL AYDINLI，GONCA BILTEKIN. Widening the world of international relations：homegrown theorizing[C]. New York：Routledge，2018.

[12] AMITAV ACHARYA，BARRY BUZAN. The making of global international relations：origins and evolution of IR at its centenary[M]. Cambridge：Cambridge University Press，2019.

[13] STEPHEN HOBDEN，JOHN M HOBSON. Historical sociology of international relations[M]. Cambridge：Cambridge University Press，2002.

[14] JONATHAN FRIEDMAN. Global system，globalization and the parameters of modernity[M]//MIKE FEATHERSTONE. Global Modernities. London：Sage，1995.

[15] ANDRE GUNDER FRANK. ReOrient：global economy in the Asian Age[M]. California：University of California Press，1998.

[16] MIKE FEATHERSTONE. Global culture：nationalism，globalization and Modernity[C]. London：SAGE Publications，1990.

[17] THE COMMISSION ON GLOBAL GOVERNANCE. Our global neighborhood：the report of the commission on global governance[M].Oxford：Oxford University，1995.

[18] DAVID HELD，ANTHONY MCGREW. Governing Globalization：power，Authority and Global Governance[M]. Cambridge：Polity，2002.

[19] MICBAEL G SCHECHT. Our Global Neighborhood[M]//MARTIN HEWSON，TIMOTHY J SINCLAIR. Approach to Global Governance Theory. New York：University of New York Press，1999.

[20] JOSEPH S NYE, JOHN D DONAHUE. Governance in a globalizing world[M]. Cambridge: Vision of Governance for the 21st Century, 2000.

[21] MARIE-CLAUDE SMOUTS. the new international relations[M]. London: C. Hurst, 2001.

[22] VLADIMIR YAKUNIN, JIAHONG CHEN, ADRIAN PABST. World public forum-dialogue of civilizations anthology[C]. Berlin: Dialogue of Civilizations Research Institute, 2019.

[23] Philip Babcock Gove, the Merriam-Webster Editorial Staff. Webster's third new international dictionary of the english language, unabridged[M]. Springfield: Merriam-Webster Inc. 1993.

[24] THOMAS G MAHNKEN. Competitive strategies for the 21st century: Theory, history and practice[M]//THOMAS G MAHNKEN. Thinking about competitive strategies. Stanford: Stanford Security Studies-Stanford University Press, 2012.

[25] THOMAS J WRIGHT. All measures short of war: the contest for the twenty-first century and the future of American power[M]. New Haven & New York: Yale University Press, 2017.

[26] ANDREW W MARSHALL, J J MARTIN, HENRY ROWEN. On not confusing ourselves[C]. Boulder: Westview Press, 1991.

[27] JUDITH GOLDSTEIN, ROBERT O KEOHANE. Ideas and foreign policy: beliefs, institutions, and political change[M]. Ithaca and London: Cornell University Press, 1993.

[28] RICHARD E NISBETT. The Geography of thought: how Asians and Westerners think differently and why[M]. New York: Free Press, 2003.

[29] J HALL. Conflict management survey[M]. New York: Technometrics, 1969.

[30] M A RAHIM. Managing conflict in organizations[M]. New York: Praeger, 1986.

[31] L M Hough. Handbook of industrial and organizational psychology[M]. Palo Alto: Consulting Psychologist Press, 1992.

[32] K LEUNG. Negotiation and reward allocations across cultures[M]//P E EARLY, M EREZ. New Perspectives on international industrial organizational psychology. San Francisco: New Lexington, 1997.

[33] MARY KALDOR. Transnational civil society[M]//TIM DUNNE, NICHOLAS J WHEELER. Human rights in global politics. Cambridge: Cambridge University Press, 1999.

[34] ROBERT G HANVEY. An attainable global perspective[M]. New York: Center for Global Perspectives, 1976.

[35] MICHAEL W APPLE. Ideology and curriculum（4th edition）[M]. New York: Routledge, 2019.

[36] GRAHAM PIKE. Global education and national identity: in pursuit of meaning[M]. Theory Into Practice, 2000.

[37] JOSEPH ZAJDA. Second international handbook on globalisation, education and policy research[M]. New York: Springer, 2015.

[38] N C BURBULES, C A Torres. Globalization and education: critical perspectives[M]. New York: Routledge, 2000.

[39] OWEN LATTIMORE. Studies in frontier history: collected papers, 1928-1958[C]. London: Oxford University Press, 1962: 10.

[40] PETER MARQUIS-KYLE, MEREDITH WALKER. The illustrated Burra Charter: good practice for heritage places[M]. Sydney: Australia ICOMOS Inc., 2004.

[41] R B ADLER, G RODMAN. Understanding human communication（3rd ed.）[M]. TX Fort Worth: Holt Rinehart and Winston Inc., 1991.

[42] BERNARD M FEILDEN, JUKKA JOKILEHTO. Management guidelines for world cultural heritage[M]. Rome: ICCROM, 1998.

[43] WILLIAM MCNEILL. The rise of the West after twenty-five years[J]. Journal of world history, 1990（1）: 1-21.

[44] ROBERT W COX. Thinking about civilizations[J]. Review of international studies, 2000（26）: 217-220.

[45] JAMES M GOLDGEIER, MICHAEL MCFAUL. A tale of two worlds: core and periphery in the Post-Cold War Era[J]. International organization, 1992 (2): 469-491.

[46] MARTHA FINNERMORE, KATHRYN SIKKINK. International norm dynamics and the political change[J]. International organization, 1998 (4): 887-917.

[47] JAMES KURTH. America and the West: global triumph or western twilight[J]. Orbis, 2001 (3): 333-341.

[48] AMITAV ACHARYA. Global International relations and regional worlds: a new agenda for international studies[J]. International studies quarterly, 2014 (4): 647-659.

[49] AMITAV ACHARYA, BARRY BUZAN. Why is there no non-western international relations theory? Ten Years On[J]. International relations of the Asia-Pacific, 2017 (3): 341-370.

[50] AMITAV ACHARYA. Advancing global international relations: challenges, contentions, and contributions[J]. International studies review, 2016 (1): 4-15.

[51] FABIO PETITO. Dialogue of civilizations in a multipolar world: toward a multicivilizational-multiplex world order[J]. International studies review, 2016 (1): 78-91.

[52] A APPADURAI. Disjuncture and difference in the global culture economy[J]. Theory, culture and society, 1990 (7): 295-310.

[53] MARWAN M KRAIDY. Hybridity in cultural globalizaition[J]. Communication theory, 2002 (3): 316-339.

[54] IAN INKSTER. Accidents and Barriers: Technology between Europe, China and Japan for 500 years[J]. Asia journal of international studies, 1998(1): 1-37.

[55] PATRICIA M GOFF. Public diplomacy at the global level: the alliance of civilizations as a community of practice[J]. Cooperation and conflict, 2015(3): 402-407.

[56] CHRISTINA BOSWELL. James Hampshire. Ideas and agency in immigration

policy : a discursive institutionalist approach[J]. European journal of political research, 2017 (1) : 133.

[57] MICHAEL COLARESI, WILLIAM R THOMPSON. Strategic rivalries, protracted conflict, and crisis escalation[J]. Journal of peace research, 2002 (3) : 263-287.

[58] LUCIAN W PYE. Political culture revisited[J]. Political psychology, 1991(3) : 487-508.

[59] KURT M CAMPBELL, JAKE SULLIVAN. Competition without catastrophe : how America can both challenge and coexist with China[J]. Foreign affairs, 2019 (4) : 109.

[60] STEVE SMITH. Singing our world into existence : international relations theory and september 11[J]. International studies quarterly, 2004 (3) : 507.

[61] M A RAHIM. A measurement of styles of handling interpersonal conflict[J]. Academy of management journal, 1983 (26) : 368-376.

[62] SHIPING TANG. Fear in the international politics : two positions[J]. International studied review, 2008 (3) : 351-471.

[63] ROBERT JEVIS. Understanding beliefs[J]. Political psychology, 2006 (5) : 641-663.

[64] STEPHEN L DARWALL. Two kinds of respect[J]. Ethics, 1977 (1) : 36-49.

[65] ZHONGQI PAN. Guanxi, Weiqi and Chinese strategic thinking[J]. Chinese political sciences review, 2016 (1) : 303-321.

[66] JR WALL JAMES A, RONDA ROBERTS CALLISTER. Conflict and its management[J]. Journal of management, 1995 (21) : 515-558.

[67] M A RAHIM. A Measurement of styles of handling interpersonal conflict[J]. Academy of management journal, 1983 (26) : 368-376.

[68] JESSICA CHEN WEISS. The China trap : U.S. foreign golicy and the perilous logic of Zero-Sum competition[J]. Foreign Affairs, 2022 (5) : 40-58.

[69] JAMES PETRAS. Culture imperialism in late 20th century[J]. Economic and

political weekly,1994(32):2070-2073.

[70] HUI ZHAO. Research on short videos to enhance the influence of international communication of traditional Chinese culture[J]. International communication of Chinese culture,2022(1):45-56.

[71] COLE HENRY HIGHHOUSE. China content on TikTok:the influence of social media videos on national image[J]. Online media and global communication,2022(4):697-722.

[72] KAVITA PANDIT. Leading Internationalization[J]. Annals of the association of American geographers,2009(4):1-25.

[73] IGOR KOVALEV,ALINA SHCHERBAKOVA. BRICS Cooperation in science and education[J]. Strategic analysis,2019(6):532-542.

[74] ANNETTE SCHEUNPFLU,BARBARA ASBRAND. Globaleducation and education for sustainability[J]. Environmental education research,2006(1):33-46.

[75] GAVIN SANDERSON. International education developments in singapore[J]. International education journal,2002(2):85-103.

[76] CHRISTIAN YDESEN. The OECD'S historical rise in education[J]. Cham,Switzerland:Palgrave macmillan,2019:295.

[77] YURI ISHII. Teaching about international responsibilities:a comparative analysis of the political construction of development education in schools[J]. Comparative education,2001(3):329-344.

[78] J JOKILEHTO. World heritage:defining the outstanding universal value[J]. City & Time,2006(2):1-10.

[79] STONE D. Learning lessons and transferring policy across time,space and disciplines[J]. Politics,1999(1):51-59.

[80] JACK L WALKER. The diffusion of innovations among the American states[J]. The American political science review,1969(3):880-899.